睡虎地秦簡訳注

―秦律十八種・效律・秦律雜抄―

工藤元男編

汲古書院

序　文

一九七五年末、中国湖北省雲夢県睡虎地の十一号秦墓から一一〇〇余片の竹簡が出土した。それは国際的にも注目され、これを機にその後も秦史に関する簡牘資料があいつぎ、すなわち睡虎地四号秦墓木牘（七六年）、青川郝家坪五十号秦墓木牘（七九年）、天水放馬灘一号秦墓簡牘（八六年）、江陵岳山三十六号秦墓木牘（八六年）、雲夢竜崗六号秦墓簡牘（八九年）、江陵楊家山一三五号墓秦墓簡牘（九一年）、江陵王家台十五号秦墓竹簡（九三年）、沙市周家台三十号秦墓簡牘（九三年）、竜山里耶秦簡（〇二年）等々を数えることができる。これらの発見は秦史研究という限られた分野だけでなく、さらに中国古代史研究全般に対してきわめて大きな影響を与えたといって過言ではない。その先駆けとなったのが睡虎地秦簡の出土であった。その内容は「葉書」（旧名は「編年記」）、「語書」、「秦律十八種」、「效律」、「秦律雑抄」、「法律答問」、「封診式」、「為吏之道」、「日書甲種」、「日書乙種」の十篇で、「秦律十八種」に代表される戦国秦の法制資料が中心となっている。

またこれらの秦簡の出土に前後して、一九八三年に湖北省江陵県張家山二四七号漢墓から、前漢初期の法制資料である「二年律令」、および「奏讞書」が出土し、秦漢法制史研究にさらに大きな弾みを加えた。そのため、睡虎地秦簡の内容をより良く理解するためには、張家山漢簡を精読する必要がでてきた。そこで私の研究室では、張家山漢簡「二年律令」・「奏讞書」の共同研究を開始した。テクストは張家山二四七号漢墓竹簡整理小組『張家山漢墓竹簡〔二四七号墓〕』（文物出版社、二〇〇一年）である。しかし、このテクストの段階ではまだ赤外線カメラによる撮影が施されていなかった。そこで早稲田大学長江流域文化研究所では赤外線カメラを武漢大学簡帛研究中心の陳偉教授に提供し、そのデータに基づく張家山漢簡の日中共同研究を行い、新たな釈文・注釈によるテクストを刊行する協定を取り交わした。こうしてなんども訳注草稿を交わし、忌憚のない相互チェックを行い、数年をへて原稿は完成した。その成果は

彭浩・陳偉・工藤元男主編『二年律令與奏讞書』（上海古籍出版社、二〇〇七年）

として刊行された。幸い中国の学界からは、テクストレベルで行われた日中共同研究として高い評価をいただいた。

こうして、張家山漢簡の問題が一段落し、ようやく睡虎地秦簡の読み直しの作業に取りかかった。おりしも陳偉教授は二〇〇八年に中国教育部哲学社会科学研究重大課題攻関項目の「秦簡牘的綜合整理与研究」が採択され、その研究の一環として、われわれに対して日本における秦簡研究の現状の紹介を要請した。それは以下の二篇として公刊された。

工藤元男編「日本秦簡研究現状」（武漢大学簡帛研究中心主辦『簡帛』第六輯、二〇一一年）

工藤元男編「日本秦簡研究現状（続）」（武漢大学簡帛研究中心主辦『簡帛』第九輯、二〇一四年）

集中的に行われたこれらの作業は、期せずして、内外の秦簡研究の状況も全般的に把握するうえで貴重な経験となった。たしかにわれわれに与えられた課題は日本における秦簡研究の現状調査であったが、対象となる各論文はみな内外の研究状況をふまえて書いているわけであるから、当然のことである。

一方、陳偉教授の方でも赤外線カメラに基づく秦簡の新テクスト作成の準備が進められ、睡虎地秦簡におけるその成果として、

陳偉主編、彭浩・劉楽賢等撰著『秦簡牘合集――釈文注釈修訂本――』（壹、貳、武漢大学出版社、二〇一六年）

が刊行された。われわれの釈文・訳注の作業においても、最終原稿の段階でこの新テクストを参照している。

なお、このたびの睡虎地秦簡の新訳注は全訳注でなく、「秦律十八種」・「效律」・「秦律雑抄」の三篇であるが、それはすべての原文に日本語訳を付けたため、予定の紙幅を大幅に超えてしまったからである。しかしこの三篇は睡虎地秦簡の中核部分を占めるものであり、この三篇だけでも刊行する意味があると考えた。

工藤　元男

目　次

凡　例

一、簡番号は《雲夢睡虎地秦墓》編写組『雲夢睡虎地秦墓』（文物出版社、一九八一年）に示された通簡番号に拠った。ただし、各簡の見出しに限り、例えば「〇第一〇七簡（第四〇簡）」のように、睡虎地秦墓竹簡整理小組『睡虎地秦墓竹簡』（文物出版社、一九九〇年）の簡番号を併記した。

一、釈文は睡虎地秦墓竹簡整理小組『睡虎地秦墓竹簡』（文物出版社、一九九〇年）、陳偉主編『秦簡牘合集1　睡虎地秦墓簡牘』上・中・下（武漢大学出版社、二〇一四年）、陳偉主編『秦簡牘合集釈文注釈修訂本1・2　睡虎地秦墓簡牘』（武漢大学出版社、二〇一六年）に拠った。以下、『睡虎地秦墓竹簡』を「精装本」、『秦簡牘合集』を「武漢本」と呼称する。

一、原　文は精装本・武漢本の図版・釈文を参考にして、簡文を原文の通り、一簡ごとに示したものである。

一、校訂文は原　文に句読点を加えたものである。簡文中の文字に通仮字や錯字と解されるものがある場合には括弧で示した（各種括弧の意味については後掲参照）。また校訂文においては、簡の上ないし下が断絶している場合、「……」を付した。これについては、後掲の書き下し文、通　釈も同様とする。文中に挿入した〔一〕などは、後掲注　釈の番号である。

一、注　釈の【整理小組】以下は精装本の釈文に付されている注釈を和訳したもの、【案】以下はわれわれが付した案語である。ただし、案語中の行論の必要上、便宜的に【整理小組】以外の他の注釈を示すこともある。その際に示す略称の意味は左記の通り。

〔線装本〕　睡虎地秦墓竹簡整理小組『睡虎地秦墓竹簡』（文物出版社、一九七七年）
〔平装本〕　睡虎地秦墓竹簡整理小組『睡虎地秦墓竹簡』（文物出版社、一九七八年）

一、[注釈]の案語で論文・書籍を参照した場合には、参照した箇所の末尾に、例えば（工藤一九九八、二四頁）のように略称を付記した。また、紙幅の関係上、一部の例外を除いて個人の著書などに再録された論文については、最新の著書のみを挙げた。略称の詳細については後段引用文献を参照されたい。

一、[書き下し文]は、[校訂文]や[注釈]において示した解釈に従って訓読したものである。

一、[通釈]は[校訂文]を和訳したものである。

一、一部の条文には[附録]を付し、対照表などを掲げた。

一、簡文および[注釈]において引用する出土文字資料で使用した記号の意味は左記の通り。

☒　簡牘などがそれより上ないし下で断絶していることを示す。

□　一字分の判読不能文字があることを示す。該当文字が文脈などから推測できる場合、例えば[律]のように、囲み文字で示す。

一、出土文字資料の文中に見える「■」・「●」・「∠」・「＝」などは原文で使用されている記号である。このうち、「■」・「●」はそのまま表記した。「∠」は[原文]のみに表記した。「＝」（重文符号・合文符号）は[原文]においてのみこれをそのまま表記し、それ以外のところでは、例えば「皋＝」は「皋皋」、「夫＝」は「大夫」のように、記号の示すところに従って表記した。

一、簡文および引用史料中の各種括弧の意味は左記の通り。

（　）　直前の文字が（　）内の文字の通仮字ないし異体字であることを示す。

〈 〉　直前の文字が〈 〉内の文字の誤りであることを示す。

【 】　原文には記されていないが、文脈・内容から判断して補うべき文字であることを示す。

使用出土文字資料出典

岳麓書院蔵秦簡

「為吏之道及黔首」→朱漢民・陳松長主編『岳麓書院蔵秦簡（壹）』（上海辞書出版社、二〇一〇年）

「数」→朱漢民・陳松長主編『岳麓書院蔵秦簡（貳）』（上海辞書出版社、二〇一一年）

「為獄等状四種」→朱漢民・陳松長主編『岳麓書院蔵秦簡（參）』（上海辞書出版社、二〇一三年）

「秦律令（壹）」→朱漢民・陳松長主編『岳麓書院蔵秦簡（肆）』（上海辞書出版社、二〇一五年）

※「秦律令（壹）」は睡虎地秦簡を検討する上で極めて示唆に富む内容を有するが、今回の訳注では部分的に利用するにとどめた。

居延漢簡

謝圭華・李均明・朱国炤『居延漢簡釈文合校』（文物出版社、一九八七年）

甘粛省文物考古研究所等編『居延新簡　甲渠候官』（中華書局、一九九四年）

銀雀山漢簡

「守法守令等十三篇」→銀雀山漢墓竹簡整理小組編『銀雀山漢墓竹簡〔壹〕』（文物出版社、一九八五年）

周家台秦簡
湖北省荊州市周梁玉橋遺址博物館『関沮秦漢墓簡牘』（中華書局、二〇〇一年）

上孫家寨漢簡
青海省文物考古研究所『上孫家寨漢晉墓』（文物出版社、一九九三年）

青川木牘
陳偉主編『秦簡牘合集』貳（武漢大学出版社、二〇一四年）

張家山漢簡
「二年律令」→彭浩・陳偉・工藤元男主編『二年律令与奏讞書』（上海古籍出版社、二〇〇七年）
「算数書」→張家山二四七号漢墓竹簡整理小組編『張家山漢墓竹簡〔二四七号墓〕』（文物出版社、二〇〇一年）

敦煌漢簡
懸泉置漢簡→胡平生・張徳芳編撰『敦煌懸泉置漢簡釈粋』（上海古籍出版社、二〇〇一年）
「懸泉月令詔条」→中国文物研究所・甘粛省文物考古研究所編『敦煌懸泉月令詔条』（中華書局、二〇〇一年）

里耶秦簡
湖南省文物考古研究所編『里耶発掘報告』（岳麓書社、二〇〇七年）
湖南省文物考古研究所編『里耶秦簡』〔壹〕（文物出版社、二〇一二年）
陳偉主編『里耶秦簡牘校釈』第一巻（武漢大学出版社、二〇一二年）

竜崗秦簡
陳偉主編『秦簡牘合集』貳（武漢大学出版社、二〇一四年）

「秦律十八種」訳注

田律

○第六八～七〇簡（第一～三簡）

原文

雨爲澍及誘粟輒以書言澍稼誘粟及狠田暘毋稼者頃數稼已生後而雨亦輒言雨少多所 六八
利頃數早及暴風雨水潦蚤蚰羣它物傷稼者亦輒言其頃數近縣令輕足行其書遠 六九
縣令郵行之盡八月☒　☒□之　　田律 七〇

校訂文

雨爲澍〈澍〉〔一〕、及誘（秀）粟〔二〕、輒以書言澍〈澍〉稼・誘（秀）粟及狠（墾）田暘毋稼者頃數〔三〕。稼已生後而雨、亦輒言雨少多〔四〕、所利頃數。早〈旱〉及暴風雨・水潦・蚤（螽）蚰・羣它物傷稼者〔五〕、亦輒言其頃數。近縣令輕足行其書〔六〕、遠縣令郵行之〔七〕。盡八月【□】□之〔八〕。　田律〔九〕

注釈

〔一〕澍　【整理小組】澍は澍字の誤りであろう。澍とは適時の雨。

〔二〕誘粟　【整理小組】秀については『爾雅』釈草に「不榮而實者謂之秀」とある。秀粟とは穀物の穂が出て実を結ぶこと。

〔三〕輒以～頃數　〔整理小組〕言とは上級へ報告すること。暘とは穀物を植えていない田地のこと。『説文』に「暘、不生也」とある。兪樾『児笘録』では、暘と場は通用するとする。『説文』では場字について「一曰田不耕」とある。頃とは土地の面積の単位。『玉篇』に「田百畝爲頃」、『新唐書』突厥伝引の杜佑の言に「周制歩百爲畝、畝百給一夫。商鞅佐秦、以爲地利不盡、更以二百四十歩爲畝、百畝給一夫」とある。〔案〕青川木牘でも「百晦（畝）爲頃」とあり、百畝が一頃とされている。

〔四〕少多　〔整理小組〕少多とは多少のこと。雨水の数量を指す。

〔五〕早及～稼者　〔整理小組〕螽とはイナゴのこと。蚰とは虫類の総称であり、ここではイナゴ以外の害虫を指す。群他物とは～などのもの。〔案〕「潦」は『説文』水部に「潦、雨水也」とあるように、雨水の意。

〔六〕近縣～其書　〔整理小組〕軽足とは早く走れる人。『淮南子』斉俗訓などの篇に見える。行其書とは文書を配達すること。

〔七〕遠縣～行之　〔案〕「郵」とは一定間隔ごとに設けられた、行政文書の伝達を司る機関。「二年律令」行書律では郵に関する規定が設けられている。それらによると、郵は原則として十里ごとに置かれ、「郵人」が郵間で文書の伝達を行うものとされている（彭二〇〇二）。

本条では「近縣」と「遠縣」のうち遠県に限り、郵を使って文書を送るべきと定められているが、「二年律令」行書律でも治獄に関する文書を五百里以上離れたところへ送る場合、郵で送るべきものとされている（第二七六簡）。それゆえ、近県と遠県の区分は、あるいは五百里以上離れているか否かが基準とされていたのかもしれない。

〔八〕盡八月　〔整理小組〕尽八月とは八月末まで、の意。

〔九〕田律 **〔整理小組〕** 田律は律名。漢代には田律があった。すなわち、『周礼』士師の注に「野有田律」、また同大司馬の注に「無干車、無自後射」、その疏に「此據漢田律而言」とあり、その内容は田猟に関する規定である。簡文の田律は主に農田生産に関する律文である。**〔案〕** 青川木牘には「二年十一月己酉朔朔日、王命丞相戊（茂）・内史匽氏臂、更脩爲田律」とあり、秦の武王二年（前三〇九年）に「田律」あるいは「爲田律」を改定した旨の王命が記されている。「爲田律」をめぐっては、「爲」を動詞、「田律」を律名と解する説と、「爲田律」を律名と解する説との間で争いがある（渡辺一九八五、八二頁、李一九九〇）。

書き下し文

雨ふりて澍《じゅ》と爲り、及び粟を秀《みの》らしめば、輒ち書を以て稼に澍し・粟を秀らしむ及び墾田の暘《じょう》にして稼毋き者の頃數を言え。稼已に生じて後にして雨ふらば、亦た輒ち雨の少多、利する所の頃數を言え。旱及び暴風雨・水潦《ろう》・螽蚰《しゅうこん》・羣它物の稼を傷わば、亦た輒ち其の頃數を言え。近縣は輕足をして其の書を行《や》らしめ、遠縣は郵をして之を行らしめよ。八月を盡して□□之。　田律

通釈

雨が適時に降り、穀物が実れば、それらの田地の面積、及び開墾された田地のうち、穀物を植えなかった田地の面積を文書で報告せよ。穀物が既に実った後に雨が降った場合でも、降水量、及び雨が降って潤った田地の面積を報告せよ。旱魃・暴風雨・雨害・イナゴや害虫、その他さまざまなものが穀物に被害を与えた場合も、その面積を報告せよ。近くにある県は軽足にその文書を配達させ、遠くにある県は郵にこれを配達させよ。八月末までに□□之。　田律

律

○第七一～七四簡（第四～七簡）

原文

春二月毋敢伐材木山林及雍隄水不夏月毋敢夜草爲灰取生荔麛𦆃鷇毋☐　七一
毒魚鼈置穽罔到七月而縱之唯不幸死而伐綰享者是不用時邑之紤早及它禁苑者麛　七二
時毋敢將犬以之田百姓犬入禁苑中而不追獸及捕獸者勿敢殺其追獸及捕獸者殺　七三
之河禁所殺犬皆完入公其它禁苑殺者食其肉而入皮　田律　七四

校訂文

春二〈三〉月毋敢伐材木山林〔一〕、及雍（壅）隄水不〈泉〉〔二〕。夏月毋敢夜草爲灰〔三〕、取生荔・麛𦆃（卵）鷇〔四〕、毋……毒魚鼈〔五〕、置穽罔（網）。到七月而縱之〔六〕。唯不幸死而伐綰（棺）享（椁）者〔七〕、是不用時。邑之紤（近）早（皁）及它禁苑者〔八〕、麛時毋敢將犬以之田〔九〕。百姓犬入禁苑中而不追獸及捕獸者〔一〇〕、勿敢殺。其追獸及捕獸者、殺之。河（呵）禁所殺犬〔一一〕、皆完入公〔一二〕。其它禁苑殺者、食其肉而入皮。　田律

注釈

〔一〕春二月【案】以下「毒魚鱉」に至るまでは、「二年律令」田律に「禁諸民吏徒隷、春夏毋敢伐材木山林、及進〈壅〉隄水泉、燔草爲灰、取産䴠（麛）卵穀（鷇）。毋殺其繩重者、毋毒魚」（第二四九簡）とあり、似たよ

うな条文が見える。

「春二月」について工藤元男・李学勤は『逸周書』大聚解「且聞禹之禁、春三月山林不登斧、以成草木之長。夏三月川澤不入網罟、以成魚鼈之長」などを基に、「二」は「三」の誤りであり、春の三か月を指すとする（工藤一九九八、三六五・三六六頁、李二〇〇一、一一二頁）。

「春二〈三〉月毋敢伐材木山林」は春の三か月間、山林で木材を伐採することを禁止する規定である。前掲『逸周書』大聚解及び「二年律令」田律の他、『礼記』月令篇及び『呂氏春秋』孟春紀に「孟春之月…（中略）…禁止伐木」、『淮南子』時則訓に「孟春之月…（中略）…禁伐木」、敦煌懸泉月令詔条に「●禁止伐木。…（中略）…●右孟春月令十一條」とあり、これらの史料においても春に樹木を伐採することが禁止されている。しかし、樹木の伐採を禁止する期間については、必ずしも本条と一致しない。すなわち、前掲の『逸周書』では本条と同様、春の三か月間に樹木の伐採が禁止されているが、「二年律令」田律では春・夏とされている。さらに、懸泉月令詔条では前掲の文について「謂大小之木、皆不得伐也。盡八月」とあるように、八月までとされており、また『礼記』月令篇の孔穎達疏に「禁止伐木者…（中略）…十月許人採取、至正月之時、禁令止息。故王制云、草木零落、然後入山林」とあるように、少なくとも孔穎達の解釈によると、『礼記』月令篇では九月まで伐採が禁止されている。

〔二〕雍隄水不　**〔整理小組〕**壅隄水とは、水流を遮断すること。不は、ここでの用法は「非」字と同じ。**〔案〕**「壅隄」については『呂氏春秋』孟秋紀蕩兵篇に「民之號呼而走之、若彊弩之射於深谿、若積大水而失其壅隄也」という用例が見える。

整理小組の釈文では「不」を「夏月」につなげて読み、「不夏月」を「夏季に至らなければ」の意と解している。しかし李学勤は、「二年律令」田律では本条の「雍隄水」に相当する部分を「進〈壅〉隄水泉」に作ることから、本条の「不」も「泉」の誤記と解している（李二〇〇一、一一一・一一二頁）。校訂文・書き下し文・通釈ではとりあえず後者の解釈によった。

〔三〕夏月〜爲灰　**【整理小組】**夜はおそらく択と読むのであろう。夜草為灰とは草をとって焼いて灰にし、肥料とする意。『礼記』月令の仲夏月に「毋焼灰」とある。**【案】**「夜」については、他にも「炙」・「畬」・「液」・「爇」の通仮字とする説や、「燔」あるいはその同義字の誤りとする説などがある（武漢本）。『礼記』月令篇の他、「二年律令」田律に「春夏毋敢……燔草爲灰」（第二四九簡）、『呂氏春秋』仲夏紀に「仲夏之月…（中略）…無焼炭〈灰〉」、『淮南子』時則訓に「仲夏之月…（中略）…毋焼灰」、敦煌懸泉月令詔条に「●毋焼灰□。…（中略）…●右中（仲）夏月令五條」とあるので、ここでいう「夜」が焼くという意味で用いられていることは確かであろう。

〔四〕取生〜麛鷇　**【線装本】**茘とは馬茘のこと。今では馬蘭と呼ばれている。**【整理小組】**茘はおそらく甲と読むのであろう。『釈名』釈天に「甲、孚甲也、萬物解孚甲而生也」とあり、植物が発芽するときについている種皮のこと。取生甲とは、芽が出たばかりの植物を採取すること。麛とは幼鹿のことであるが、ここでは広く幼獣を指す。鷇は哺食を必要とする幼鳥。『呂氏春秋』孟春紀及び『礼記』月令参照。**【案】**「茘」については、他にも「藍」の通仮字とする説（フルスウェ一九八五、二三頁）、衍字とする説などがある（李二〇〇一、一一一頁）。「茘」が「甲」・「藍」の通仮字として用いられている例は見えない。「茘」は草類の一種で、今日でいうネヂアヤメ（Iris ensata）を指すといわれている（植物一九一八、七九九頁）。「茘」を何かの通仮字と解する必要は必ずしもないのではないか。ちなみに、線装本の整理小組注では、「茘」は「馬茘」、今日でいう

「馬蘭」を指すとするが、馬蘭とはコンギク（Aster trinervius）のこと（植物一九一八、八五二頁）。「生茘」について朱湘蓉は、未成熟な「茘」を指すとする（朱二〇〇四）。

「麛」が幼鹿を指すことは、『説文』鹿部に「麛、鹿子也」とある通りである。ただし、整理小組は、本条の「麛」は広く幼獣を指すとする。確かに『礼記』曲礼下の孔穎達疏には「麛乃是鹿子之稱、而凡獸子亦得通名也」とあり、幼鹿に限らず、広く獣の子を指すこともあるようである。ちなみに、敦煌懸泉月令詔条でも「●毋麑（麛）」とあり、本条と同じく「麛」を捕獲することが禁止されているが、その下に「●謂四足……及畜幼少未安者也」とあり、ここでいう「麛」の定義らしきものが附記されている。

「鷇」が哺食を必要とする幼鳥を指すことは、『説文』鳥部に「鷇、鳥子生哺者」とある通りである。

「卵」についても懸泉月令詔条でも「●毋卵」とあり、本条と同じく卵を採取することが禁止されているごとくであるが、その下に「●謂蜚鳥及雞□卵之屬也」とあり、ここでいう「卵」の定義が附記されている。これによると、「卵」とは鳥の卵を指すごとくである。

「(不?) 夏月毋敢（中略）取生茘・麛䜌（卵）鷇」は夏（あるいは春）に「生茘」及び幼獣・卵・幼鳥をとることを禁止する規定である。前掲「二年律令」田律の他、『管子』四時篇・『礼記』月令篇・『淮南子』時則訓・『呂氏春秋』孟春紀・懸泉月令詔条においても、春には幼獣や卵をとることが禁止されている。本条では下文に「到七月而縱之」とあり、七月になれば「生茘」及び幼獣・卵・幼鳥をとってもよいと定められているが、懸泉月令詔条では「●毋麑」と「●毋卵」についてそれぞれ「盡九月」とあり、九月まで禁止されている。

〔五〕毋……毒魚鼈 【案】第七一簡は「毋」より下が欠けている。線装本の釈文ではその部分に七字分の字、精装本の釈文では六字分の字が記されていたと推測している。武漢本は前掲「二年律令」田律との対照関係からすると、ここには「殺其繩重者、毋」と記されていたと推測している。

「黿」は、整理小組の釈文では「鼈」に作るが、簡牘学会編輯部・中華五千年文物集刊の釈文に従って改めた（簡牘学会一九八一、一五頁、中華一九八六、一三三頁）。図版によると、「黿」に作ることは明らかである。

〔六〕到七～縱之　〔整理小組〕縱とは解禁すること。『逸周書』大聚には「春三月、山林不登斧、以成草木之長。夏三月、川澤不入網罟、以成魚黿之長」とあり、簡文の「到七月而縱之」と附合する。〔案〕工藤元男は整理小組と同様に「不」を「夏月」につなげて読み、夏月にならなければ「夜草爲灰」以下のことをしてはならず、七月に至ってこれらを解禁すると記されていることから、本条では七月が夏月に含まれているとする。そのうえで、楚暦では秦と異なり、四月～六月が春、七月～九月が夏であるから、本条でいう七月は楚暦によったものであり、秦でいう四月に相当すると解している（工藤一九九八、三六五～三六八頁）。

〔七〕不幸死　〔整理小組〕不幸死は秦漢期の慣用語。『漢書』高帝紀に「漢王下令、軍士不幸死者、吏爲衣衾棺斂、轉送其家」とある。

〔八〕邑之～苑者　〔整理小組〕皂とは牛・馬の牧柵のこと。ここでは牛・馬を飼育する苑囿を指す。禁苑とは王室が禽獣を飼育する苑囿であり、民が中に入ることは禁止されていた。〔案〕整理小組の釈文では「早」を「皂」に作るが、簡牘学会編輯部が指摘する通り、図版によると「早」に見える（簡牘学会一九八一、一九頁）。「早」は「皁」の通仮字として用いられているか、あるいは「皁」の異体字・誤字であろう。なお、整理小組のいう「皂」は『正字通』白部に「皂、俗皁字」とあり、「皁」の俗字。「皁」は『逸周書』糴匡解の孔晁注に「皁、廏別名」、『経典釈文』荘子音義中に「皁、崔云、馬閑也」とあるように、厩舎を指す。

〔九〕將犬以之田　〔整理小組〕将は引き連れること。之田は猟に行くこと。

〔一〇〕百姓　〔整理小組〕百姓とは民のこと。『孟子』滕文公上に「則百姓親睦」、注に「皆所以教民相親睦之道」とある。〔案〕以下「食其肉而入皮」に至るまでは、竜崗秦簡にほぼ同じ条文が見える（第七七～八三簡）。竜崗秦簡では本簡に「百姓」とある部分を「黔首」に作る。『史記』巻六秦始皇本紀始皇二六年条に「更名民曰黔首」、同巻一五・六国年表始皇二七年条に「命民曰黔首」とあり、六国統一後の始皇二六年（前二二六年）あるいは二七年（前二二五年）に民を黔首と呼ぶことにしたという記述が見える。竜崗秦簡は基本的に六国統一後のものであるから、百姓が黔首へと改められているのであろう。

〔一一〕河禁所　〔整理小組〕呵は叱り責めること。呵禁所とは、警戒を敷いた地域を指す。

〔一二〕完入公　〔整理小組〕完入公とは、完全に官府へ納入すること。〔案〕吉本道雅は「秦律十八種」金布律に「縣・都官以七月糞公器不可繕者」（第一五三簡）とあるのに対し、「二年律令」金布律では「縣官器敝不可繕者、賣之」（第四三五簡）とあること、及び睡虎地秦簡のうち秦律の条文には「縣官」という語が見えず、「公」という語が用いられているのに対し、竜崗秦簡・二年律令では「縣官」が用いられていることから、「公」が「縣官」へ改称されたと解している（吉本二〇〇三）。『礼記』曾子問篇の鄭玄注に「公館、若今縣官宮也」、里耶秦簡に「王室曰縣官。公室曰縣官」（8-461）とあるのによれば、「公」に県官の意があることは明らかである。里耶秦簡によると、県官とは「王室」・「公室」を指すが、漢代では県官が天子・国家・官などの意で用いられていることからすると、秦でも王室・公室を含めた官側全体を指すのであろう。

書き下し文

春三月には敢て材木を山林に伐り、及び水泉を壅隄すること毋かれ。夏月には敢て草を夜して灰と爲し、生茘・麛卵鷇を取ること毋く、……魚鼈を毒し、穽網を置くこと毋かれ。七月に到りて之を縱せ。唯だ不幸にして死して棺椁を伐る者は、是れ時を用いず。邑の皁及び它の禁苑に近き者は、麛時には敢て犬を將いて以て田に之くこと毋かれ。百姓の犬、禁苑の中に入りて獸を追い及び獸を捕えざる者は、敢て殺すこと勿かれ。其れ獸を追い及び獸を捕うる者は、之を殺せ。呵禁所、犬を殺さば、皆な公に完入せよ。其の它の禁苑、殺す者は、其の肉を食いて皮を入れよ。

田律

通釈

春の三か月間は材木を山林で伐採したり、川・泉をせき止めてはならない。夏の月は草を焼いて灰としたり、生茘・幼獣・卵・幼鳥をとってはならず、……魚・スッポンを毒殺したり、落し穴や網を設けてはならない。七月に至ればこれらを解禁せよ。ただし、不幸にも死亡した者のために、棺槨を作るのに必要な木材を伐採する場合に限り、季節による制限を受けないものとする。邑のうち厩舎及びその他の禁苑に近いところでは、幼獣が成長する時期には犬を引き連れて狩猟に行ってはならない。民の犬が禁苑の中に入ったものの、獣を追いかけたり、獣を捕えたりしなければ、殺してはならない。犬が獣を追いかけたり、獣を捕えたりした場合、これを殺せ。警戒区域で犬を殺した場合、全て完全に官へ納入せよ。その他の禁苑で殺した場合、その肉を食べ、皮を納入せよ。　田律

附録

第七一～七四簡と「二年律令」第二四九簡、竜崗秦簡第七七～八三簡との対照表

〔睡〕　　　　　春二月毋敢伐材木山林、及雍隄水不。夏月毋敢夜草爲灰、取生荔・麛𪊨鷇。

〔二〕禁諸民吏徒隸、春夏　毋敢伐材木山林、及進隄水泉、　　燔草爲灰、取產　麛卵鷇。

〔睡〕毋……　　　　毒魚鼈、置穽罔。

〔二〕毋殺其繩重者、毋毒魚

〔睡〕百姓犬入禁苑中而不追獸及捕獸者、勿敢殺。其追獸及捕獸者、殺之。河禁所殺犬、皆完入公。

〔竜〕黔首犬入禁苑中而不追獸及□□者、勿□殺。其追獸及捕獸者、殺之。河禁所殺犬、皆□□□。

〔睡〕其它禁苑殺者、食其肉而入　皮。

〔竜〕□它禁苑、　　食其肉而入其皮。

○第七五・七六簡（第八・九簡）

原文

入頃芻稾以其受田之數無豤不豤頃入芻三石稾二石芻自黃䅵及䕲束以上皆受之入芻稾相

輸度可殴　　　田律　　　七六

校訂文

入頃芻稾〔一〕、以其受田之數〔二〕。無豤（墾）不豤（墾）、頃入芻三石・稾二石〔三〕。芻自黄𪎊（穌）及䕞束以上〔四〕、皆受之。入芻稾、相輸度、可殴（也）〔五〕。　田律

注釈

〔一〕芻稾　〔整理小組〕芻は牧草。稾はワラ。簡文及び古籍では常に芻稾を一語として用いている。『淮南子』氾論に「秦之時、……入芻稾、頭會箕賦、輸於少府」、注に「入芻稾之税、以供國用也」とある。『史記』秦始皇本紀二世元年参照。〔案〕以下「稾二石」に至るまでは、「二年律令」田律に「入頃芻稾、頃入芻三石。上郡地惡、頃入二石。稾皆二石」（第二四〇・二四一簡）とあり、似たような条文が見える。

本条はいわゆる芻稾税について定めた条文であろう。秦・漢では、農地の所有者は「芻」と「稾」を納入することが義務づけられていた（吉田一九四二、一四・一五頁）。芻稾税に関する規定は「二年律令」にも散見する（高二〇〇四）。

〔二〕受田　〔案〕秦では商鞅変法以来、授田制が設けられていたといわれている。これは国家が国有地を、戸籍に登録された戸主に対して分配する制度であった（張二〇〇四、一三～三八頁など）。張金光は被分配者が死亡するか、あるいは老齢に達したときに、土地は国家へ返還されたと推測している（張二〇〇四、二三・二四頁）。「受田」という語は「二年律令」にも見える。于振波は、「二年律令」における「受（授）田」は官府が

全ての土地を回収したうえで再分配を行うわけではなく、現有の土地の占有関係を基礎として調整を加えるものであったとする（于二〇〇四）。

〔三〕頃入～二石　**〔整理小組〕**石は重量の単位で、一二〇斤。秦の一斤はだいたい現在の半斤。**〔案〕**「石」が一二〇斤を指すことは、『周礼』考工記輪人の賈公彦疏に「故以三十斤曰鈞、百二十斤曰石言之也」とある。丘光明は戦国時代の秦の銅器に記された重量などから、戦国秦の一斤は約二五三グラムに相当すると解している（丘一九九二、三四〇頁）。丘光明の解釈に従うと、一石は約三〇キログラムになる。しかし、フルスウェは、鳳凰山漢簡では税として徴収された芻・稾の数量が「斗」・「升」という容積の単位で示されていることから、本簡の石も重量ではなく、容積の単位として用いられているとする（フルスウェ一九八五、二三頁）。丘光明は戦国秦の銅器に記された重量などから、戦国秦の一升は約二〇〇ミリリットルに相当すると解している（丘一九九二、一四八頁）。一石は一〇斗、一斗は一〇升であるから、一石は約二〇リットルになる。

「二年律令」田律でも本簡と同じく、一頃ごとに芻三石・稾二石を納入すべきとされている。ただし、「二年律令」では上郡に限り、芻は二石とされている。

〔四〕黄黐及蘑束　**〔整理小組〕**黐は穌字であろう。『説文』に「把取禾若也」とある。黄穌とは乾燥した葉を指す。蘑はおそらく歴と読むのであろう。『大戴礼記』子張問入官の注に「亂也」とある。ここではおそらく乱草（訳者注：雑草の意）を指すのであろう。一説に蘑は藡と読む。王念孫『広雅疏証』では藡を蒹と解している。牛に与える水草の一種。**〔案〕**「黐」及び「蘑」はこれまで知られていなかった字である。「秦律十八種」倉律では「禾」が黄・白・青の三つに分類されている（第一〇一簡）。黄穌は「黄禾」を指すか、あるいは「穌」のうち「黄」に分類されるものを指すのかもしれない。

「蓸」はほぼこれに近い字として「蘼」がある（フルスウェ一九八五、二三・二四頁）。「蘼」は『集韻』入声錫部に「蘼、葶蘼。艸名」とあり、草の一種。「葶蘼」とはイヌナヅナ（Draba nemorosa）のこと（植物一九一八、一二二二頁）。

〔五〕入芻～可毆　**〔整理小組〕** 輸とは運輸することであり、古時では主に糧秣の輸送を指す。度とは重量を計ること。一説に、相輸度とは芻と稾を互いに換算してもよいことを指す。**〔案〕** フルスウェは、鳳凰山漢簡では芻と稾の折納が認められていることから、整理小組が挙げている二つの解釈のうち、後者の解釈を妥当とする（フルスウェ一九八五、二四頁）。

書き下し文

頃ごとの芻稾を入るるには、其の田を受くるの數を以てせよ。豤すると豤せざると無く、頃ごとに芻三石・稾二石を入れよ。芻は黄穌及び蓸束自り以上、皆な之を受けよ。芻稾を入るるに、相輸度するは、可なり。　田律

通　釈

一頃ごとの芻・稾を納入する際には、分配された田の数量を基準とせよ。作付がなされていると否とを問わず、一頃ごとに芻を三石、稾を二石納入せよ。芻は黄穌及び蓸束以上であれば、みな納入を認めよ。芻・稾を納入する際には、折納してもよい。　田律

附録

第七五・七六簡と「二年律令」第二四〇・二四一簡との対照表

〔睡〕入頃芻稾、以其受田之數。無豤不豤、頃入芻三石・稾二石。

〔二〕入頃芻稾、頃入芻三石。上郡地惡、頃入二石。稾皆二石。

○第七七簡（第一〇簡）

原文

禾芻稾㣼木薦輒上石數縣廷勿用復以薦蓋　田律

校訂文

禾・芻稾㣼木・薦〔一〕、輒上石數縣廷〔二〕。勿用〔三〕、復以薦蓋〔四〕。　田律

注釈

〔一〕㣼木薦　〔整理小組〕木とは、糧秣を貯蔵する倉で用いられている木材を指す。薦とは、糧秣の下に敷くむしろを指す。木・薦を撤するのは、糧秣が既に倉の中から全部移されて空になったときである。〔案〕「㣼」は、整理小組の釈文では「徹」に作るが、図版では「㣼」字に見える。さらに、整理小組は「徹」を「撤」と読み、「撤去する」と訳している。しかし、『集韻』入声薛部に「㣼、去也」とあり、「㣼」にも「撤去する」の意が

ある。それゆえ、「撤」と読む必要はないであろう。

「薦」について、フルスウェは「法律答問」では「倉」に「薦」を敷いている例があること（第五二一簡）、及び洛陽で発見された戦国時代の穀物貯蔵穴ではむしろが敷かれていたことから、「倉」には「薦」が敷かれていたとする（フルスウェ一九八五、二四頁）。それゆえ、本簡の「薦」も禾・芻・稾を貯蔵する「倉」の中に敷かれている敷物を指すのであろう。

〔二〕縣廷　**〔整理小組〕** 県廷とは県庁のこと。『後漢書』郭太列伝の李賢注引『風俗通義』参照。**〔案〕**『後漢書』巻六八郭太列伝の李賢注引『風俗通義』に「廷、正也。言縣廷・郡廷・朝廷、皆取平均正直也」とある。

〔三〕勿用　**〔案〕** 整理小組は「勿用」を「木材及びむしろは他の用途へ転用してはならず」と訳している。しかし、「勿用」という句からそのような意味を読みとることはできない。「（それまで倉で使用していた）木材及びむしろは、（再度）使用してはならず」という意味であろう。木材とむしろの再使用を禁止したのは、おそらく防虫のためと考えられる。

〔四〕復以薦蓋　**〔整理小組〕** 薦蓋とは敷くこと、覆うこと。いずれも動詞。**〔案〕**「薦蓋」について、整理小組は「薦」・「蓋」の両字とも動詞と解している。それに対して、フルスウェは「復以薦蓋」を「それを再度むしろで覆え」と訳し（フルスウェ一九八五、二四頁）、「薦」を名詞として「以」の目的語と解し、「蓋」を動詞と解している。「禾・芻稾撤木・薦」の「薦」が名詞として用いられているので、この「薦」も名詞である可能性が高い。しかも、『斉民要術』巻七造神麹並酒には「春以單布覆甕、冬用薦蓋之」とあり、本簡と似たような表現が見えるが、「春以單布覆甕」の「單布」は名詞であり「以」の目的語、「覆」は動詞としか解しえないから、これと対句になっている「冬用薦蓋之」の「薦」も名詞であり「用」の目的語、「蓋」は動詞であるはずである。それゆえ、フルスウェの解釈に従うべきである。

書き下し文

禾・芻稾、木・薦を覆せば、輒ち石數を縣廷へ上れ。用いること勿く、復た薦を以て蓋え。　田律

通釈

穀物・芻・稾は木材・むしろを撤去したならば、石数を県廷へ報告せよ。それまで倉で使用していた木材・むしろは使用してはならず、再度むしろで穀物・芻・稾を覆え。　田律

○第七八簡（第一一簡）

原文

乘馬服牛稟過二月弗稟弗致者皆止勿稟致稟大田而毋恆籍者以其致到日稟之勿深致　田律　七八

校訂文

乘馬服牛稟〔一〕、過二月弗稟・弗致者〔二〕、皆止、勿稟・致。稟大田而毋恆籍者〔三〕、以其致到日稟之〔四〕、勿深致〔五〕。　田律

注釈

〔一〕乗馬服牛稟　〔整理小組〕乗馬服牛とは駕車の牛馬のこと。『易』繫辞下に「服牛乗馬、引重致遠」とある。稟とは食糧の支給。ここでは牛馬の飼料を指す。

〔二〕弗稟弗致　〔整理小組〕稟は、簡文では動詞として領収する・支給するの両義がある。ここでの意味は領収すること。致とは送ること。

〔三〕稟大～籍者　〔線装本〕恒籍とは、固定された勘定科目。〔整理小組〕大田とは官名であり、農事を司る。『呂氏春秋』勿躬に「墾田大邑、辟土藝粟、盡地力之利、臣不若甯遫、請置以爲大田」とある。また、『晏子』内篇問下第四参照。〔案〕「大田」は整理小組が指摘する通り、『呂氏春秋』勿躬篇・『晏子春秋』内篇問下に見え、『韓非子』外儲説左下篇・『管子』小匡篇にも『呂氏春秋』とほとんど同じ記述が見える（于一九八五、九一頁）。これらの史料はいずれも斉の桓公について述べたものであり、大田は農業を司る官吏のごとくに記されている。于豪亮は本簡にも大田が見えることから、秦でも当初は農業を司る官吏が大田と呼ばれていたとする（于一九八五、九一頁）。また、一九四八年に陝西省鄠県で出土したとされる、戦国秦の恵文王四年（前三三四年）の紀年を有する瓦書にも「大田」という官署名らしきものが見える（郭一九八六）。ただし、于豪亮は『漢書』巻一九・百官公卿表上によると、秦では治粟内史が農業を司っていたとされているので、大田は後に治粟内史と改称されたと述べている（于一九八五、九一頁）。また、山田勝芳は、大田は秦王政二〇年（前二二七年）頃に廃止され、その職務は治粟内史と少府に吸収されたとする（山田一九九三、四七頁）。

「恒籍」について線装本は固定された勘定科目の意とするが、その根拠は不明である。文脈から推測するに、ここでいう恒籍とは大田から飼料の支給を受ける馬牛の名簿を指すのではなかろうか。

〔四〕稟大～稟之　〔整理小組〕致は『礼記』曲礼に「獻田宅者操書致」、朱駿声『説文通訓定声』に「按猶券也」とある。ここでは飼料を受領したことを証明する券を指す。〔案〕「致」が証明書の意として用いられている例は、冨谷至らが集めている（冨谷二〇〇六、五三頁）。

〔五〕勿深致　〔線装本〕勿深致とは、糧食を発給した起算時間は致が到達した日より早くてはならないことを指す。〔整理小組〕深は甚と読む。超過の意。〔案〕整理小組は「勿深致」を「証憑の定めるところを超過してはならない」の意とする。李学勤も「深」を「甚」の通仮字とし、増加の意と解している（李一九八一）。それに対して、武漢本は「深」を「探」の通仮字とし、探求する、遡及するの意と解している。思うに、例えば『孟子』滕文公上篇の趙岐注に「深、甚也」とあり、「深」は「甚」の意で、ここでは副詞として用いられているのであろう。睡虎地秦簡では他にも「秦律雑抄」に「●敢深益其勞歲數者、貲一甲、棄勞」（〔九〕第三四三・三四四簡）とあり、「深」が副詞として「甚」の意で用いられている例が見える。また、ここでいう「致」は証明書・証憑の意ではなく、上文の「弗致」に見えるような「送る」という意の動詞として用いられていると解される。つまり、「勿深致」とは多めに送ってはならないという意味になる。具体的には、法律の規定あるいは証明書に記載されている飼料の支給量を遵守せよということであろう。

書き下し文

乗馬服牛の稟は、二月を過ぐるも稟せず・致せずんば、皆な止め、稟・致すること勿かれ。大田より稟するも恆籍に毋からば、其の致の到日を以て之を稟し、深く致すること勿かれ。　田律

通　釈

車を引く馬・牛の飼料を、二月を過ぎても受領せず、あるいは発送しなかった場合、いずれの場合も飼料の受領・発送を停止し、受領・発送してはならない。飼料を大田から受領すべき馬・牛であるにもかかわらず、恒籍に記録がない場合、その証明書が到達した日に支給し、多めに送ってはならない。　田律

原　文

○第七九簡（第一二簡）

百姓居田舍者毋敢醢酉田嗇夫部佐謹禁御之有不從令者有辠　田律

校訂文

百姓居田舍者〔一〕、毋敢醢（酤）酉（酒）〔二〕。田嗇夫・部佐謹禁御之〔三〕。有不從令者〔四〕、有辠〔五〕。　田律

注　釈

〔一〕百姓〜舍者　【整理小組】田舍とは農村中の居舍。【案】文献史料や出土文字資料には「廬舍」という語が見え、『詩経』小雅信南山の鄭玄箋に「農人作廬焉、以便其田事」、『春秋公羊伝』宣公十五年の何休解詁に「家在田曰廬、在邑曰里」とあり、農作業の便宜のため、農地の中に設けられた家屋を指す。本簡の「田舍」もこの廬舍に相当するものであろう。廬舍は「二年律令」賊律にも見える（第四簡）。『説文』广部・『詩経』小雅信南山の『正義』によれば、農民は、春と夏には廬舍に居住し、秋と冬には邑内の家屋に居住するとされてい

る。少なくともこれらの史料によるならば、本簡の「百姓居田舎」も民が春・夏という農繁期に田舎で生活している場合を主に想定していることになる。

岳麓書院蔵秦簡「秦律令（壹）」には本条とほぼ同じ条文が二条見えるが（第一一五簡及び第二八〇簡）、三者の間で字句に違いがある（後掲の「附録」参照）。陳松長は本条と「秦律令（壹）」第二八〇簡の間で字句が異なっていることについて、前者が六国統一前、後者が統一後のものであり、統一後律の内容が精密なものに改められた結果と解している（陳二〇〇九Ｂ）。一方、廣瀬薫雄はおおむね以下のように述べている。すなわち、秦・漢の律は皇帝が下した令のうち規範的効力を有する部分であり、令によって定められるものであった。各官署・各官吏はそれぞれ令文の中から律の部分だけを抽出し、その内容に應じて分類・整理のうえ所持していたのであって、今日出土している律は中央政府によって編纂・公布されたものではなかった。それゆえ、このような字句の違いが生じた、と（廣瀬二〇一〇、一六〇～一六五頁）。

〔二〕醢酉　**〔整理小組〕**酤酒とは酒を売ること。『韓非子』外儲説右上に宋人の酤酒の故事がある。また、『漢書』景帝紀に「夏旱、禁酤酒」、注に「酤、謂賣酒也」とある。**〔案〕**「酤酒」についてフルスウェは、酒を買うことと売ることとの双方を指しているのかもしれないと述べているが（フルスウェ一九八五、二五頁）、その根拠を示していない。整理小組が挙げている『漢書』巻五景帝紀の顔師古注の他、『説文』酉部に「酤（中略）一曰、買酒也」とあり、「酤」は酒を売る意とされていることもあれば、逆に酒を買う意とされていることもある。清の朱駿声はこれらの史料などを根拠として、「酤」を「賈」の通仮字とし、売買の意と解している（『説文通訓定声』豫部）。「酤」が「賈」の通仮字であるのかどうかはともかく、少なくとも「酤」は酒を売買することであり、売・買のいずれかに限定されて用いられているわけではないと解される。

〔三〕田嗇～御之　〔整理小組〕田嗇夫とは地方で農事を管理する小吏。部は、漢代では郷の管轄区域を郷部、亭の管轄区域を亭部と称した。『続漢書』百官志に「又有郷佐屬郷、主民、收賦稅」とある。ここでいう部佐は郷佐に類するものであろう。御は『左伝』襄公四年の注に「止也」とある。〔案〕睡虎地秦簡の「嗇夫」について高敏は、県・郷・亭に置かれ、「大嗇夫」（県嗇夫）・「倉嗇夫」・「田嗇夫」・「庫嗇夫」・「離官嗇夫」・「苑嗇夫」・「皀嗇夫」・「司空嗇夫」・「發弩嗇夫」などの種類があったとする。そして、倉嗇夫・田嗇夫などは、県内のそれぞれの部門を専門的に司る官吏であり、「官嗇夫」と総称されるのに対し、大嗇夫は県全体の官嗇夫を管理する官吏であったとする（高二〇〇〇、一八五～二〇〇頁）。

「田嗇夫」について裘錫圭は、各県に置かれ、県全体の農地などに関することを司っていたとする（裘一九九二、四五六・四五七頁）。

「部佐」について整理小組は、「郷佐」の一種と解している。しかし、裘錫圭は、部佐は郷佐ではなく、田嗇夫が郷に設けた「田佐」であり、各郷の農地などに関することを司っていたとする（裘一九九二、四五七～四五九頁）。また、山田勝芳も本簡の部佐が「田」を担当する田嗇夫とともに職責を負わされていることから、部佐は郷佐ではなく、田嗇夫に直属する吏と解している（山田一九九三、四〇・四一頁）。

〔四〕不從令　〔整理小組〕不從令とは法令に違反することで、秦・漢の法律用語である。例えば、『墨子』備城門に「不從令者斬」とある。〔案〕池田雄一は本簡の「不從令」の「令」について、具体的には「百姓居田舍者、毋敢醢（酤）酉（酒）。田嗇夫・部佐謹禁御之」の部分を指すとする（池田二〇〇八、三一八～三二〇頁）。一方、廣瀬薫雄は、当時の律は令によって定められるものであり、「不從令」の「令」とはその律を定めた令を指すと解している（廣瀬二〇一〇、一六五～一七一頁）。ちなみに、「不從令」は「二年律令」にも見える。

〔五〕皐【案】『説文』辛部は、秦では「皐」の字形が「皇帝」の「皇」と似ていることから、「罪」字に改めたとする。これによると、秦では皇帝号が成立した六国統一以降、「皐」に代わって「罪」字が用いられたことになる。睡虎地秦簡には基本的に六国統一後の文書が含まれていないといわれているが（黄一九八二、八頁）、確かに「罪」字は「日書」にわずか一例見えるに過ぎず、他では全て「皐」字が用いられている（工藤一九九八、一六八頁）。ちなみに、劉信芳・梁柱は、六国統一後の竜崗秦簡では「皐」が見えず、「罪」のみ見えるので、前掲の『説文』の記述が裏づけられたとする（劉一九九〇）。

書き下し文

百姓、田舎に居らば、敢て酒を酤すること毋かれ。田嗇夫・部佐は謹みて之を禁御せよ。令に従わざるもの有らば、皐有り。　田律

通釈

民は田舎に居住している場合、酒を売買してはならない。田嗇夫・部佐は慎重にこれを取締まれ。令に従わない者があれば、罪に問う。　田律

附録

第七九簡と岳麓書院蔵秦簡第一一五簡及び第二八〇簡との対照表

〔睡〕百姓居田舎者、毋敢酤酉。田嗇夫・部佐謹禁御之。有不從令者、有辠。
〔岳〕黔首居田舎者、毋敢醘酒。不從令者、罨之。
〔岳〕黔首居田舎者、毋敢醘酒。有不從令者、罨之。
〔岳〕田嗇夫・吏・吏部弗得、貲各二甲。丞・令・令史各一甲。
〔岳〕田嗇夫・士吏・吏部弗得、貲　二甲。

廐苑律

○第八〇・八一簡（第一一三・一一四簡）

原文

以四月七月十月正月膚田牛卒歳以正月大課之最賜田嗇夫壺酉束脯爲旱者除一更賜牛長日三旬殿者　八〇
誶田嗇夫罰冗早者二月其以牛田牛減絜治主者寸十有里課之最者賜田典日旬殿治卅　廄苑律　八一

校訂文

以四月・七月・十月・正月膚田牛〔一〕。卒歳以正月大課之〔二〕。最〔三〕、賜田嗇夫壺酉（酒）・束脯〔四〕、爲旱〈皂〉

者除一更〔五〕、賜牛長日三旬〔六〕。殿者、誶田嗇夫〔七〕、罰冗皁（皂）者二月〔八〕。其以牛田〔九〕、牛減絜〔一〇〕、治（笞）主者寸十〔一一〕。有（又）里課之〔一二〕。最者、賜田典日旬〔一三〕。殿、治（笞）卅。　廏苑律〔一四〕

注釈

〔一〕以四～田牛　**〔整理小組〕**膚は臚字。『爾雅』釈言に「敘也」とある。ここでの意味は品評すること。**〔案〕**黄盛璋は、睡虎地秦簡においてしばしば「正」字が用いられており、秦王政の諱を避けていないことについて、それらが秦王政期よりも前に書写されたためとする（黄一九八二、三～七頁）。それに対して影山輝國は、秦簡のうち秦王政期・始皇帝期の紀年が記されている文書では「正」字が用いられているのに対し、二世皇帝期の文書では「端」字が用いられていることから、二世皇帝のときに「正」字を避けて「端」字を用いるようになったとする（影山二〇〇二）。しかし、その後公表された里耶秦簡の中には、始皇二六年の文書で「端月」という語が用いられている例もある（8-138+8-174+8-522+8-523）。

「膚」は『説文』肉部によると「臚」の籀文。品評する意として用いられている例は、睡虎地秦簡では他にも「秦律雑抄」（〔一八〕第三五七簡）に見える。

〔二〕卒歳～課之　**〔線装本〕**課とは成績を評定すること。**〔整理小組〕**卒歳とは一年を満たすこと。**〔案〕**家畜の飼育状況につき、官吏に対して「課」を行うことは、他にも廏苑律（第八六簡・八七簡）及び「秦律雑抄」（〔六〕第三三七・三三八簡、〔一七〕第三五五～三五七簡、〔一八〕第三五七・三五八簡、〔一九〕第三五九簡）に見える。

〔三〕最　**〔整理小組〕**最とは成績が優秀であること。古代では成績評定の優劣を殿最と称した。『漢書』宣帝紀注に「殿、後也、課居後也。最、凡要之首也、課居先也」、『文選』答賓戯注引『漢書音義』に「下功曰殿、上功曰最」とある。殿は簡文の下方に見える。〔案〕「最」について、整理小組は成績が優秀であることの意と解しているが、『漢書』巻四一樊噲列伝の張晏注に「最、功第一也」とあるのによると、厳密にいえば成績が「最も」優れていることを指す。現に、「二年律令」史律では、最と認定されるのはあくまでも一人とされている（第四七五・四七六簡）。劣っていることを意味する「殿」についても、おそらく同様であったであろう。

〔四〕賜田～束脯　〔整理小組〕脯とは干し肉のこと。〔案〕以下、田牛の飼育状況の成績評定につき、田嗇夫などが賞与を授けられたり、あるいは処罰されたりしているが、田嗇夫とは各県に置かれた官吏である（第七九簡注〔三〕参照）。それゆえ、成績評定は県を単位として行われていたと考えられる。つまり、県ごとに田牛の飼育状況に関する成績がつけられ、最も優れた県には最、最も劣った県には殿という評価がなされたと解される。ただし、下文に「有（又）里課之。最者、賜田典日旬。殿、治（笞）卅」とあるように、里を単位とする成績評定も行われていたようである。

〔五〕爲皁～一更　〔整理小組〕為皂者とは牛を飼う者。更とは古時、成年男子には封建政権のために服役する義務があり、一か月に一度交替するというもので、更と称した。一更とは一回の更役に服することを指す。『漢書』昭帝紀注引の如淳の言に「更有三品、有卒更、有踐更、有過更。……『食貨志』曰、『月爲更卒、已復爲正一歳、屯戍一歳、力役三十倍於古』。此漢初因秦法而行之也」とある。〔案〕「爲皁〈皂〉者」及び下文の「冗早（皂）者」について高敏は、家畜を飼育する僕役であり、「皂嗇夫」によって管理されていたと推測している（高二〇〇〇、一三七頁）。

廣瀬薫雄は、睡虎地秦簡や二年律令に見える「冗」と「更」は対をなす概念であり、前者は常時勤務する者、後者は輪番で勤務する者と解している（廣瀬二〇一〇、三〇〇〜三〇四頁）。為皂者は「除一更」とあるので、輪番で勤務する牛飼いであろう。一方、下文の冗皂者は常勤の牛飼いと解される。

〔六〕賜牛〜三旬　**〔整理小組〕**牛長とは簡文によれば、牛を飼う者のうち責任者を指すのであろう。古時、労働の成績はしばしば日で計算され、功績を立てたときには「賜労」若干日、過ちを犯したときには罰若干日とされた。例えば、『居延漢簡甲編』一五四二に「功令第卌五、士吏・候長・烽燧長常以令秋試射、以六爲程、過六、賜労矢十五日」（訳者注：285:17）とある。ここでいう賜日三旬と、簡文の下方の罰二月などは、いずれも労働の成績を指す。**〔案〕**「牛長」について高敏は、田嗇夫の属吏と解している（高二〇〇〇、一四三頁）。一方、山田勝芳は、牛長は牛飼いの中から選ばれ、半官半民的存在であったとする（山田一九九三、一〇三頁）。ちなみに、羅福頤『漢印文字徴』巻二には「牛長子」と記された漢代の印章が収録されている。もっとも、これは役職名ではなく人名かもしれない。

〔七〕誶　**〔整理小組〕**誶とは叱責すること。

〔八〕冗早者　**〔線装本〕**冗皂者とは牛長の下に属する、牛を飼う者を指す。**〔整理小組〕**冗は散。冗皂者とは、上文の牛長及び為皂者を包括しているのであろう。

〔九〕其以牛田　**〔整理小組〕**其とはもしもの意。以牛田は『戦国策』趙策一に「秦以牛田、水通糧」と見える。徐復『秦会要訂補』附録『秦用牛耕説』参照。**〔案〕**「其」について、清の王引之は経書の用例を集めたうえで、「其、猶若也」と述べている（『経伝釈詞』巻五）。このような「其」の用例は睡虎地秦簡に散見する（魏二〇〇〇、二二〇・二二一頁）。

〔一〇〕絜　**〔整理小組〕**絜は『文選』過秦論注引『荘子』人間世の司馬注に「匝也」、『管子』幼官の注に「圍度也」

とある。ここでは牛の腰周りを指す。『居延漢簡甲編』二二七四に「牛一、黑特、左斬、首□□、絜七尺三寸」（訳者注：517:14）とあるのと同じ用例。

〔一一〕治主者寸十　〔整理小組〕『漢書』曹参伝の注に「治、即笞耳」とある。笞とは竹や木の板で背部を責め打つこと。漢の景帝のときに箠令が定められ、初めて臀部を打つことに改められた。『漢書』刑法志参照。寸十とは牛の腰周りが一寸やせるごとに、一〇回責め打つこと。〔案〕丘光明によると、秦の一尺は約二三・一センチに相当する（丘一九九二、一〇・一一頁）。一寸は一尺の十分の一の長さであるから、一寸は約二・三センチということになる。

〔一二〕里　〔整理小組〕里とは秦の郷村基層政権単位。

〔一三〕田典　〔整理小組〕田典はおそらく里典の誤りであろう。秦の里には里正が設けられていた。『韓非子』外儲説右下参照。簡文で「里典」に作るのは、秦王政の諱を避けて改めたのであろう。〔案〕「田典」について高敏は、田嗇夫の部下と解している（高二〇〇〇、一四三頁）。さらに、裘錫圭は高敏の解釈に賛成したうえで、以下のように述べている。銀雀山漢簡「守法守令等十三篇」の「田法」篇では田嗇夫とともに「主田」が挙げられているが（第九四八簡）、主田の「主」は「典」と意味が近く、主田が田典に相当すると解されるので、田典は里典の誤りではなく、郷嗇夫に属する里典と異なり、田嗇夫に属するものであった、と（裘一九九二、四五八・四五九頁）。田典が里典と別のものであったことは、竜崗秦簡や「二年律令」からも明らかである。すなわち、竜崗秦簡では「租者且出以律、告典・田典、典・田典令黔首皆智（知）之、及☑」（第一五〇簡）とあるように、「田典」とともに「典」が挙げられており、かつ典は里典を指すと解されるので、田典は里典と別のものと考えられる（竜崗二〇〇一、一二三頁）。また、「二年律令」銭律でも田典が典とは別に挙げられている（第二〇一簡）。

簡文に「有（又）里課之。最者、賜田典日旬。殿、治（笞）卌」とある通り、田典は里を単位として行われる牛の飼育状況の評定について賞罰を受けているので、里内の人々が行う農業を管理していたと考えられる。さらに、「二年律令」戸律によれば、田典は里門の開閉をも職務としていた（第三〇五・三〇六簡）。

〔一四〕廏苑律　**〔整理小組〕**厩苑律とは、家畜を管理・飼育する厩圏と苑囿に関する法律。簡文では「廏律」とも称し、下文の「内史雜」に見える。漢の九章律に「廏律」がある。

書き下し文

四月・七月・十月・正月を以て田牛を膚せよ。卒歳に正月を以て大いに之を課せよ。最ならば、田嗇夫に壺酒・束脯を賜い、爲皂者は一更を除き、牛長に日三旬を賜え。殿ならば、田嗇夫を誶《せ》め、冗皂者を罰すること二月。其《も》し牛を以て田し、牛、絜を減ぜば、主者を笞うつこと寸ごとに十。又た里、之を課せよ。最ならば、田典に日旬を賜え。殿ならば、笞卌。　廏苑律

通　釈

四月・七月・一〇月・正月に耕牛を品評せよ。一年の終わりに、正月に大いに評定せよ。最（最も優秀な成績を修めること）の場合、その田嗇夫に酒と干し肉を授け、為皂者については一更を除き、牛長については三〇日分の労働を行ったものとして扱え。殿（成績が最も悪いこと）の場合、その田嗇夫を叱責し、冗皂者については二か月分の労働を行わなかったものとして扱え。もし牛を用いて農作業を行い、その牛の腰周りが減少した場合、牛の腰周りが一

寸減少するごとに、担当者を笞で一〇回打て。また、里でも評定を行え。最も優秀な成績を修めた場合、その田典については一〇日分の労働を行ったものとして扱え。成績が最も悪かった場合、笞で三〇回打て。　厩苑律

○第八二簡（第一五簡）

原　文

叚鐵器銷敝不勝而毀者爲用書受勿責　廏苑

校訂文

叚（假）鐵器〔一〕、銷敝不勝而毀者〔二〕、爲用書〔三〕、受勿責〔四〕。　廏苑

注　釈

〔一〕假　**【整理小組】**仮とは借用すること。『孟子』滕文公上に「以鐵耕乎」、注に「以鐵爲犂用之耕否邪」とある。ここでいう鉄器とは、官有の鉄犂の類の農具を指すのであろう。**【案】**本条の末尾には「受勿責」とあり、破損した鉄器の賠償を請求してはならないと定められている。「叚（假）鐵器」の主語もこの「受勿責」と同一と解されるが、もしここでいう「假」が借用の意とすると、借りた者が賠償を請求することになってしまう。それゆえ、「假」はむしろ逆に貸与の意であろう。

本条について豊島静英、角谷定俊は、国家が農民に対して鉄製農具を貸与していたことを示すものと解している（豊島一九八一、角谷一九八四）。

〔二〕銷敝【整理小組】銷敝とは老朽化すること。

〔三〕爲用書【整理小組】用書とは簡文によれば、消耗したことを報告する文書であろう。【案】「爲用書」は「秦律十八種」司空律（第一九二簡）に見える「爲用」と同じであろう。

〔四〕受勿責【整理小組】責とは賠償するよう命令すること。【案】「受」について整理小組は「現物を受けとる」と訳している。

「秦律十八種」金布律（第一五三簡）によると、破損して修繕不可能となった鉄器は、毎年七月に廃棄処分とされた。

書き下し文

鐵器を假し、銷敝して勝えずして毀たば、用書を爲り、受けて責むること勿かれ。　廏苑

通釈

鉄器を貸し、その鉄器が老朽化により使用に耐えなくなって破損した場合、用書を作成して現物を受領し、賠償を請求してはならない。

○第八三～八七簡（第一六～二〇簡）

原文

將牧公馬=牛死者亟謁死所縣=亟診而入之其入之其弗亟而令敗者令以其未敗直賞之其小隸臣

疾死者告其☒　☒□其非疾死者以其診書告官論之其大廏中廏宮廏馬牛毆以其筋革角及其賈 八四
錢效其人詣其官其乘服公馬牛亡馬者而死縣＝診而雜買其肉即入其筋革角及索入其賈錢＝ 八五
少律者令其人備之而告官＝告馬牛縣出之今課縣都官公服牛各一課卒歲十牛以上而三分一死不□ 八六
十牛以下及受服牛者卒歲死牛三以上吏主者徒食牛者及令丞皆有辠內史課縣大倉課都官及受服者□□ 八七

校訂文

將牧公馬牛〔一〕、馬【牛】死者〔二〕、亟謁死所縣〔三〕。縣亟診而入之〔四〕。其入之其弗亟而令敗者〔五〕、令以其未敗直（値）賞（償）之〔六〕。其小隸臣疾死者〔七〕、告其□□之〔八〕。其非疾死者、以其診書告官論之〔九〕。其大廏・中廏・宮廏馬牛毆（也）〔一〇〕、以其筋・革・角及其賈錢效〔一一〕、其人詣其官〔一二〕。其乘服公馬牛亡馬【牛】者、而死縣〔一三〕、縣診而雜買（賣）其肉〔一四〕、即入其筋・革・角、及索（索）入其賈錢〔一五〕。錢少律者〔一六〕、令其人備之而告官〔一七〕、官告馬牛縣出之〔一八〕。今課縣・都官公服牛各一課〔一九〕。卒歲十牛以上而三分一死、不盈十牛以下及受服牛者、卒歲死牛三以上、吏主者・徒食牛者及令・丞皆有辠〔二〇〕。內史課縣〔二一〕、大（太）倉課都官及受服者〔二二〕。□□〔二三〕

注釈

〔一〕将牧　【整理小組】将牧とは家畜を引き連れて放牧すること。下文によると、ここでいう放牧はいくつかの県を巡っているので、遊牧としての性質を有することが知られる。【案】金布律に「牧將公畜生」（第一五一簡）という表現が見える。この「牧將」は本簡の「將牧」と同じ意味であろう（魏二〇〇〇、二九頁）。

〔二〕牛　**〔整理小組〕** 原文では「牛」字の重文符号が脱けている。

〔三〕亟　**〔整理小組〕** 亟とは急いで、の意。謁とは報告すること。

〔四〕診　**〔整理小組〕** 診は『漢書』董賢伝の注に「驗也」とあり、検査すること。

〔五〕其入～敗者　**〔整理小組〕**「入之其」の三字は衍文であろう。敗とは腐敗すること。**〔案〕** 陳偉は、「入之其」は衍文ではなく、「入之其」の「其」は仮定接続詞で、「其入之其弗亟而令敗者」は「縣が死亡した馬・牛を入れることがもし速やかでなく、腐敗させる」の意とする（陳二〇一三a）。

〔六〕其入～賞之　**〔案〕**「令以其未敗直（値）賞（償）之」の「令」についてフルスウェは、県令の意とも命令の意とも解しうるとする（フルスウェ一九八五、二八頁）。前者の解釈によれば、県が馬・牛の死体を速やかに回収しなかったため、死体を腐敗させてしまった場合、県令だけが賠償を負わされることになる。しかし、例えば本条の下文に「吏主者・徒食牛者及令・丞皆有辠」とあり、秦律・漢律では県の公務で落ち度があった場合、直接の現場責任者と県令・丞が責任を負わされている。それゆえ、前者の解釈は成り立ちがたいように思われる。ここでいう「令」は命令の意で、「令以其未敗直（値）賞（償）之」は県令・丞・現場責任者などに賠償させることをいうものではあるまいか。

この部分は県の責任について定めたものであるが、「二年律令」金布律（第四三三簡）では、官有の家畜を死なせてしまった本人が負う責任について定められている。それによると、家畜が生きていた場合の価格を賠償しなければならないが、肉・革が腐敗する前にこれを国家へ納入すれば、賠償額を減額するとされている。

〔七〕小隸臣　**〔整理小組〕** 隸臣とは刑徒の名称。『漢書』刑法志に見え、注に「男子爲隸臣、女子爲隸妾」とある。以下の倉律に見える通り、隸臣は身長が秦尺の六尺五寸未満を小とする。ここでいう小隸臣は牧童を務める隸臣であろう。

〔八〕告其□□之　〔案〕「□□」について、李力は「官論」、陳偉は「縣出」と記されていたと推測している（李二〇〇七、三三一頁、陳二〇一三a）。

〔九〕以其診書告官　〔案〕「診書」とはおそらく死体やその周囲の状況を調査した結果を記した文書であろう。「封診式」には例えば「賊死」条のごとく、県の令史が変死体の発見現場へ赴き、変死体や現場の状況を詳細に記録した文書が見えるが、診書とはおそらくこのような内容の文書と思われる。調査の結果、事故や自殺ではなく、他殺であることが判明した場合、犯罪の捜査が開始されるのであろう。

「官」は、ここではおそらく死亡した小隷臣が所属していた官署を指すのであろう。

〔一〇〕大廏～宮廏　〔整理小組〕大廐・中廐・宮廐はいずれも秦の朝廷の廐名。『漢書』百官表に大廐令があり、太僕の属官である。中廐は『史記』李斯列伝に見える。『漢旧儀』の記載によると、漢代では大廐が天子六廐の一つ、中廐が皇后の車馬のあるところとされている。〔案〕「大廏」は『漢書』巻一九・百官公卿表上及び後漢・衛宏『漢旧儀』巻下によると、令の他、五人の丞、一人の尉が置かれ、一万頭の馬が管理されていた。さらに、『三輔黄図』巻六に「未央・大廐在長安故城中」とあるのによれば、少なくとも漢代では、大廐は長安城中に置かれていた。ちなみに、秦の封泥には「泰（大）廏丞印」があり、また秦始皇陵の東西両側で発見された従葬馬廐坑から、「大廏」と記された器物が出土している（黄二〇〇二、一六二頁）。

「中廏」について整理小組は、皇后の車馬のあるところという記述が『漢旧儀』に見えるごとくに述べているが、『漢旧儀』には佚文も含めてこのような記述は見えず、『三輔黄図』巻六に「中廏、皇后車馬所在」、『漢書』巻六三武五子伝の顔師古注に「中廏、皇后車馬所在也」とある。秦の封泥や秦始皇陵従葬馬廐坑出土器物には「中廏」・「中廏馬府」・「中廏將馬」・「中廏丞印」が見える（黄二〇〇二、一六二頁）。さらに、『史記』巻一八高祖功臣侯者年表に「中廏令」が見え、中厩には少なくとも令と丞が置かれていたと解される。ちなみに、安作璋・熊鉄基は『漢書』百官公卿表上に「詹事、秦官、掌皇后・太子家。（中略）又中長秋・私府・永巷・倉・廐・祠祀・食官令長丞。諸宦官皆屬焉」とある「廐」を中厩と解している（安二〇〇七、三三七頁）。この解釈によれば、中厩は皇后の家を司る詹事の属官であり、令・長・丞が置かれ、宦官もこれに所属していたことになる。

「宮廏」については、秦の封泥や秦始皇陵従葬馬厩坑出土器物に「宮廏丞印」・「宮廏」が見える（黄二〇〇二、一六二頁）。大厩・中厩との関係は未詳である。

ちなみに、秦の封泥や秦始皇陵従葬馬厩坑出土器物には以上で挙げたものの他、「小廏」・「左廏」・「右廏」・「章廏」などの厩名が見える（黄二〇〇二、一六二頁）。

〔一一〕以其〜錢效　〔整理小組〕效は『漢書』元后伝の注に「獻也」とある。〔案〕整理小組の釈文では「賈」を「價」の通仮字と解している。しかし、陳偉は「賈」をそのまま読み、「賈錢」を取引金額の意とする（陳二〇一三a）。

〔一二〕詣其官　〔整理小組〕詣とは引き渡すこと。〔案〕ここでいう「官」は大廏・中廏・宮廏のうち、死亡した馬・牛を管轄していた官署を指すのであろう。

〔一三〕其乘〜死縣　〔整理小組〕「亡馬者」にはおそらく脱誤があるのであろう。〔案〕フルスウェは「其乘服公馬牛亡馬者」の「亡馬」について、その上に「馬牛」とあることから、「亡馬」の下に「牛」を補うべきとする（フルスウェ一九八五、二九頁）。

「其乘服公馬牛亡馬【牛】者、而死縣」は読みにくく、整理小組が指摘する通り、脱誤があるのかもしれないが、とりあえず「もし官有の馬・牛が引く車に乗っている最中に馬・牛を逃がし、その馬・牛がある県で死亡した場合」という意味に解しておく。

〔一四〕雜買其肉　〔整理小組〕雑は『国語』越語の注に「猶俱也」とある。〔案〕懸泉置漢簡には死亡した官有馬の骨と肉を売却した記録が見える（曹二〇〇二、一四七頁）。

〔一五〕索　〔整理小組〕索は尽の意。〔案〕「索」は『説文』宀部の段注に「索、經典多假索爲之」とあり、「索」の通仮字。「索」に「盡」の意があることは、例えば『広雅』釈詁一下に「索、盡也」と見える。

〔一六〕律　〔案〕フルスウェはこの「律」を「賨律」と解している（フルスウェ一九八五、二九頁）。賨律とは財物を銭に換算して出入する細則を定めた律。第一六九簡・一七〇簡注〔四〕参照。

〔一七〕備　〔線装本〕備とは補足すること。

〔一八〕出　〔整理小組〕出は簡文によれば、帳消しにする意。〔案〕このような用例での「出」は秦律十八種「金布律」（第一五一簡）にも見える。

〔一九〕都官　〔整理小組〕都官とは朝廷に直属する機構であり、古書では中都官とも称する。『漢書』宣帝紀の注に「都官令丞、京師諸署之令丞」、「中都官、凡京師諸官府也」とある。〔案〕睡虎地秦簡に見える「都官」をめぐっては、工藤元男が整理している通り、整理小組の解釈の他にも、①皇帝すなわち中央政府に雇用契約された全ての官吏とする説、②中央列卿に所属する諸官署とする説、③中央の一級機関の中で京師にあるものを中都官と称し、京師以外にあるものは都官とだけ称されたとする説、④中央京師の諸官府を指すとともに、その地方出先機関をも指すとする説、⑤王室財政を司る官署とする説などがある。工藤元男はこれらの説を批判したうえで、都官とは県とほぼ同等級の地方行政機構であり、「都邑」とその周辺の複数の邑から成る「都」（宗室貴戚の旧邑や列侯の封邑）を統治するものであったとする（工藤一九九八、五七～八三頁）。その後、曹旅寧は尹湾漢簡に見える都官を史料として加え、秦・漢の都官は主に財政・経済の管理を司り、中央に直属し、地方の県の中に設置された経営機構であって、県と平行の行政単位ではないとする（曹二〇〇二、一一七～一二九頁）。また、于振波はさらに「二年律令」を史料として加え、秦・漢の都官は中央に直属する、県と同等級の機構であったとする（于二〇〇五）。髙村武幸は、秦・漢では京師所在の中央官府と、地方所在の中央官府出先機関をともに都官と称したとする。そして、後者の都官は少府や太僕など、主に帝室財政担当官府から派出・設置されたものであり、元来は山林藪沢の資源を管理し、その収益を確保するために設置されたものとする（髙村二〇〇八、二四八～二八一頁）。

〔二〇〕徒食　〔整理小組〕徒とは徭役に服する者。『荀子』王覇の注に「人徒謂胥徒、給徭役者也」とある。食とは飼育すること。

〔二一〕内史　〔整理小組〕内史は『漢書』百官表に「周官、秦因之、掌治京師」とある。一説に、ここでいう内史とは治粟内史を指す。『百官表』に「治粟内史、秦官、掌穀貨」とある。漢の景帝のときに大農令と改名され、武帝のときに大司農と改名された。〔案〕「内史」について整理小組は、京師の統治を司る「内史」を指すとする解釈と、秦全土の財政を司る「治粟内史」を指すとする解釈とを挙げているが、于豪亮、江村治樹、藤田勝久は前者の解釈を採っている（于一九八五、八八～九一頁、江村二〇〇〇、六九六・六九七頁、藤田二〇〇五、五六～六三頁）。中でも藤田勝久は、睡虎地秦簡には郡と県との関係を示す史料がなく、県が直接内史に統括されていること、及び睡虎地秦簡の内史は穀物や財物の管理のみならず、文書の伝達、官吏の任用、学室での教育、器物と文書の管理を司っており、治粟内史の職務を超えていることなどから、睡虎地秦簡の内史は治粟内史ではなく、内史の地の県と都官を統括する官であったとする。

一方、フルスウェ、栗勁は、睡虎地秦簡の内史は治粟内史を指すとする（フルスウェ一九七八、栗一九八五、四〇六・四〇七頁）。中でもフルスウェは、睡虎地秦簡では県が内史に対して経済面について報告を行っているが、もしこの内史が京師の統治を司る官とすると、県という地方行政機関が内史という地方行政機関へ報告するということになり、不合理であることなどから、睡虎地秦簡の内史は京師の統治を司る「内史」ではなく、治粟内史を指すとする。

以上の解釈とは別に、張金光は、内史は地方官ではなく中央機構の一つであり、主に全国の財政を統べるとともに、その他にもさまざまな職務を兼ねていたとする（張一九九二）。また、工藤元男は、内史は秦全土の文書行政を統括する官であったとする（工藤一九九八、二一〜五五頁）。山田勝芳は、内史は後の御史大夫とほぼ同じ地位を占め、丞相府のもとで秦全土の文書行政を統括するとともに、本来の秦地である内史地区の行政長官でもあったとする（山田一九八七）。重近啓樹も内史は基本的に朝廷の中央官であるが、その一方で関中の地方官的側面を持っていたとする（重近一九九九、二七九〜三〇二頁）。さらに、越智重明は京師を司る官としての内史と、国家の財政を司る官としての内史（治粟内史）という、二つの内史が並存していたとする（越智一九八八、三七四〜三八〇頁）。彭邦炯は、京師の統治を司る官としての内史は秦が六国を統一した後、各地に郡・県が置かれたのに伴って設けられたのであって、戦国時代の内史はこれと異なり、主に全国の財政経済を司る官であったとする（彭一九八七）。

ちなみに、内史は「二年律令」にも散見する。森谷一樹は、二年律令の内史の職掌は京師の統治を司る内史と一致する面もあるものの、睡虎地秦簡の内史と同様、後世の治粟内史の職掌に該当する面もあるので、秦～漢初では内史と治粟内史が分化しておらず、両者の職掌を有する官署であったとする。そして、郡守が裁判や武器の製造など、中央官の職掌をも代行していたのに対し、内史は京師治下の県を一元的に統治していたわけではなく、京師治下の県の統治にはさまざまな中央官が関与していたとする（森谷二〇〇六）。

〔一二〕大倉　【整理小組】太倉とは朝廷が食糧を貯蔵する機構。【案】睡虎地秦簡の「太倉」について工藤元男は、内史の職務のうち、糧草部門の行政上の執行機関であり、県級の地方行政機関において軍糧・俸禄などとして消費される糧草の行政管理を行っていたとする（工藤一九九八、二七～三二頁）。

〔一三〕□□　【整理小組】本条の律名は失われているが、内容からすると厩苑律に属する。

書き下し文

公馬牛を將牧し、馬牛死せば、亟やかに死所の縣に謁《つ》げよ。縣亟やかに診て之を入れしめよ。其れ之を入るること其し亟やかならずして敗らしめば、其の未だ敗れざるの値を以て之を償わしめよ。其し小隷臣疾死せば、告其□□之。其し疾死するに非ずんば、其の診書を以て官に告げて之を論ぜよ。其し大廏・中廏・宮廏の馬牛ならば、其の筋・革・角及び其の賈錢を以て效し、其の人、其の官に詣らしめよ。其し服公馬牛に乘りて馬牛を亡い、而して縣に死せば、縣診て雜《とも》に其の肉を賣り、即ち其の筋・革・角を入れ、及び索《ことごと》く其の賈錢を入れよ。錢、律より少なからば、其の人をして之を備えて官に告げしめ、官、馬牛の縣に告げて之を出せ。今、縣・都官の公服牛に課すること各〃一課。卒歳に十牛以上にして三分の一死し、十牛に盈たざる以下及び服牛を受くる者は、卒歳に死牛三以上ならば、吏主者・徒食牛者及び令・丞皆な辠有り。内史は縣に課し、太倉は都官及び服を受くる者に課せよ。□□

通釈

官有の馬・牛の放牧を行い、その馬・牛が死亡すれば、速やかに死亡したところの県へ報告せよ。県は速やかに死亡した馬・牛を検分し、死体を回収せよ。もし速やかに回収しなかったため、死体を腐敗させてしまった場合、まだ腐敗していない状態の価格を賠償させよ。もし小隷臣が病死すれば、告其□□之。もし病死したのでなければ、小隷臣が所属していた官署にその診書で報告し、その官署はこれを判断せよ。もし大厩・中厩・宮厩の馬・牛が死亡した場合、その筋・革・角、及びその価格に相当する銭を納入し、その馬・牛の牧畜を行っていた者本人が、大厩・中厩・宮厩のうちその馬・牛を管轄していた官署へ引き渡せ。もし官有の馬・牛に引かせた車に乗っている最中に、その馬・牛を逃がし、馬・牛がある県で死亡した場合、県は死体を検分してその肉を売却し、筋・革・角及び肉を売却してえた銭を回収せよ。回収した銭が律の規定より少ない場合、車に乗っていた者に補填させ、その馬・牛を管轄していた官署に報告し、その官署は馬・牛を検分した県に報告し、帳消しにせよ。今、県・都官の服牛に対してそれぞれ一回ずつ課を行う。一年の終わりに一〇頭以上の牛がおり、そのうち三分の一が死亡した場合、及び一〇頭未満の牛がおり、あるいは服牛を受領した者は、一年の終わりに牛が三頭以上死亡した場合、吏主者・徒食牛者及び令・丞をみな罪に問う。内史は県に対して課を行い、太倉は都官及び服牛を受領した者に対して課を行え。□□

倉　律

○第八八～九四簡（第二一～二七簡）

原　文

八八　入禾倉萬石一積而比黎之爲戶縣嗇夫若丞及倉鄉相雜以印之而遺倉嗇夫及離邑倉佐主
八九　稟者各一戶以氣自封印皆輒出餘之索而更爲發戶嗇夫免效者發見雜封者以隄效之而復
九〇　雜封之勿度縣唯倉自封印者是度縣出禾非入者是出之令度＝之＝當堤令出之其不備出者負之
九一　其贏者入之雜出禾者勿更入禾未盈萬石而欲增積焉其前入者是增積可毆其它人是增積＝
九二　者必先度故積當隄乃入焉後節不備後入者獨負之而書入禾增積者之名事邑里於廥籍萬
九三　石之積及未盈萬石而被出者毋敢增積櫟陽二萬石一積咸陽十萬一積其出入禾增積如律令長吏相
九四　雜以入禾倉及發見⿸尸彖之粟積義積之勿令敗　　倉

校訂文

入禾倉〔一〕、萬石一積、而比黎之爲戶〔二〕。縣嗇夫若丞及倉・鄉相雜以印之〔三〕。而遺倉嗇夫及離邑倉佐主稟者各一戶以氣（餼）〔四〕。自封印、皆輒出、餘之索而更爲發戶〔五〕。嗇夫免、效者發見〔六〕、雜封者、以隄（題）效之〔七〕、而復雜封之、勿度縣〔八〕。唯倉自封印者是度縣〔九〕。出禾、非入者是出之、令度之、度之當堤（題）〔一〇〕、令出之。其不備〔一一〕、出者負之〔一二〕。其贏者〔一三〕、入之。雜出禾者勿更。入禾未盈萬石而欲增積焉〔一四〕、其前入者是增積、可殹（也）。其它人是增積、積者必先度故積、當堤（題）、乃入焉。後節（即）不備〔一五〕、後入者獨負之。而書入禾增積者之名・事・邑里于廥籍〔一六〕。萬石之積及未盈萬石而被（頗）出者〔一七〕、毋敢增積。櫟陽二萬石一積〔一八〕、咸陽十萬一積〔一九〕、其出入禾增積如律令。長吏相雜以入禾倉及發見〔二〇〕、㞋之粟積〔二一〕、義積之〔二二〕、勿令敗。倉〔二三〕

注釈

〔一一〕入禾倉　〔整理小組〕入禾倉は、入禾於倉のことで、穀物を穀倉に納入すること。

〔一二〕萬石～爲戸　〔整理小組〕積とは、積み上げること。ここでは穀物を貯蔵する単位。比黎は、あるいは芘莉・芘籬・藜芘に作る。『集韻』に「莉、草名、一曰芘莉、織荊障」とある。荊笆（訳者注：いばらで編んだまがき）あるいは籬笆（訳者注：竹・木で編んだまがき）。〔案〕「法律答問」によると、倉の「戸」（＝とびら）がしっかりと閉められていない場合には担当官吏が罰せられた（第五二〇簡、第五二一簡）。倉庫の扉に関する点検・報告が行われていたことは、居延漢簡からも窺える（E.P.T52:100）。

〔一三〕縣嗇～印之　〔整理小組〕県嗇夫は、県令・長を指す。若は、あるいは。郷は、地方の末端の行政単位で、『漢書』百官表に「大率十里一亭、……十亭一郷」とある。雑については、『漢書』雋不疑伝の注に「共也」とある。印は、璽印を押して封緘すること。〔案〕県嗇夫は、睡虎地秦簡中に県の主管者として散見し、他にも「縣嗇夫若丞」（本条）、「縣嗇夫・丞」（「秦律雜抄」〔一二〕第三四六～三四八簡）のように、「（縣）丞」とともに現れる。このことから、多くの先行研究において、県嗇夫は県令の別称と見なされている（鄭一九七八、于一九八五、一〇八頁、陳一九九〇、裘一九九二、四三二頁、高二〇〇八、五一～五四頁など）。他方、工藤元男は秦律から県嗇夫と県令が同一県廷に並存していた状況が窺えるとした上で、県嗇夫は春秋時代以来の旧県の主管者であり、その旧県がしだいに県令・丞体制に組み込まれる中で県嗇夫も消滅したとする（工藤一九九八、三四一～三六二頁）。

「倉・郷」は、倉嗇夫・郷嗇夫の略称（徐一九九三、四一一頁）。郷嗇夫は、司法のほか賦税徴収に関わっていたとされる（『漢書』巻一九・百官公卿表上・県令条）。大庭脩は、居延漢簡の「□郷。秋賦錢五千。□□里父老□□正定釋。□□嗇夫京佐吉□」（526:1）という封検について、郷嗇夫と賦税の関係を示すものとする（大庭一九八二、五一七頁）。本条で郷嗇夫が倉の封印に立ち会うのは、賦税徴収の責任者としての立場からかもしれない。「雜」は、「所管を異にする二つ以上の官職が、共同で事に當たる」こと（大庭一九八二、四八頁）。

「秦律十八種」效律（第二三五～二三七簡）および「效律」（［一二］第二九五～二九九簡）は、「印之」を「封印之」に作る。「二年律令」戸律では、本条と同様、県令・丞と官嗇夫が共同で、諸々の簿籍を収めた箱を封緘している（第三三一・三三二簡）。

〔四〕而遺～以氣　**〔整理小組〕** 遺は、給付すること。離は、附属すること。離邑は属邑、すなわち郷を指す。『説文』に「郷、國離邑」とある。餼は、糧穀を放出すること。**〔案〕** 倉律後段に「廥才（在）都邑」が見え、本条の「離邑倉」と対応する。前句「縣嗇夫若丞及倉・郷相雜以印之」と本句によれば、都邑倉は県所属の倉嗇夫が主管し、離邑倉は郷所属の倉佐が主管していたことになる（蔡一九九六、二五頁）。また、「秦律十八種」效律（第二三五～二三七簡）や里耶秦簡（8-56）によれば、倉には倉嗇夫（倉守）・倉佐の他に「稟人」と呼ばれる人員が配置されていた。

「秦律十八種」效律（第二三五～二三七簡）および「效律」（［一二］第二九五～二九九簡）は、「以氣（餼）」

を「以氣（餼）人」に作る。

〔五〕自封～發戸　**〔線装本〕**輒は、命令なしに行うこと。自分に権限があること。**〔整理小組〕**索は、空にすること。一説に、ここでの「餘」字を「予」と読み、「皆輒出餘（予）之、索而更爲發戸」と断句するのかもしれない。**〔案〕**「自封印、皆輒出」について、整理小組は「彼ら（「倉嗇夫及離邑倉佐主稟者」）が自分で封印したものについては、すぐに搬出することができる」と訳出する。他方、線装本は「輒」を「専」と解することで、倉の担当官吏が自分で封印した倉からしか穀物を搬出できない、と解しているものと思われる。確かに『集韻』入声葉韻に「輒、一曰、専也」とあり、ここでの「輒」は「専」と解した方が意味が通る。ひとまず線装本に従っておく。

「發戸」の「發」は居延漢簡中の文書受発信記録に頻見し、「封」の反対語、すなわち封印をとく、封泥をつぶす意（冨谷二〇〇一a）。

〔六〕嗇夫～發見　**〔整理小組〕**效は、『荀子』議兵の注に、「驗也」とある。見は、視と同義で、調べて見ること。**〔案〕**本句冒頭の「嗇夫」について、太田幸男・大櫛敦弘は倉嗇夫（太田二〇〇七、三八一頁、大櫛一九九二）、冨谷至は県嗇夫のこととする（冨谷二〇〇一a）。

「效」は「校」字に通ずる（『説文通訓定声』巻七小部）。「校」は、居延漢簡に「校候三月盡六月折傷兵簿、出六石弩弓廿四付庫、庫受嗇夫久廿三、而空出一弓、解何」（179.6）などと見え、帳簿の記載をチェックする意味で用いられている。本条の場合、「效者」は「嗇夫」が免官された際に倉を監査する者のことで、「發見」は「（倉の扉を）開き、（倉内を）確認する」ことと解される。

本句以下は、嗇夫が罷免された際における倉の監査の方法についての規定で、「雜封者」の場合と「倉自封印者」の場合に分けて記されている。両者はそれぞれ、前文にある「複数の官が共同で封印した倉」（「縣嗇夫若丞及倉・郷相雑以印之」）、「稟給担当者自身が封印した倉」（「自封印」）と対応すると考えられる。

〔七〕以隄效之　**〔整理小組〕**題は、題識のこと。ここでは倉内の貯蔵糧穀の数量が記載された題記を指す。**〔案〕**『大唐六典』巻一九司農寺・太倉署条に「凡鑿窖置屋、皆銘甎爲庾斛之數、與其年月受領粟官吏姓名。又立牌如其銘焉」とあり、「窖」を設置する際に粟の数量や年月日、関係官吏の姓名を記した磚を作成するとされ、一九六九年に発見された洛陽・含嘉倉遺跡でそのような窖甎が出土している（礪波一九八〇）。本条の「隄（題）」も同じようなものであろう。

「秦律十八種」效律（第二三八～二四〇簡）および「效律」（〔一二〕第二九五～二九九簡）は本句を「效者見其封及隄（題）」に作り、「效者」が「隄（題）」のみならず「封」も確認するとされている。

〔八〕雑封～度縣　**〔整理小組〕**県は、『漢書』刑法志注に引く服虔の言に、「稱也」とある。度県は、量をはかること。**〔案〕**ここでは、嗇夫免官時に「雑封者」（複数の官が共同で封印した倉）を監査する場合の方法について規定する。大櫛敦弘は「（穀物の出入がないので）封印を確認して、新たなメンバーで封印し直すだけで、一々計量するには及ばない」と解する（大櫛一九九〇）。

〔九〕唯倉～度縣　**〔平装本〕**是は、ここでの用法は「之」字と同じ。裴学海『古字虚字集釈』巻九参照。是度は、「度之」。下文「非入者是出之」は、「非入者之出之」。**〔整理小組〕**是は、ここでの用法は「寔」字と同じ。王引之『経伝釈詞』参照。下文「非入者是出之」も同じ。**〔案〕**本句「唯倉自封印者是度縣」、および下文「非入者是出之」、「其前入者是増積、可毆（也）。其它人是増積」に見える「是」字については、その文法上の役割について多くの説がある。平装本は民国・裴学海『古字虚字集釈』巻九・是氏寔実を参考に、「之」と同義とする。裴学海は「是」＝「之」字について、『左伝』襄公十四年・伝文「晉國之命、未是有也」、同・昭公七年・伝文「公曰、何謂六物。對曰、歳星日月星辰、是謂也」などを引用し、「指事之詞」と解する。これに対し、精装本は清・王引之『経伝釈詞』巻九是氏を参考に、「寔」字と同義とする。もっとも、王引之は「是」字と「寔」字が相通ずることを指摘しているだけで、両字の意味上の違いについて明言しているわけではない。裘錫圭は、本句の「是」字が「復指作用」、つまりは直前に出てくる語句を代用する役割を果たしているとした上で、王引之の言う「是」＝「寔」字はこの「復指作用」を説明したものと解し、平装本の解釈を否定している（裘一九八二）。他方、魏徳勝は本句の「是」を「結構助詞」と解した上で、文献史料や睡虎地秦簡中より、「是」字が主語と述語の間、あるいは前に置かれた目的語と述語の間に挿入される事例を列挙している（魏二〇〇〇、二三五～二三六頁）。以上の所説の是非については現時点では判断し難いが、ひとまず本句は「唯だ倉の自ら封印する者のみ、是れ度縣せよ」、下文は「入るるに非ざる者の是れ之を出だすには…」、「其し它人の是れ増積するは、可なり。其し它人の是れ増積するには…」と訓読し、「是」字そのものの意味については保留しておく。

〔一〇〕當堤　〔案〕整理小組は本句を「計量の結果が題と合致していれば」と訳出する。

〔一一〕不備　〔整理小組〕不備は、数が不足すること。

〔一二〕出者負之　〔整理小組〕負は、賠償すること。〔案〕倉の中身に不備があった場合の賠償について、「效律」（第二七〇簡）では、原則として関わった官嗇夫・冗長が共同で賠償責任を負うよう規定されている。本条のように官吏が交代した後で不備が発覚した場合については、「秦律十八種」效律（第二二九・二三〇簡）によると、前任者から後任者に引き継ぎが行われているか否か、あるいは後任者が着任して一年以上経過しているか否かによって、前任者が責任を負う場合もあった。

〔一三〕嬴　〔整理小組〕嬴は、数が多く余ること。

〔一四〕増積　〔整理小組〕増積は、続けて納入すること。

〔一五〕節　〔整理小組〕即は、もし、の意。

〔一六〕而書～廥籍　〔整理小組〕名事邑里は、秦簡「封診式」では名事里に作り、姓名・身分・籍貫を意味する。『漢書』宣帝紀の「名縣爵里」と意味が近い。廥は、『広雅』釈官に「倉也」とある。〔案〕整理小組の釈文は本句の「于」を「於」に作るが、図版により改めた（魏二〇〇三、二四一頁）。

「廥」はマグサ倉を指すとする訓詁もあるが（『説文』广部）、秦律では「禾・芻・稾」を納入する倉の総称として用いられている（「秦律十八種」效律第一四一～一四三簡）。「廥籍」は倉の帳簿の総称で、そこには納入・搬出した物資の量や担当人員などが記載されていた（蔡一九九三）。

〔一七〕柀　〔整理小組〕柀は、分かれる、散ずる、の意。詳しくは段玉裁『説文解字注』を見よ。〔案〕整理小組は「柀」（「柀」）を「分別して」と解するが、単育辰は「柀」を「頗」と読み替え、「多少」と解する（単二〇〇六）。本条前段では、倉の中身をすべて残らず搬出することを「索」と言い、また中身が一万石に達していない倉にさらに搬入することを「増積」と言うが、あるいは「柀（頗）出」とは、倉の中身のすべてではなく、一部のみを搬出することを指すのかもしれない。ここではひとまず単育辰説に従う。

〔一八〕櫟陽　〔整理小組〕櫟陽は、地名。今の陝西省臨潼県東北。秦の献公二年（前三八三年）より孝公十二年（前三五〇年）の間に、ここに都が建てられた。

〔一九〕櫟陽～一積　〔整理小組〕咸陽は、秦の都。今の陝西省咸陽県東北。〔案〕倉律後段に「●芻稾各萬積一積、咸陽二萬一積」（第九五簡）とあり、咸陽ではマグサ・ワラを納入する倉についても特別規定が設けられている。

〔二〇〕長吏～發見　〔整理小組〕長吏は、『漢書』百官表に「縣令・長、皆秦官、……皆有丞・尉……是爲長吏」とある。〔案〕整理小組は「長吏相雜以入禾倉及發、見屡之粟積」と断句するが、前段に「發見」が見えるので改めた。

〔二一〕屡　〔整理小組〕屡は、蝝と読むのであろう。『漢書』貨殖伝の注に、「小蟲也」とある。

〔二二〕義　〔整理小組〕義は、宜。

〔二三〕倉　〔整理小組〕倉律は、糧秣の倉に関する法律。〔案〕太田幸男は、以下の倉律の内容を次のように分類する。①倉庫の管理・運営の全般に関する規定、②穀物の播種及び脱穀、精製に関する規定、③官吏の給与、職務上の諸経費、非常勤雇用者の給与、伝馬の糧穀に関する規定、④官に仕える隷属的身分の者及び刑徒、囚人への衣食の支給に関する規定、⑤家畜の飼い方、処分についての規定（太田二〇〇七、三七五～三七七頁）。

書き下し文

禾を倉に入るるに、萬石もて一積とし、而して之に比黎して戸を爲れ。縣嗇夫若しくは丞及び倉・郷は相雜えて以て之に印せよ。而して倉嗇夫及び離邑の倉佐の稟を主る者に各〃一戸を遺りて以て餼せしめよ。自ら封印せば、皆な輒《もっぱ》ら出だし、餘の索《つ》くれば更めて發戸を爲せ。嗇夫免ぜられ、效者發見するに、雜封せし者は、題を以て之を效し、而して復た雜えて之を封じ、度縣すること勿れ。唯だ倉の自ら封印せし者のみ、是れ度縣せよ。禾を出だすに、入るるに非ざる者の是れ之を出だすには、之を度らしめ、之を度りて題に當たらば、之を出ださしめよ。其《も》し不備あらば、出だす者をして之を負わしめよ。其《も》し贏あらば、之を入れよ。雑えて禾を出だす者は更むること勿れ。禾を入れて未だ萬石に盈たずして増積せんと欲するに、其の前に入るる者の是れ増積するは、可なり。其《も》し它人の是れ増積するには、積者は必ず先ず故積を度り、題に當て、乃ち入れよ。後に即し不備あらば、後に入るる者は獨り之を負え。而して禾を入れて増積する者の名・事・邑里を廥籍に書せよ。萬石の積及び未だ萬石に盈たずして頗る出だす者は、敢えて増積すること毋れ。櫟陽は二萬石もて一積とし、咸陽は十萬もて一積とし、其《も》し禾を出入して増積することあらば律令の如くせよ。長吏の相雑えて以て禾を倉に入れ、及び發見するに、㞞の粟積あらば、義《よろ》しく之を積み、敗らしむること勿れ。倉

通　釈

倉に穀物を納入する際には、一万石を一積とし、比黎（植物で編んだムシロ）で隔てて扉をつくれ。県嗇夫もしくは丞、ないし倉嗇夫・郷嗇夫が共同で倉に封印せよ。倉嗇夫と離邑の倉佐の稟給担当者に倉の扉をそれぞれ一つずつ割り当て、人々に支給させよ。自分で封印したものについてのみ搬出でき、中身がすべてなくなったら、改めて（別の）扉の封印を解くようにせよ。嗇夫が免官され、監査担当者が倉を開いて検査する際、複数の官によって封印された倉については、題記と照らし合わせて監査した上、再び複数の官によって封印させ、計量してはならない。倉（嗇夫）自身が封印した倉についてのみ、計量せよ。穀物を搬出する際、納入担当者以外の者が搬出する場合には、これを計量し、計量の結果が題記と合致していれば、搬出させよ。（搬出の際に）不足が生じた場合、搬出者に賠償させよ。余剰が生じた場合、これを納入せよ。複数の官が共同で穀物を搬出する場合、（搬出担当者を）交代させてはならない。穀物を（倉に）納入しても一万石に満たず、そこに追加で納入しようとする場合、以前の納入担当者が追加

搬入することは、許可する。もし（以前の納入担当者とは）別の者が追加で納入する場合には、その者は必ず先に現在量を計量し、題記と照らし合わせた上で、納入せよ。後に不足が生じた場合、後から納入した者が一人で賠償せよ。穀物を追加で納入する者の姓名・官職・邑里名を廥籍に記入せよ。一万石に達している積や、一万石に満たない積から多少搬出してしまっているものについては、あえて追加で納入してはならない。櫟陽では二万石を一積とし、咸陽では十万石を一積とし、穀物の出入や追加納入を行う場合には、律令のようにせよ。複数の長吏が共同で穀物を倉に納入したり、あるいは倉を開けて検査を行う際、虫のわいている穀物の積があれば、うまく積み直し、傷まないようにせよ。倉

○第九五簡（第二八簡）

原　文

入禾稼芻稾輒爲廥籍上内史●芻稾各萬石一積咸陽二萬一積其出入增積及效如禾　倉　　九五

校訂文

入禾稼・芻・稾、輒爲廥籍、上内史〔一〕。●芻・稾各萬石一積、咸陽二萬一積。其出入・增積及效如禾〔二〕。　倉

注　釈

〔一〕入禾～内史　【案】「秦律十八種」田律（第七五・七六簡）によると、受田一頃につきマグサ三石・ワラ二石を徴収することが規定されている。また工藤元男は、本条で穀物・まぐさ・わらの廥籍を内史へ提出するよう

に規定されていることから、戦国秦における内史が糧草部門の「財政統括機関」の機能を有していたと指摘している（工藤一九九八、三一頁）。

〔二〕芻稾～如禾　【整理小組】如禾とは、前条の穀物に関する規定と同じくすることを意味する。【案】倉律前段（第八八～九四簡）および本条によると、マグサ・ワラと穀物はいずれも一万石を「一積」とするが、咸陽においては穀物が十万石を「一積」とするのに対し、マグサ・ワラは二万石を「一積」としている。また黔点以下の条文について、佐々木研太は律文ではなく、マグサ・ワラの保管方法に関する補足とする（佐々木二〇〇二）。

書き下し文

禾稼・芻・稾を入れば、輒ち廥籍を爲り、内史に上れ。●芻・稾は各〃萬石もて一積とし、咸陽は二萬もて一積とせよ。其の出入・增積及び效は禾の如くせよ。倉

通　釈

穀物・マグサ・ワラを（倉に）納入したならば、ただちに廥籍を作成し、内史に上申せよ。●マグサ・ワラはそれぞれ一万石を一積とし、咸陽では二万石を一積とせよ。その出入や追加搬入、監査（の手続き）については穀物と同様にせよ。倉

○第九六・九七簡（第二九・三〇簡）

原文

禾芻稾積索出日上贏不備縣廷出之未索而已備者言縣廷＝令長吏雜封其廥與出之輒上數　九六
廷其少欲一縣之可殹廥才都邑當☐　☐者與雜出之　倉　九七

校訂文

禾・芻・稾積索（索）出日、上贏・不備縣廷。出之未索（索）而已備者、言縣廷〔一〕。廷令長吏雜封其廥、與出之、輒上數廷〔二〕。其少、欲一縣之〔三〕、可殹（也）。廥才（在）都邑〔四〕、當……者與雜出之〔五〕。　倉

注釈

〔一〕言　**〔整理小組〕**言は、報告すること。
〔二〕與出之　**〔整理小組〕**與出之とは、ともに倉から搬出させる意。
〔三〕欲一縣之　**〔線装本〕**県は、懸字に通じる。計量すること。一県之とは、すべて計量すること。**〔整理小組〕**一は、皆の意。楊樹達『詞詮』巻七参照。
〔四〕廥才都邑　**〔整理小組〕**都邑については、『左伝』荘公二十八年に「凡邑、有宗廟先君之主曰都、無曰邑」とある。**〔案〕**都邑は県治のことを指すとする説もあるが（蔡一九九六、二二頁、張一九九七）、文献史料には宗室貴戚の拠る旧邑や軍功褒賞制による封邑を「都」と称する事例も見える（工藤一九九八、七二〜七六頁）。工藤元男は、本条前半部分を県倉に関する規定、本句以下を都邑に置かれた倉に関する規定と推測する（工藤

一九九八、六四頁)。

〔五〕當☐ 〔案〕整理小組の釈文では、本句を「當☐☐☐☐☐☐☐☐」に作るが、図版によると該当部分は断絶しているので、あらためた。

書き下し文

禾・芻・稾の積の索出せし日には、贏・不備を縣廷に上れ。之を出だすも未だ索《つ》くさずして已に備わらば、縣廷に言え。廷は長吏をして其の廥を雜封し、與に之を出だし、輒ち數を廷に上らしめよ。其し《も》少なく、一《み》な之を縣《はか》らんと欲せば、可なり。廥の都邑に在り、當……者、與に之を雜出せよ。倉

通釈

穀物・マグサ・ワラの積を搬出しつくした日には、余剰や不足の数量を県廷に報告せよ。搬出してまだ空になっていなくても数量が足りた場合には、県廷に報告せよ。県廷は長吏にその廥を(複数の官)共同で封印させ、共に搬出させ、ただちにその(搬出した)数量を県廷に報告させせよ。もし(余剰分が)少ない場合、一度にすべて計量することは、許可する。都邑に置かれた廥は、當……者、共同でこれを搬出せよ。倉

55 倉律

○第九八・九九簡(第三一・三二簡)

原文

☐不備令其故吏與新吏雜先索出之其故吏弗欲勿強其毋故吏者令有秩之吏令

史主與倉□雜出之索而論不備雜者勿更=之而不備令=丞與賞不備　倉　九九

校訂文

……不備〔一〕、令其故吏與新吏雜先索（索）出之。其故吏弗欲、勿強。其毋（無）故吏者、令有秩之吏・令史主與倉□雜出之〔二〕、索（索）而論不備。雜者勿更、更之而不備、令令・丞與賞（償）不備〔三〕。　倉

注釈

〔一〕不備　〔案〕図版によると、第九八簡の「不備」と書かれた部分は左右に断裂しており、また「令其故吏」以下の部分とも断絶しているが、整理小組は零簡を繋げてこの部分を復元している。武漢本は該当部分が左右に断裂する前の画像を発見したとした上で、整理小組の復元が誤りであること、実際には整理小組が「殘簡」として掲げる断片（精装本一四一頁、左から二列目の上から六つ目）を繋げるべきとする。もっともいずれにせよ、整理小組の図版を見る限りでは、この部分の釈文（「不備」）をあらためる必要性はないと思われる。

〔二〕令有～出之　〔整理小組〕秩は、俸禄。有秩は、『史記』范雎列伝に「自有秩以上至大吏」とあるように、秩禄が百石以上の低級官吏を指す。王国維『流沙墜簡』考釈は「漢制では秩を計るのに百石から始め、百石以下は斗食、百石に至ると有秩と称した」とする。〔案〕有秩は整理小組の引用する范雎列伝によれば、官秩序列の最底辺に位置する百石の官吏を指すごとくであるが、一方で郷有秩嗇夫の略称として用いられることもあれば（『続漢書』百官志五・郷官条）、秩百石以外の官吏が有秩と呼称されたり（「二年律令」秩律第四九〇簡）、百石より下位の斗食と併称されることもあった（『漢書』巻九七外戚伝上）。宮宅潔は、以上のような諸史料間

における有秩の位置づけの違いについて、①もともと有秩とは定額の俸禄を受ける者の総称であり、勤務日数に応じて給料が支給されていた斗食以下の者と区別されていた、②後に有秩以上・斗食以下の給料が月ごとに定額化した結果、斗食も「有秩化」したが、一方で「有秩＝百石」という連想も根強く残った、とする（宮宅二〇一二）。

令史は文書の作成・発送・受領などを担当する書記官（森一九七五、一三〜二九頁、陳一九八〇、四九頁、労一九八四）。犯罪者の取調や実地検分、調書を作成する獄吏でもあった（于一九八五、一〇九頁など）。またその官制上の位置づけとしては、県行政の中枢を担う県廷にて県令・県丞に直属し、県行政の実務を担う官嗇夫以下の「官」組織を管理・監督する立場にあった（仲山二〇〇一、青木二〇〇五、土口二〇一二）。本条においても、令史は「有秩之吏」（県廷側に属する県令・県丞などの総称か）とともに、「官」組織に属する倉の引き継ぎ業務を監督している。

本句中の未読字「□」について、武漢本は赤外線図版に基づいて「田」字と推定する。

〔三〕與賞〔整理小組〕与償とは、賠償に加わること。ここでは、共同で倉から搬出する人員を交代するには必ず令・丞を通さねばならないので、令・丞もまた責任を負っているのである。〔案〕倉律前段（第八八〜九四簡）に「其不備、出者負之」、「後節（即）不備、後入者獨負之」とあるように、倉の中身に不足が生じた場合、搬入ないし搬出を担当する者が賠償を負うよう規定されている。本条にて県令・県丞が賠償責任を負うのは、整理小組の指摘する通り、彼らが搬入ないし搬出担当者を交代させたことによるものであろうが、一方で人員交代によって責任の所在が不明確になってしまうためとも考えられる。

書き下し文

……不備あらば、其の故吏をして新吏と雜えて先ず之を索出せしめよ。其《も》し故吏欲せずんば、強いる勿れ。其し故吏無くんば、有秩の吏・令史の主をして倉□と之を雜出せしめ、索くして不備を論ぜよ。雜者は更むる勿く、之を更めて不備あらば、令・丞をして與に不備を償わしめよ。　倉

通　釈

……不足があれば、前任者に新吏と共同でまずことごとく搬出させよ。もし前任者が同意しなければ、強制してはならない。前任者がいない場合、有秩の吏・令史の主管者に倉□と共同で搬出させ、（倉の中身を）空にしてからその不足分について論断せよ。共同で搬出する人員は交代してはならず、もし交代して不足が出た場合は、県令・丞に共同で不足分を賠償させよ。　倉

○第一〇〇簡（第三三簡）

原　文

程禾黍□　　□以書言年別其數以稟人　　倉　　一〇〇

校訂文

程禾・黍……以書言〔一〕、年別其數〔二〕、以稟人〔三〕。　倉

注釈

〔一〕程禾～以書　〔整理小組〕程は、『広雅』釈詁三に「量也」とある。禾は、ここでは狭義の意味で、アワのこと。〔案〕整理小組の釈文は「程禾・黍□□□以書言年」に作り、本簡の上部と下部の間に四字入ると想定するが、そもそも本簡上部「程禾・黍」は別の簡と接続する可能性もある。例えば、倉律後段第一〇八簡と接続させると、「程禾・黍【一】石六斗大半斗、舂之爲糲米一石…（下略）…」となり、張家山漢簡「算数書」程禾「程曰、禾・黍一石爲粟十六斗泰半斗、舂之爲糲米一石…（下略）…」（第八八簡）とほぼ同内容の文になる。ここではひとまず本簡上部と下部を「……」で繋ぐにとどめておく。

吉村昌之は、張家山漢簡「算数書」に散見する「程」字について、実際の「量」をはかるための基準値を示す「換算基準」の意とする（吉村二〇〇七）。これによれば、本簡の「程」も実際の分量をはかることを意味するのではなく、「禾・黍」を別の穀物に換算して計算することを意味するのかもしれない。

〔二〕年別其數　〔整理小組〕年は、生産年を指す。〔案〕整理小組は「……以書言年、別其數」と断句するが、武漢本は倉律後段に「別粲・穤（糯）之襄（釀）、歲異積之」（第一〇二・一〇三簡）、岳麓書院蔵秦簡「為吏之道及黔首」に「毋雜不年別」（第七九簡）とあり、穀物を年度ごとに分けて管理すべしとする記述が見えることから、本句の「年」を下句に繋げ、「年ごとに其の數を別つ」、すなわち「年度ごとにその数（穀物の数量？）を区別する」と解する。長沙走馬楼呉簡にも「入黄龍元年私學限米六斛」（1-1766）、「出黄龍元年鹽賈呉平斛米卅三斛六斗四升」（2-548）などとあり、帳簿上に年次を明記して穀物を管理しているごとくである。

〔三〕稟人　〔案〕秦律において穀物の支給対象者とされている者としては、「月食者」・「有秩吏」（第一一三簡）、「隸臣」・「隸妾」・「城旦」・「舂」（第一一六～一一九簡）、「司寇」・「白粲」（第一二二～一二三簡）・「矣囚」（第一二七簡）などが挙げられる。フルスウェは、本句の「人」を上記の「官吏と刑徒」をともに含む概括的な表現とする（フルスウェ一九八五、四〇頁）。

書き下し文

禾・黍を程り……書を以て言い、年ごとに其の数を別ち、以て人に稟えよ。　倉

通　釈

アワ・キビを計量し……文書で報告し、年度ごとにその数を分け区別し、人々に支給せよ。　倉

○第一〇一簡（第三四簡）

原　文

計禾別黄白青禾+米勿以稟人　倉

校訂文

計禾〔一〕、別黄・白・青〔二〕。禾+米（秫）勿以稟人〔三〕。　倉

注　釈

〔一〕計　【整理小組】計は、帳簿につけること。

〔二〕別黄白青　〔整理小組〕黄・白・青とは、古時のアワの種類の区別。『政和証類本草』巻二五に引く『名医別録』に黄・白・青の粱米がみえ、陶弘景注に「凡云粱米、皆是粟類、惟其牙頭色異爲分別爾」とある。程瑶田の『九穀考』に「案禾、粟之有稾者也。其實粟也、其米粱也」とある。〔案〕色を冠する穀物は、例えば『九章算術』巻八方程に「白禾」・「青禾」・「黄禾」・「黒禾」、『斉民要術』巻二黍穄に引く晉・郭義恭『広志』に「大黒黍」・「温屯黄黍」・「白黍」、居延漢簡に「青黍」（E.P.T4:49A,E.P.T65:317A など）が見える。

〔三〕粢勿以稟人　〔整理小組〕秫は、『説文』に「稷之黏者」とある。古時は酒を作ったり糖を煮出すために用いた。稷は、かつては高粱のことと考えられていたが、最近はアワを指すと考えられている。簡文によれば、後者の説が妥当のようである。〔案〕『斉民要術』巻七造神麹並酒等第六四には「秫・黍米酒」の醸造方法が記されている。また、倉律後段（第一〇二・一〇三簡）では、醸造用のイネ（で造った酒）を「客」に支給することが規定されている。本条で「粢（秫）」を「人」に支給することが禁じられているのも、それがもっぱら「客」の接待に用いられるものであったためかもしれない。

書き下し文

禾を計るに、黄・白・青を別て。秫は以て人に稟うること勿れ。　倉

通釈

アワ（の数量）を帳簿につけるに際しては、黄・白・青に区別せよ。モチアワは人々に稟給してはならない。　倉

○第一〇二・一〇三簡（第三五・三六簡）

原文

一〇二 稲後禾孰計稲後年已穫上數別粲穤秙稲別粲穤之襄歳異積之勿増積以給客到十月牒書數

一〇三 上内☐　☐倉

校訂文

稲後禾孰（熟）、計稲後年〔一〕。已穫上數〔二〕、別粲・穤（糯）秙（黏）稲〔三〕。別粲・穤（糯）之襄（釀）〔四〕、歳異積之、勿増積〔五〕、以給客〔六〕。到十月牒書數〔七〕、上内【史】。倉〔八〕

注釈

〔一〕稲後～後年　〔整理小組〕後年は、翌年。この二句は、もしイネがアワよりも遅れて稔った場合、イネを翌年の帳簿につけよ、という意。秦の歳首は十月であるので、晩稲の収穫が年末になる可能性があった。〔案〕イネの収穫時期については『詩経』豳風・七月に「十月穫稲、爲此春酒」とあり、天野元之助はこの「十月」を夏正の十月とする（天野一九八九、一二二一～一二二四頁）。また『斉民要術』巻二水稲第に「霜降穫之」とあるが、この「霜降」は夏正の九月中ごろにあたる（『漢書』巻二一律暦志下歳術）。イネの収穫時期が秦暦の年末（＝九月）にあたることが窺える。

〔二〕穫　〔案〕整理小組の釈文は「獲」に作るが、図版により改めた（魏二〇〇三、二四一頁）。

〔三〕粲穤秙　〔整理小組〕粲は、おそらく秈と読むのであろう。『一切経音義』四に引く『声類』に「秈、不黏稲也」とある。黏は、或いは粘に作る。『説文』に「黏也」とある。

〔四〕粲糯之褱　**〔整理小組〕**釀は、酒を作ること。『一切経音義』九に引く『三蒼』に「米麴所作曰釀」とある。一説に、褱は穰と読む。『広雅』釈草に「稻穰謂之稈」とある。秈稲（訳者注：ウルチイネ）のワラは敷物に用いられ、糯稲（訳者注：モチイネ）のワラは縄を作成するのに用いられる。

〔五〕歳異～増積　**〔案〕**倉律前段（第八八～九四簡）によると、原則として一万石未満の穀物の「積」には追加搬入が可能であったが、本条では醸造用のイネ類に限って年度ごとに「積」を分けるよう規定されている。

〔六〕客　**〔案〕**太田幸男は、本条に見えるイネ類で醸造された酒が県廷の接待で用いられたと推測する（太田二〇〇七、三四五頁）。

〔七〕牒　**〔整理小組〕**牒は、薄くて小さな簡牘。

〔八〕上内～▨倉　**〔案〕**精装本所掲の第一〇三簡の図版では「上内」の二字が確認できない。線装本所掲の図版には、「上内」二字の記された残片が確認できる。

書き下し文

稲、禾より後れて熟せば、稲を後年に計れ。已に穫て数を上るには、粲・糯黏の稲を別てよ。粲・糯の釀を別ち、歳ごとに之を異積し、増積すること勿らしめ、以て客に給せよ。十月に到らば数を牒書し、内史に上れ。倉

通釈

イネがアワより遅く稔った場合、イネ（の収穫量）を翌年の帳簿に記録せよ。すでに収穫してその数量を報告する

際には、ウルチイネとモチイネを区別せよ。醸造用のウルチイネとモチイネは区別し、年度ごとに積を別にし、（年度の異なるものを）追加搬入せず、客に支給せよ。十月になったら数量を記録し、内史に上呈せよ。　倉

原　文

○第一〇四簡（第三七簡）

縣上食者籍及它費大倉與計偕都官以計時讎食者籍　倉　一〇四

校訂文

縣上食者籍及它費大（太）倉〔一〕、與計偕〔二〕。都官以計時讎食者籍〔三〕。　倉

注　釈

〔一〕食者籍　**〔整理小組〕**食は、食糧のこと。**〔案〕**「食者」とは、「月食者」（倉律後段第一一三簡）・「日食城旦」（倉律後段第一二四簡）など、県・都官に勤務する者や作務に従事する食糧受給者の総称であろう。

「食者籍」に近い性格を持つ文書としては、居延漢簡に散見する「廩名籍」が挙げられる。永田英正は、食糧受給者の所属・姓名を記す名籍（**24.2**など）や、穀物の受給量と「自取」字・「卩」（チェックの印）を含む受給記録（**26.21**など）を「廩名籍」として集成する（永田一九八九、一四九～一五八頁）。他方、冨谷至は「自取」字・「卩」（チェックの印）を含むものを「（廩某月）食名籍」として区別する（冨谷二〇〇一ａ）。これらの「廩名籍」・「食名籍」は月ごとに作成された文書と目されるが、本条に見える「食者籍」は上計と同

時に上呈されているので、一年ごとに作成されたのであろう。

〔二〕與計偕　〔整理小組〕与計偕は、『漢書』武帝紀注に、「計者、上計簿使也、郡國毎歳遣詣京師上之。偕者、倶也」とある。すなわち、地方の毎年の上計とともに報告すること。〔案〕「與計偕」について、工藤元男は「計吏に携帯させて太倉に上奉させることを意味する当時の行政用語」とする（工藤一九九八、二九～三〇頁）。上計とは、地方官府が一年分の計簿を中央政府に上呈する制度のことで、各県は所属する郡国に計簿を報告し、各郡国は県の計簿をさらに集計して中央政府に上呈した（鎌田一九六二、三六九～四一二頁）。ただし、本条では県の「食者籍及它費」が直接中央の太倉に上呈され、また倉律前段（第九五簡）でも県で作成されたとおぼしき「廥籍」が直接中央の内史に上呈されており、郡の存在が稀薄な睡虎地秦簡の傾向と軌を一にしている（江村二〇〇〇、六九三頁）。

〔三〕都官～者籍　〔整理小組〕讎は、チェックすること。〔案〕整理小組は本句を「毎年の上計の時に食糧受給者の名籍をチェックせよ」と訳出するが、工藤元男は本句と「秦律十八種」金布律（第一五三～一五五簡）「以書時謁其状内史」とが構文上一致することから「計を以て時讎せよ」と訓読し、前句「與計偕」と同様、都官も計吏に「食者籍」を携帯させて太倉に上呈したと解する（工藤一九九八、三〇～三一頁）。ここでは工藤説に従う。

書き下し文

縣の食者の籍及び它の費を太倉に上るに、計と偕にせよ。都官は計を以て食者の籍を時讎せよ。　倉

通　釈

県が食糧受給者の名籍と他の用途で支出した穀物（の帳簿）を太倉に上呈するにあたっては、計吏に携帯させよ。都官も計吏が上呈する際に食糧受給者の名籍をチェック（して上呈）せよ。　倉

原　文

○第一〇五・一〇六簡（第三八・三九簡）

種稻麻畞用二斗大半斗禾麥畞一斗黍荅畞大半斗叔畞半斗利田疇其有不盡此數者可毆其有本者〼　一〇五

稱議種之　倉　一〇六

校訂文

種、稻・麻畞用二斗大半斗〔一〕、禾・麥畞一斗、黍・荅畞大半斗〔二〕、叔（菽）畞半斗〔三〕。利田疇〔四〕、其有不盡此數者、可毆（也）。其有本者〔五〕、稱議種之〔六〕。　倉

注　釈

〔一〕種稻～半斗　**〔整理小組〕**大半斗は、三分の二斗。秦の一斗はおおよそ現在の二升。**〔案〕**本条は穀物の播種に関する規定であるが、ここでの「畞」が一〇〇歩制・二四〇歩制のいずれに基づくのかは不明。秦の畞制については青川木牘や「二年律令」田律（第二四六～二四八簡）の解釈をめぐって諸説ある（工藤二〇一一）。「麻」の茎や葉は「布」を織るために用いられるが（『説文』巾部布条、朩部枲条）、ここでは穀物として播

種されているのであろう。漢代の倉庫明器にみえる「麻」字について、林巳奈夫はアサノミとする（林一九七五）。

〔二〕禾麥～半斗　〔整理小組〕荅は、小豆。〔案〕天野元之助は、オオムギを意味する「麰」字が『説文』麥部では「麥」と同義とされていることから、漢代以前の史料に見える「麥」字はおおむねオオムギを指すと推測する（天野一九八〇、六五頁）。他方、篠田統は、麦粒を示す語に「米」字が用いられないことから、当時の麦はモミの無いハダカムギであったと推測する（篠田一九七八、一七頁）。

〔三〕叔　〔整理小組〕菽は、大豆。

〔四〕利田疇　〔整理小組〕利は、『漢書』高帝紀の注に、「謂便好也」とある。疇は、『後漢書』安帝紀の注に引く『漢書音義』に、「美田曰疇」とある。一説に、麻を植える田のこと。『史記』天官書の集解参照。

〔五〕其有本者　〔線装本〕本は、作物の根。〔整理小組〕本は、『周礼』大司徒の注に、「猶舊也」とある。有本とは、おそらく田の中にすでに作物があることをいうのであろう。〔案〕方勇は「本」字を「原本」と解した上、本句を収穫済みの作物の根が残ってしまっている状態を指すとする（方二〇〇九）。

〔六〕稱議　〔整理小組〕称議とは、斟酌すること。『墨子』備城門に「其上稱議衰殺之」とあり、岑仲勉『墨子城守各篇簡注』は「その具合を斟酌してしだいに少なくする」と釈する。

書き下し文

種まくに、稲・麻は畝ごとに二斗大半斗を用い、禾・麥は畝ごとに一斗、黍・荅は畝ごとに大半斗、菽は畝ごとに半斗とせよ。利たる田疇にして、其《も》し此の数を盡くさざること有る者は、可なり。其し本有る者は、稱議して之を種

まけ。　倉

通釈

穀物を播種するにあたっては、イネ・アサノミは一畝ごとに二と三分の二斗（約五・三三リットル）を用い、アワ・ムギは一畝ごとに一斗（約二リットル）、キビ・アズキは三分の二斗（約一・三三リットル）、ダイズは一畝ごとに半斗（約一リットル）を用いよ。（収穫率の高い）美田で、もしこれらの数を満たさないことがあっても、問題ない。（田中に）作物の根が残っている場合、その状況を鑑みて播種せよ。　倉

○第一〇七簡（第四〇簡）

原文

☑縣遺麥以爲種用者殽禾以臧之　倉

校訂文

縣遺麥以爲種用者〔一〕、殽禾以臧（藏）之〔二〕。　倉

注釈

〔一〕縣遺～用者　**【整理小組】**遺は、留めること。**【案】**本簡冒頭は断絶しているが、編綴痕の位置を他簡と比較するに、「縣」より上に文字はないと判断できる。「遺」について、整理小組・蔡万進はこれを「留める」と解

してムギの種子の保管に関する規定とするが（蔡一九九六、七三頁）、フルスウェ・張金光は「与える」と解して種子を民間に貸し出す規定とする（フルスウェ一九八五、四二頁、張二〇〇四、四～五頁）。両者の是非は判断し難いが、ここではひとまず整理小組の説に従っておく。

〔二〕殽　**【整理小組】**殽は、『礼記』礼運の注に、「法也」とある。倣うこと。**【案】**「殽」について、整理小組はこれを「のっとる」と解するが、武漢本は周家台秦簡「日書」に「●取戸旁腏黍、裹臧（藏）到種禾時、燔冶、以殽種種、令禾毋閬（稂）」（第三五四簡）とあるように、種子と種子を混ぜ合わせる記述があるのを参考に「混ぜる」と解している。ここでは本条をムギの保管に関する規定と見る観点から、ひとまず武漢本の説に従う。

書き下し文

縣の麥を遺して以て種用と爲さんとする者は、禾を殽えて以て之を藏せよ。　倉

通　釈

県がムギを保管して播種用とする場合、アワと混ぜて保存せよ。　倉

○第一〇八・一〇九簡＋第一一〇簡（第四一・四二簡＋第四三簡）

原　文

☑石六斗大半斗舂之爲糲=米=一=石=爲鑿米九=斗爲毀米八斗稻禾一石有米委賜稟禾稼公盡九月　一〇八

其人弗取之勿鼠　倉　一〇九

爲粟廿斗舂爲米十=斗=粲毀米六斗大半斗麥十斗爲麵三斗叔荅麻十五斗一石●稟毀粺者以十斗爲石　倉　一一〇

校訂文

……石六斗大半斗、舂之爲糲（糲）米一石〔一〕。糲（糲）米一石爲糳（糳）米九斗。【糳（糳）米】九【斗】爲毀（毇）米八斗〔二〕。稲禾一石〔三〕。有米委賜〔四〕、稟禾稼公。盡九月〔五〕、其人弗取之、勿鼠（予）。　倉

爲粟廿斗、舂爲米十斗。十斗、粲毀（毇）米六斗大半斗〔六〕。麥十斗、爲麷三斗〔七〕。叔（菽）・荅・麻十五斗一石〔八〕。●稟毀（毇）・粺者、以十斗爲石〔九〕。　倉

注釈

〔一〕☐石～一石　〔整理小組〕「粟一」の二字は『説文』によって補った。石は容量の単位。十斗は、斛と同義。

〔案〕整理小組は『説文』米部糲条「粟一柘爲十六斗大半斗、舂爲米一石曰糲」に従って本簡冒頭に「粟一」を補ったと思われる。しかし、同禾部柘条に「禾黍一柘爲粟十六升〈斗〉大半升〈斗〉」、「算数書」程禾（第八八～九〇簡）に「程曰、禾黍一石爲粟十六斗泰半斗、舂之爲糲米一石」とあり、内容が本条により近い。よって、本簡冒頭には「禾黍一石爲粟一」が入る可能性が高い（張二〇〇一、彭二〇〇六b）。ただし、本簡冒頭の断絶部分にはせいぜい四字分ほどの空白しかないため、「禾黍一石爲粟一」をすべて補うわけにはいかない。鄒大海はこの点を考慮してか、「禾黍一」のみを補うべきとする（鄒二〇〇三）。なお、「禾黍」について、張家山漢簡『算数書』研究会は粟類の総称とする（大川二〇〇六、五三頁）。

本条の「石」については、①容量と見る説（黄二〇〇八B、一六九頁、鄒二〇〇九）、②重量と見る説（彭二〇一二）、③容量としての「石」と重量としての「石」が混在しているとする説（張二〇〇一）がある。なお、岳麓書院蔵秦簡「数」に「黍粟廿三斗六升重一石」（第一〇三簡）とあり、容量を重量に換算するときの

比率が示されている。

〔二〕糲米～八斗 **〔整理小組〕**「斗」字の下は原簡では重文符号を脱する。『説文』に、「糲、粟一秳爲十六斗大半斗、舂爲米一石曰糲」、「糳、糲米一斛舂爲九斗曰糳」、「毇、米一斛舂爲八斗也」とあり、簡文と符号する。**〔案〕**整理小組は「斗」字の下に重文記号を脱するとするが、彭浩は「算数書」程禾（第八八～九〇簡）「程曰、禾黍一石爲粟十六斗泰半斗、舂之爲糲米一石。糲米【一】石爲糳米九斗。糳米【九】斗爲毇米八斗」を基に、「糳米」にも重文記号を補うべきとする（彭二〇〇六b）。

糲米・糳米・毇米はそれぞれ精白度合の異なる「米」。「算数書」粟為米（第一〇九・一一〇簡）によると、糲米は「米」、糳米は「粺」とも呼ばれていた（大川二〇〇六、四四～四五頁）。「秦律十八種」伝食律（第二四六・二四七簡）によると、御史卒人の使者に粺米半斗（約一リットル）、使者の従者に糲米半斗、僕に糲米三分の一斗（約〇・六六リットル）を支給するとされ、精白度合の高い「米」がより高位の者に支給されたことが窺える。また本条より窺える各「米」の容積換算率は『九章算術』粟米章にも見えるが、そこでは粺米と糳米が別の「米」とされている。

〔三〕稲禾一石 **〔整理小組〕**「稲禾一石」は次の条文である「爲粟廿斗」に続くのであろう。本条の後半「有米委賜」以下は別の一条の律文で、原簡が誤って写抄したのであろう。訳文では「稲禾一石」を次の条文に移す。**〔案〕**ここでは第一〇八・一〇九簡と第一一〇簡の原文・校訂文・注釈を一つにまとめ、書き下し文の前に正しく組み替えた校訂文を示しておく。

「稲禾」はワラを伴った稲束のことで、そのモミツキの実は「算数書」粟為米（第一〇九・一一〇簡）では「稲粟」と呼称している（大川二〇〇六、五四頁）。ここでの「一石」は後掲注〔六〕の整理小組注所引『説文』米部粲条「稲重一石爲粟二十斗」より、重量を示すことが分かる。

〔四〕委賜　〔整理小組〕委は付すること。委賜は賞賜。〔案〕倉律中では、穀倉に保管された状態の穀物を「禾」・「粟」と呼ぶが、本句に「米」とあることから、賜与される穀物は原則として脱穀した状態のものであったことが分かる。ただし後段倉律（第一一六簡）によると、隷臣妾には「禾」のまま支給されたらしい。

〔五〕盡九月　〔整理小組〕盡九月は、九月末に至ること。秦は九月を歳末とした。

〔六〕爲粟～半斗　〔整理小組〕句首は上の条文をうけているのであろう。上条の注〔三〕を見よ。全句は「稲禾一石爲粟廿斗」となるのであろう。句中の石は重量単位であり、秦の石は一百二十斤、容量単位である上下文の石とは別である。粟は、ここでは脱穀していない稲粒を指す。『説文』に、「粲、稲重一石爲粟二十斗、爲米十斗曰毇、爲米六斗大半斗曰粲」とある。簡文によって校正すべきである。〔案〕「算数書」程禾（第八八～九〇簡）に「程曰、稲禾一石爲粟廿斗、舂之爲米十斗、爲毀（毇）粲米六斗泰半斗」とあり、ほぼ同文が見える。『説文』禾部秙条「稲、一秙爲粟二十升〈斗〉」も、本条および「算数書」の冒頭とほぼ同文である。

整理小組は「爲粟廿斗、舂爲米十斗。十斗粲、毀（毇）米六斗大半斗」と断句し、「粲」と「毀（毇）米」を精白度合の異なる「米」とする。対して彭浩は、岳麓書院蔵秦簡「数」に「以稲米求毀（毇）粲米、三母倍君（實）。以毀（毇）求稲米、倍母三君（實）」（第八七簡）とあることから、「稲米」と「毀（毇）粲米」の換算比率が三対二であり、本条の「米十斗」と「粲毀（毇）米六斗大半斗」の換算比率とほぼ合致することを指摘する（彭二〇一二）。武漢本も「十斗、粲毀（毇）米六斗大半斗」と断句する。ここではこれに従う。

〔七〕麥十～三斗　〔整理小組〕『説文』に、「麲、麥覈屑也、十斤爲三斗」とある。簡文によって校正すべきである。麲は麦麩中に麺が混じっているもので、漢代ではその粗細により小麲・大麲の名称があった。『九章算術』

粟米を見よ。段玉裁『説文解字注』参照。〔案〕「算数書」程禾（第八八～九〇簡）に「麦十斗【爲】麴三斗」とあり、同文が見える。

〔八〕叔荅～一石 〔案〕「算数書」程禾（第八八～九〇簡）に「程曰、麦・菽・荅・麻十五斗一石」とあり、「叔（菽）」（ダイズ）・「荅」（アズキ）・「麻」（アサノミ）に加えて「麦」（ムギ）が見える。武漢本は岳麓書院蔵秦簡「数」に「米一升爲叔（菽）・荅・麦一升半升」（第九六簡）とあることから、本句は「叔（菽）・荅・麻十五斗」が容量としての糲米一石に換算できることを示したものと解する。

〔九〕●稟～爲石 〔整理小組〕粺は『説文』に、「毇也」とある。粺毇は、最も精製加工した米である。『塩鉄論』国病に「匹庶粺飯肉食」とあり、これは一種の奢侈行為と考えられる。〔案〕「算数書」程禾（第八八～九〇簡）に「稟毀（毇）糳〈糳〉者、以十斗爲一石」とあり、ほぼ同文が見える。「秦律十八種」伝食律（第二四六・二四七簡、第二四八簡）によると、「粺米」は御史卒人の使者や「不更以下到謀人」といった有爵者に支給された。「粺米」・「毇米」の支給に際し、「糲米」とは異なる「石」を用いるのは、高位の者に対する優遇規定であろう（張二〇〇一）。

校訂文 （組み換え後）

……石六斗大半斗、舂之爲糲（糲）米一石。糲（糲）米一石爲糳（糳）米九斗。【糳（糳）米】九【斗】爲毀（毇）米八斗。稻禾一石爲粟廿斗、舂爲米十斗。十斗、粲毀（毇）米六斗大半斗。麦十斗、爲麴三斗。叔（菽）・荅・麻十五斗一石。●稟毀（毇）・粺者、以十斗爲石。 倉

有米委賜、稟禾稼公。盡九月、其人弗取之、勿鼠（予）。 倉

書き下し文

……石六斗大半斗、之を舂きて糲米一石と爲す。糲米一石を糳米九斗と爲す。糳米九斗を毇米八斗と爲す。稲禾一石を粟廿斗と爲し、舂きて米十斗と爲す。十斗は、粲毇米六斗大半斗たり。麥十斗は、麱三斗と爲す。菽・荅・麻は十五斗を一石とす。●毇・粺を稟する者は、十斗を以て石と爲す。　倉

　米の委賜すること有らば、禾稼を公より稟せよ。九月を盡くるも、其《も》し人、之を取らずんば、予うること勿れ。

倉

通　釈

……一石六と三分の二斗（約三三・三三リットル）は、これを臼づいたものを糲米一石（約二〇リットル）と換算する。糲米一石を糳米九斗（約一八リットル）に換算する。糳米九斗を毇米八斗（約一六リットル）に換算する。イネは（重量）一石を二〇斗（約四〇リットル）に換算し、これを臼づいたものを米一〇斗（約二〇リットル）に換算する。（糲米）一〇斗は、粲毇米六と三分の二斗（約一三・三三リットル）に換算する。ムギ一〇斗は麦粉三斗（約六リットル）に換算する。ダイズ・アズキ・アサノミは一五斗（約三〇リットル）を（糲米）一石に換算する。●毇米・粺米を支給する場合には、一〇斗を一石と換算する。　倉

　米を賜与する場合には、穀物を官から支給せよ。九月末に至っても、受給者が受取らなければ、与えてはならない。

倉

○第一一一簡（第四四簡）

原文

宦者都官吏都官人有事上爲將令縣貳之輒移其稟＝縣＝以減其稟已稟者移居縣責之　倉　　一一一

校訂文

宦者〔一〕・都官吏・都官人有事上爲將〔二〕、令縣貳（貸）之、輒移其稟縣〔三〕、稟縣以減其稟。已稟者、移居縣責〔四〕。　倉

注釈

〔一〕宦者　【整理小組】宦者とは、宦官のこと。『史記』秦始皇本紀を見よ。『文選』宦者傳論の五臣注に、「周以爲閹人、今謂之宦者、官比郎中」とある。【案】宦者について、整理小組はこれを宦官のこととするが、「法律答問」（第五六一簡）では「宦者顯大夫」を「宦及智（知）於王、及六百石吏以上」のこととする。「宦及智（知）於王」は『漢書』巻二恵帝紀・即位年条や「二年律令」に見える「宦皇帝（者）」の前身とされるが、その具体的な意味について、裘錫圭・閻歩克は郎官に代表される皇帝近従官のこととする（裘一九九二、一五二～一五三頁、閻二〇〇九、八八～一二三頁）。

〔二〕有事上爲將　【整理小組】有事上とは、朝廷のために仕事をすること。将は、引率すること。

〔三〕輒移其稟縣　【整理小組】移は、移書のことで、文書を送ること。稟県は、稟給を出すべき県を指す。

〔四〕居縣　【整理小組】居県は、現在到着している県を指す。

書き下し文

宦者・都官の吏・都官の人の上に有事して將を爲し、縣をして之に貸さしめば、輒ち其の稟縣に移し、稟縣は以て其の稟を減ぜよ。已に稟する者は、居縣に移して之を責めよ。　倉

通釈

宦者・都官所属の官吏・都官所属の民衆が国家のために引率の任務に就き、県に彼らに食糧を貸与させた場合、すみやかに（本来）彼らに食糧を支給するはずであった県に文書を送り、その県は（彼らの）支給額（から貸与分）を減額せよ。すでに（稟県が）支給した（後に貸与した）場合は、（受領者の）到着した県に文書を送って請求せよ。

倉

○第一一二簡（第四五簡）

原文

有事軍及下縣者齎食毋以傳貣縣　　倉　　一一二

校訂文

有事軍及下縣者〔一〕、齎食〔二〕、毋以傳貣（貸）縣〔三〕。　倉

注釈

〔一〕有事～縣者　〔整理小組〕下県については、『史記』項羽本紀参照。郡の属県を指す。〔案〕『漢書』巻三一項羽伝・顔師古注は、「下縣」について郡の治所を除く属県のことと解する。これによれば、本条は特に郡内の諸属県間を移動する際の食糧携帯について定めた規定ということになる。

〔二〕齎食　〔整理小組〕齎食とは、食糧を携帯すること。〔案〕整理小組は「齎」を「携帯する」こととするが、戴世君は「資」、つまりは銭で購入することと解する（戴二〇〇八b）。確かに睡虎地秦簡中では、財物を銭に換算する際に参照する規定を「齎律」と呼び（後段工律第一六九・一七〇簡注〔四〕）、また罰金として官に支払う銭を「齎銭」と呼ぶなど（「法律答問」第四六〇簡）、「齎」は物を銭に換算するときに用いられている。ここでは戴世君の説に従う。

〔三〕毋以傳貣縣　〔整理小組〕伝は、符伝。通行証明書のこと。〔案〕伝は公用の旅行者が自身の身分を証明するために携帯するパスポートのこと（大庭一九八二、五九三～六二五頁）。「二年律令」伝食律（第二二九・二三〇簡）によると、「有事」でないときの使者や調教したての新馬を利用する者（「嶽麓秦簡〔参〕」）は、伝を使って食糧支給を受けてはならないとされている。対して本条では、「有事」であるにもかかわらず伝を使って食糧支給を受けてはならないとされているが、その理由は不詳。「秦律雑抄」では、軍に所属する者が勝手に食糧支給を受けたり、購入したりすることを禁ずる規定が見え（〔八〕第三三九～三四三簡）、厳密に兵糧を管理しようとする国家の意図が窺えるが、本条も同様の意図に基づくものかもしれない。

書き下し文

軍及び下縣に有事する者は、食を齎し、傳を以て縣に貸るること毋れ。　倉

通　釈

軍や属県で任務に就く者は、食糧を購入し、伝を使って県から（食糧を）借りてはならない。　倉

○第一一三簡（第四六簡）

原　文

月食者已致稟而公使有傳食及告歸盡月不來者止其後朔食而以其來日致其食有秩吏不止　倉　一一三

校訂文

月食者已致稟而公使有傳食〔一〕、及告歸盡月不來者〔二〕、止其後朔食〔三〕、而以其來日致其食。有秩吏不止〔四〕。

倉

注　釈

〔一〕月食～傳食　**【整理小組】**月食者は、月ごとに食糧を受給する者のこと。伝食は、道中の駅で食事を供給すること。下文の伝食律参照。**【案】**里耶秦簡には、月ごとに食糧を受給する倉吏の実例が見える（8-1345+8-2245、8-1239+8-1334）。また、他県に出張する獄吏への伝食を求める文書も見える（5-1）。

〔二〕告歸　〔整理小組〕告帰は、『後漢書』樊準伝の注に、「謂休假歸也」とある。〔案〕官吏の休暇には、五日に一度与えられる「洗休」、長官が属僚に任意に与える「予告」、皇帝が特例として与える「賜告」の他、忌引である「寧」などがあった（大庭一九八二、五六七〜五九〇頁）。「二年律令」置吏律（第二一七簡）によると、通常の官吏には年間に六十日の「告」が与えられるのに対し、「内官」は三十日、実家が遠方にある者には二年で八十日の「告」が与えられていた。本条によれば、「月食者」に関しては月をまたいで長期休暇をとることも許されていたらしい。

〔三〕止其後朔食　〔整理小組〕後朔は、翌月の一日である。月食者は毎月一日に食糧支給を受けると推測される。したがって、後朔食とは翌月の食糧支給を指すのであろう。

〔四〕有秩吏不止　〔案〕宮宅潔は、本条より秦の「有秩吏」の俸給額が勤務日数に左右されず、常に定額であった可能性を指摘している（宮宅二〇一二）。

書き下し文

月食者の已に稟を致されて公使たりて傳食有り、及び告歸して月を盡くすも來たらざる者には、其の後朔の食を止め、其の來たる日を以て其の食を致せ。有秩の吏は止めず。　倉

通　釈

月ごとに食糧を受給する者のうち、受給した後に公使として伝食を受けた者、あるいは休暇で帰宅して月末になっても戻らない者は、翌月の食糧支給を止め、戻ってきた日から食糧を支給せよ。有秩の官吏については止めない。　倉

○第一一四簡（第四七簡）

原文

駕傳馬一食禾其顧來有一食禾皆八馬共其數駕毋過日一食駕縣馬勞有益壺禾之　倉律　☐　一一四

校訂文

駕傳馬〔一〕、一食禾〔二〕。其顧來有（又）一食禾〔三〕、皆八馬共。其數駕、毋過日一食。駕縣馬勞〔四〕、有（又）益壺〈壹〉禾之〔五〕。　倉律

注釈

〔一〕駕傳馬　【整理小組】伝馬は、駅伝の車を牽くための馬。駕伝馬とは、この種の馬をつけた車が路線を走ることを意味する。【案】「傳馬」については、①公用で用いられる「傳車」を牽くための馬のことで、単騎で用いる「驛馬」とは区別されていたとする説（濱口一九六六、九六五～九七四頁、森一九七五、三七～五九頁）、②「傳車」を牽くか否かに関わらず、公務を帯びた旅行者・出張者が用いる馬のことで、郵書伝達に用いる馬が「驛馬」と呼ばれたとする説（冨谷二〇〇五）、などがある。本条の場合、後句の「皆八馬共」が一台の車を牽く馬の頭数を示しているとすれば、馬車を牽く馬のことを「傳馬」と呼んでいる可能性がある。ここではひとまず「駕」を「乗る」ではなく、「利用する」と訳出しておく。

〔二〕一食禾　【整理小組】一食禾は、一度食糧を与えること。【案】馬に与える飼料については、後段伝食律に「芻稾各半石」とある他（第二四八簡）、「二年律令」金布律に「叔（菽）一斗半斗」（第四二五簡）とある。「禾」

はモミつきのアワを指すが、モミ殻のみが用いられたのか（魏二〇〇三、一二三三頁）、それとも実の部分まで用いられたのか（武漢本）、不詳。

〔三〕顧來　【整理小組】顧来とは、引き返すこと。

〔四〕縣　【整理小組】県は、『淮南子』主術の注に「遠也」とある。

〔五〕壺　【案】整理小組は「壺」字を「壹」字の誤りと見るが、郭子直は詛楚文や秦代の詔版に「壹」字を「壺」字で代用する例が散見することから、両字は字形の類似から日常的に混用されていたとする（郭一九八六）。睡虎地秦簡中でも後段工律（第一六七簡）に同様の事例が見えるが、一方で厩苑律（第八〇・八一簡）には文字通り「壺」字の意味で用いている例も見え、しかも前者と後者とでは字形が明らかに異なっている（張一九九四、一六二頁）。ここではひとまず整理小組の釈文に従っておく。

書き下し文

傳馬に駕せば、一たび禾を食わしめよ。其《も》し顧來せば又た一たび禾を食わしめ、皆な八馬共にせよ。其し數〃駕するも、日ごとに一食を過ぐること毋れ。駕すること縣にして馬勞せば、又た壹禾を之に益せ。　倉律

通釈

伝馬を利用した場合、（一日ごとに）一度アワを与えよ。もし戻ってきたならばまた一度アワを与え、（その際には）八頭一緒に与えよ。もし（一日に）何度も利用した場合でも、一日に一食を超えて与えてはならない。遠出して馬が疲れたならば、もう一度これにアワを与えよ。　倉律

○第一一五簡（第四八簡）

原　文

妾未使而衣食公百姓有欲叚者叚之令就衣食焉吏輒柀事之　倉律　一一五

校訂文

妾未使而衣食公〔一〕、百姓有欲叚（假）者、叚（假）之、令就衣食焉、吏輒柀（罷）事之〔二〕。　倉律

注　釈

〔一〕妾未～食公　【整理小組】妾は、おそらく隷妾であろう。次条注〔二〕（訳者注：第一一六～一一九簡注〔七〕）参照。居延漢簡中では、未成年の男女の多くが使あるいは未使と表現されている。未使の最高年齢は六歳で、例えば「子未使女解事年六」（訳者注：55:25）、「子未使女女足年六」（訳者注：203:7）とある。使の最低年齢は七歳で、例えば「子使男望年七」（訳者注：203:19）とある。使は、使役すること。七歳以上の子供は一定の作業に従事させることができた。未使は、その年齢が七歳未満であること。【案】未成年者を「使」・「未使」によって区別する規定は、本条以外に後段工人程（第一七六簡）「小隷臣・妾可使者」にも見え、また倉律後段（第一一六～一一九簡）では「小城旦・隷臣」を「作者」・「未能作者」に分類している。もっとも、秦において人民の年齢を記録するようになるのは秦王政十六年からのことで（『史記』巻六秦始皇本紀、「編年記」第二三簡）、それ以前は身長を基準に成年・未成年を区別していた（山田一九九三、二九四～三〇〇頁）。よって、「使」・「未使」も身長によって区別されたと考えられる。渡辺信一郎はその基準を五尺二寸と推測する（渡辺

一九九四、一〇二～一〇三頁)。

「衣食公」は官から食糧・衣服を受給すること。刑徒に対する食糧支給規定は倉律後段(第一一六～一一九簡)、衣服支給規定は金布律(第一六一～一六三簡)に見える。

〔二〕 柀事 〔整理小組〕事は、『史記』靳歙列伝の『索隠』引劉氏の言に、「役使也」とある。本条の意味はおおよそ次のようになる。すなわち、民は官府より幼少の女奴隷を借りることが出来るが、その女奴隷が成長した後、官府は一定の情況下のみでしか使役することができない。一説に、柀は罷と読み、柀事とはすなわち使役を停止すること。〔案〕「柀事」については、①限定的に使役する(整理小組)、②「罷事」＝使役を停止する(整理小組或説)、③「頗事」＝多少使役する(単二〇〇六)、④「辟事」＝使役を停止する(陳二〇一三b)、などの説がある。ここではひとまず②に従う。

書き下し文

妾の未使にして公に衣食するもの、百姓の假らんと欲する者有らば、之を假し、衣食を就かしめよ。吏は輒ち之を罷事せよ。　倉律

通　釈

公から衣食を支給される未使の妾について、民の中に借りたいと望む者があれば、妾を貸与し、その民に衣食を支給させせよ。吏はすみやかにこの妾の使役を止めよ。　倉律

○第一一六～一一九簡（第四九～五二簡）

原文

隷臣妾其從事公隷臣月禾二石隷妾一石半其不從事勿稟小城旦隷臣作者月禾一石半石未能作者月禾一石小 一一六
妾舂作者月禾一石二斗半斗未能作者月禾一石嬰兒之毋母者各半石雖有母而與其母冗居公者亦稟之禾 一一七
月半石隷臣田者以二月＝稟二石半石到九月盡而止其半石舂月一石半石隷臣城旦高不盈六尺五寸隷妾舂高不盈 一一八
六尺二寸皆爲小高五尺二寸皆作之　倉 一一九

校訂文

隷臣・妾其從事公〔一〕、隷臣月禾二石〔二〕、隷妾一石半〔三〕。其不從事、勿稟〔四〕。小城旦・隷臣作者〔五〕、月禾一石半石〔六〕。未能作者、月禾一石。小妾・舂作者〔七〕、月禾一石二斗半斗。未能作者、月禾一石。嬰兒之毋（無）母者各半石〔八〕。雖有母而與其母冗居公者〔九〕、亦稟之、禾月半石。隷臣田者、以二月月稟二石半石、到九月盡而止其半石。舂、月一石半石〔一〇〕。隷臣・城旦高不盈六尺五寸〔一一〕、隷妾・舂高不盈六尺二寸、皆爲小。高五尺二寸、皆作之〔一二〕。　倉

注釈

〔一〕従事公　**〔整理小組〕**従事公とは、官府のために労役に服すること。

〔二〕隷臣～二石　**〔案〕**里耶秦簡には、「隷臣周」に「十月・六月廿六日食」（十月の一か月分＋六月の二十六日分の食糧という意味か）として「三石七斗少半斗」を支給した記録が見え（**8-2247**）、その支給額を月に換算

すると、本条の「月禾二石」と合致する（武漢本）。

〔三〕隷妾一石半　〔案〕里耶秦簡には、「大隷妾」に一か月分の食糧として「一石二斗半斗」を支給した記録が散見するが（8-762,8-763,8-766など）、その支給額は「一石半」より少なく、本条後文に見える「小妾・舂作者」への食糧支給額（「月禾一石二斗半斗」）と合致する（武漢本）。

〔四〕其不～勿稟　〔案〕本条では、労役に従事していない隷臣妾には食糧を支給しない旨が規定されているが、林剣鳴はこれより隷臣妾がある程度の生業と私有財産の保有を認められていた可能性を指摘する（林一九八〇）。実際、秦律には隷臣妾に妻や子の帯同を許されていたことを窺わせる規定が散見するが、一方で財産の保有や子の身分については一定の制限がつけられていた可能性も指摘されている（宮宅二〇一一、一三〇～一三二頁）。

〔五〕小城～作者　〔整理小組〕城旦は、刑徒名。男は城旦となり、女は舂となる。『漢旧儀』「城旦者、治城也。女爲舂、舂者、治米也、皆作五歳。完、四歳」、『漢書』恵帝紀の注に引く応劭の言「城旦者、旦起行治城。舂者、婦人不豫外徭、但舂作米、皆四歳刑也」参照。作は、労働すること。例えば『漢書』司馬相如伝に、「發巴蜀廣漢卒、作者數萬人、治道二歳」とある。〔案〕整理小組は本句を「小城旦と隷臣が労役に従事した場合」と訳出するが、それでは上句「隷臣・妾其從事公」と一部重複する。「小城旦・隷臣」は「小城旦・（小）隷臣」の意であろう（栗一九八四）。

〔六〕月禾～半石　〔案〕里耶秦簡には、「舂・小城旦」に一日分の食糧として「四升六分升一」を支給した記録が見え（8-212+8-426+8-1632,8-216+8-351）、その支給額を月に換算すると「一石半石」より少なく、本条後文に見える「小妾・舂作者」への食糧支給額（「月禾一石二斗半斗」）と合致する（武漢本）。

〔七〕小妾　【整理小組】小妾は、つまりは小隷妾のこと。

〔八〕嬰兒～半石　【案】里耶秦簡には、「隷妾嬰兒揄」に「粟米五斗」を支給した記録が見える（8-1540,武漢本）。

〔九〕冗居公者　【整理小組】居は、つまりは居作。罰せられて労役に服すること。『周礼』掌戮の注引鄭衆の「完」に対する解説に「謂但居作三年、不虧體者也」とある。【案】「冗」は輪番交替を意味する「更」に対置される概念で、常時勤務すること（廣瀬二〇一〇、三〇〇～三〇四頁、前段厩苑律第八〇・八一簡注〔五〕参照）。「居」はいわゆる「居貲贖債」。罰金や債務などの支払いを城旦舂と同等の労役でもって代替すること（後段司空律第二〇〇～二〇七簡）。つまり、「冗居公者」とは罰金や債務を償還するために官に常時勤務する者のこと。もっとも、「嬰兒」が労役に従事できるとは考えられないので、実際に「冗居」するのは母で、母と行動を共にしていれば母と一緒に食糧を支給されるが、いない場合には単独で支給されるのであろう。

〔一〇〕隷臣～半石　【案】「隷臣田者」から「舂、月一石半石」までは、農繁期にあたる二月～九月に田作に携わる者への食糧支給規定であり、その支給額は通常より半石多い。倉律後段（第一二六簡）には「免隷臣妾・隷臣妾」が墻垣の造営作業に携わった場合の食糧支給規定が見え、その支給額を一か月分に換算すると男子は本条と同じ二石半、女子は本条より多い二石となる。

〔一一〕隷臣～五寸　【整理小組】秦の一尺は、およそ現在の〇・二三メートルに当たる。六尺五寸はおよそ現在の一・五メートル。下文の六尺二寸はおよそ現在の一・四メートル、五尺二寸はおよそ現在の一・二メートル。【案】「封診式」封守（第五八八～五九二簡）では、身長「六尺五寸」の男子が「小」とされている。他方、「法律答問」（第五二八簡）では、被疑者が「六尺」に達しているか否かを基準に、法的責任能力の有無を問う問答が見える。以上については、①刑徒と一般民衆とでは成年判定基準が異なっていたとする説（張一九八三、馬一九九五)、②秦では年齢と身長の両方を加味して成年を判定していたとする説(陳一九八七)、③本条の食糧支給規定における「大」・「小」判定基準と、法的責任能力の有無を決める基準は異なっていたとする説(張一九九八)、などがある。

〔一二〕高五〜作之 【案】本条では、身長が「五尺二寸」以上の刑徒を労役に従事させる旨が規定されているが、一方で「法律答問」(第五二八簡)では「六尺」未満の者には法的責任能力がないとしている。つまり、法的責任能力のない者でも刑徒になることがあり得たことになるが、これより劉海年は未成年の刑徒の大多数が罪を犯した家族に連坐した者であった可能性を指摘する(劉一九八三)。

書き下し文

隷臣・妾、其《も》し公に従事せば、隷臣は月ごとに禾二石、隷妾は一石半とせよ。其し従事せずんば、稟すること勿れ。小妾・小城旦・隷臣の作する者は、月ごとに禾一石半石とせよ。未だ作する能わざる者は、月ごとに禾一石とせよ。小妾・舂の作する者は、月ごとに禾一石二斗半斗とせよ。未だ作する能わざる者は、月ごとに禾一石とせよ。嬰兒の母無き者は各〃半石とせよ。母有りと雖も其の母と公に冗居する者は、亦た之に稟すること、禾月ごとに半石とせよ。隷臣の田する者は、二月以《よ》り月ごとに稟すること二石半石とし、九月の盡くるに到りて其の半石を止めよ。舂は、月ごとに一石半石とせよ。隷臣・城旦の高さ六尺五寸に盈たざるもの、隷妾・舂の高さ六尺二寸に盈たざるものは、皆な小と爲せ。高さ五尺二寸ならば、皆な之を作せしめよ。 倉

通　釈

隷臣・隷妾が官で仕事に従事した場合、隷臣には月ごとにアワ二石（約四〇リットル）、隷妾には一石半（約三〇リットル）を支給せよ。従事していない場合、支給してはならない。仕事に従事する小城旦・小隷臣には、月ごとにアワ一石半を支給せよ。まだ仕事に従事できない（小城旦・小隷臣の）者には、月ごとにアワ一石を支給せよ。仕事に従事する小隷妾・小舂には、月ごとに一石二斗半（約二五リットル）を支給せよ。まだ仕事に従事できない（小隷妾・小舂の）者には、月ごとに一石（約二〇リットル）を支給せよ。母親がいない嬰児にはそれぞれ半石（約五リットル）を支給せよ。母親はいてもその母親と一緒に官で常時（罰金や債務などを）労働償還する者には、同様にアワを支給し、月ごとに半石とせよ。田作に従事する隷臣には、二月から月ごとに二石半（約五〇リットル）を支給し、九月末に至ればその半石分の支給を停止せよ。（田作に従事する）舂には、月ごとに一石半を支給せよ。隷臣・城旦の身長六尺五寸（一・五メートル）未満の者、隷妾・舂の身長六尺二寸（一・四メートル）未満の者は、みな小とせよ。（小であっても）身長五尺二寸（一・二メートル）に達していれば、みな仕事に従事させよ。　倉

○第一二〇簡（第五三簡）

原　文

小隷臣妾以八月傅爲大隷臣妾以十月益食　倉

校訂文

小隷臣・妾、以八月傅爲大隷臣・妾〔二〕、以十月益食。　倉

注釈

〔一〕以八～臣妾　〔整理小組〕大は、成年。例えば『管子』海王や居延漢簡ではいずれも成年の男女を大男・大女と称している。〔案〕「傅」については、①兵役・徭役従事者として登録することとする説（濱口一九六六、五〇一～五〇三頁、山田一九九三、二九二頁、重近一九九九、一八六～一八七頁）、②戸籍に登録することとする説（羅一九八三）、人民を農工商として編籍登録することとする説（渡辺一九九四、一〇七～一〇九頁）、などがある。

本条では、「傅」に伴って隷臣妾の年齢区分が「大」から「小」へ変更される旨が規定されているが、有爵者の場合、「小」の時点で受けた爵位を「小爵」と言い、「傅」に伴って通常の爵位に切り替えられた（劉二〇一四、二四二～二七三頁）。また、「傅」が八月に行われることについては、戸籍調査や新たな戸の形成が八月に行われることと関連するものと思われる（「二年律令」戸律第三二八～三三〇簡、第三三一～三三六簡）。石岡浩は、「大」・「小」の判定や変更は毎年八月に行われ、原則として一年間は変更されなかったと推測する（石岡二〇〇七）。

書き下し文

小隷臣・妾、八月を以て傅して大隷臣・妾と爲し、十月を以て食を益せ。　倉

通釈

小隷臣・小隷妾は、八月に傅して大隷臣・大隷妾とし、翌年十月に支給する食糧を増やせ。　倉

○第一二一簡（第五四簡）

原文

更隷妾節有急事總冗以律稟食不急勿總　倉　一二一

校訂文

更隷妾節（即）有急事〔一〕、總冗〔二〕、以律稟食〔三〕。不急、勿總。　倉

注釈

〔一〕更隷妾　〔整理小組〕更は、輪番交替すること。更隷妾とは、一定期間官府のために労役する隷妾であろう。

〔案〕更隷妾は輪番交替で労役に従事する隷妾で（廣瀬二〇一〇、三〇〇～三〇二頁、前段厩苑律第八〇・八一簡注〔五〕参照）、その労働力は常時労役に従事する冗隷妾の半分と見積もられていた（後段工人程第一七六簡）。

〔二〕總冗　〔整理小組〕総冗は、あちこちに散じたものを一箇所に集めること。つまり集合すること。〔案〕整理小組は「總冗」を「（更隷妾を）集め…」と訳出するが、それでは「冗」の意味が不明確になってしまう。他方、籾山明は「總《あつ》めて冗（隷妾）とす」と訓読する可能性を指摘する（籾山一九八二）。「更」・「冗」の意味を踏まえるならば、籾山説が妥当であろう。

里耶秦簡には、通常の物資搬送であれば刑徒や居貲贖債を用いるが、「急事」であれば「興繇（徭）」せよとの「令」に基づき、「乗城卒」や「踐更縣者」を徴発した旨を記す文書が見え、しかもそれは遷陵県の「倉主」

にも通達されている（**16-5**）。「急事」に臨時徴発が行われたことに伴い、臨時徴発者への食糧支給に対応するための措置であろう。本条も同様の臨時徴発に関する規定と解される。

〔三〕以律稟食 **【案】** ここでの「律」とは、隷臣妾への食糧支給額を定めた前段倉律（第一一六～一一九簡）を指すのであろう。それによると、隷妾には月にアワ一石半（約三〇リットル）が支給される。

書き下し文

更隷妾、即し急事有らば、總《あつ》めて冗とし、律を以て食を稟えよ。急ならずんば、總むる勿れ。　倉

通釈

更隷妾は、もし緊急事態が発生した場合、集合させて冗隷妾とし、律の規定にしたがって食糧を支給せよ。緊急事態でなければ、集合させてはならない。　倉

○第一二二・一二三簡（第五五・五六簡）

原文

城旦之垣及它事而勞與垣等者旦半夕參其守署及爲它事者參食之其病者稱議食之令吏主城旦　一二二

舂＝司寇白粲操土攻參食之不操土攻以律食之　倉　一二三

校訂文

城旦之垣及它事而勞與垣等者〔一〕、旦半夕參〔二〕。其守署及爲它事者〔三〕、參食之〔四〕。其病者、稱議食之、令吏主城旦〔五〕。舂・舂司寇・白粲操土攻（功）、參食之〔六〕。不操土攻（功）、以律食之〔七〕。倉

注釈

〔一〕垣　**〔整理小組〕**垣は、ここでは動詞。垣を築くこと。

〔二〕旦半夕參　**〔整理小組〕**半は、量制単位。『史記』項羽本紀の集解引徐広の言に、「五升器也」とある。参は、量制単位。『墨子』備穴篇等および『急就篇』を見るに、三分の一斗のこと。古は食事は二度で、旦半夕参とは朝食で半斗、夕食で三分の一斗をとること。**〔案〕**朝食半斗・夕食三分の一斗を合計すると一日六分の五斗になり、これを一か月（三十日）分に換算すると二石半（約五〇リットル）となる。これはちょうど農繁期に田作に従事する隷臣への食糧支給額（倉律前段第一一六〜一一九簡）と合致する（黄二〇〇八B、一七二頁）。

〔三〕其守〜事者　**〔整理小組〕**署は、持ち場のこと。『史記』秦始皇本紀の集解引如淳の言に、「律説、論決爲髡鉗、輸邊築長城、晝日伺寇虜、夜暮築長城。城旦、四歳刑」とある。本条の垣が築城、守署が伺寇虜にあたる。

〔四〕參食　**〔整理小組〕**参食は、朝夕二度の食事でそれぞれ三分の一斗を採ること。『墨子』雑守に、「參食、食參升小半」とある。**〔案〕**朝食・夕食それぞれ三分の一斗を合計すると一日三分の二斗になり、これを一か月（三十日）分に換算すると二石（約四〇リットル）となる。これはちょうど隷臣への食糧支給額（倉律前段第一一六〜一一九簡）と合致する。

〔五〕令吏主城旦　**〔案〕**整理小組は「…（上略）…令吏主。城旦舂・舂司寇…（下略）…」と断句するが、本条

前半「城旦之垣及它事而勞與垣等者」が男性刑徒への食糧支給規定、後半「舂・舂司寇・白粲操土攻（功）」が女性刑徒への食糧支給規定であることを鑑みると、この断句には従えない（フルスウェ一九八五、三三頁）。陶安あんどは、「吏をして城旦を主らしむ」と読み、刑徒が病気である場合にその管理を司寇から官吏へ移管することと解する（陶安二〇〇九、四四五～四四六頁）。ここではこれに従う。

〔六〕城旦～食之　【整理小組】簡文に城旦司寇・舂司寇の語が見えるが、ともに古籍中に見えない。下文司空律（訳者注：第二一二・二一三簡）によると、城旦は減刑されて城旦司寇となることができる。ここでの舂司寇もまた、舂より減刑された刑徒の一種であろう。白粲は、刑徒名。男は鬼薪、女は白粲となる。『漢旧儀』「鬼薪者、男當爲祠祀鬼神伐山之薪蒸也。女爲白粲者、以爲祠祀擇米也、皆作三歳」、『漢書』恵帝紀注引の応劭の言「取薪給宗廟爲鬼薪、坐擇米使正白爲白粲、皆三歳刑也」参照。【案】整理小組は「舂司寇」を舂から減刑されて司寇となった者と解するが、陶安あんどは舂を監視する司寇のこととし（陶安二〇〇九、七〇～七一頁）、宮宅潔は舂として司寇の業務に携わる者のことと解する（宮宅二〇一一、一六七～一六九頁）。白粲は鬼薪とともに、城旦舂に相当する罪を犯した特権保有者（上造以上の有爵者、葆子、皇族）に適用される刑罰（宮宅二〇一一、九七～一〇二頁）。

舂・舂司寇・白粲の「操土功」者に支給される食糧額（一日三分の二斗）を一か月（三十日）分に換算すると二石となる。これは倉律前段（第一一六～一一九簡）に見える女性刑徒（隷妾）への食糧支給額よりも多い（于二〇〇七）。

〔七〕不操～食之　【案】ここでの「律」とは、隷臣妾への食糧支給額を定めた前段倉律（第一一六～一一九簡）を指すのであろう。それによると、舂には月にアワ一石半（約三〇リットル）が支給される。

書き下し文

城旦の垣するもの及び它事して勞の垣するものと等しき者には、旦半夕參とせよ。其れ守署するもの及び它事を爲す者は、之に參食せしめよ。其れ病ある者には、稱議して之に食らわしめ、吏をして城旦を主らしめよ。舂・舂司寇・白粲の土功を操するものは、之に參食せしめよ。土功を操せざるものには、律を以て之を食らわしめよ。　倉

通　釈

墻垣を作る城旦および墻垣作りと同等の他の労働に従事する者には、朝食に半斗、夕食に三分の一斗を支給せよ。持ち場を守る者およびその他の労働に従事する者には、朝食・夕食にそれぞれ三分の一斗を支給せよ。病気の者には、状況をみて食糧を支給し、城旦を官吏に管理させよ。土木作業に従事する舂・舂司寇・白粲には、朝食・夕食にそれぞれ三分の一斗を支給せよ。土木作業に従事しない者には、律の規定に従って食糧を与えよ。　倉

○第一二四・一二五簡（第五七・五八簡）

原　文

日食城旦盡月而以其餘益爲後九月稟所城旦爲安事而益其食以犯令律論吏主者減舂城旦　一二四
月不盈之稟　倉　一二五

校訂文

日食城旦〔一〕。盡月而以其餘益爲後九月稟所〔二〕。城旦爲安事而益其食〔三〕、以犯令律論吏主者〔四〕、減舂城旦月不

盈之稟〔五〕。倉

注釈

〔一〕日食城旦 〔案〕整理小組は「日食城旦、盡月而以其餘益爲後九月稟所」と断句するが、陶安あんどは「日食城旦」のみで単独の条文とし、城旦への食糧支給を一日ごとに行うことを定めたものと解する（陶安二〇〇九、一〇頁・五二頁）。整理小組のように断句すると、「日食城旦」の他に「月食城旦」なる者が存在し、両者の食糧支給額は異なっていたかのごとくである。しかし倉律前段には、刑徒に支給する食糧額を一か月ごとに規定した条文（第一一六～一一九簡）と、一日ごとに規定した条文（第一二二・一二三簡）が見え、後者の支給額を一か月（三十日）分に換算すると、おおむね前者と合致する（第一二二・一二三簡注〔一〕・〔四〕）。つまり、刑徒への食糧支給額は一か月ごとに定められているものの、実際に支給する場合には必ず一日を単位に行われたのであろう。本条はそのような城旦への食糧支給方法を定めたものと解される。よって、ここでは陶安説に従った。

〔二〕盡月～稟所 〔整理小組〕尽月は、月末に至ること。この句の意味するところは、月末に余った食糧を閏月の食糧とすることで、実質は刑徒の食糧に対する一種のピンハネである。〔案〕本条末尾に見える「月不盈之稟」について、フルスウェは小月（二十九日）に余分に支給された食糧のこととする（フルスウェ一九八五、三四頁）。陶安あんどはこれに従い、本条全体を小月における食糧支給において生じた余剰分の扱いに関する規定と解する（陶安二〇〇九、四四三～四四四頁）。確かに、刑徒への食糧支給額は原則として大月（三十日）を基準に規定されているので（注〔一〕）、小月においては一日分が余ってしまう。本句の「其餘」とはその余剰分のことを指し、それを「後九月」の支給分にまわすというのが本句の主旨であろう。ただし、後九月がない年の場合にどのような措置が採られるのかは不明。

「稟所」は「秦律雑抄」に穀物を支給する主体として見えるが（〔八〕第三三九〜三四三簡）、ここでは「後九月稟所」で「後九月の支給分」と解しておく。

〔三〕城旦〜其食　**〔整理小組〕**安は、緩慢であること。安事は、軽い労役を指す。**〔案〕**城旦に支給する食糧は、「垣及它事而勞與垣等者」の場合は「旦半夕參」（＝月二石半）、「其守署及爲它事者」の場合は「參食」（＝月二石）である（倉律前段第一二二・一二三簡）。本句は、本来は支給額が少ないはずの後者に対し、より支給額の多い前者と同等の食糧を支給することを意味するのであろう。陶安あんどは、ここで余分に支給された食糧は、本来は「後九月稟所」にまわすはずであった小月の余剰分から支出されたものと解する（陶安二〇〇九、四四三〜四四四頁）。

〔四〕以犯〜主者　**〔整理小組〕**犯令については、『法律答問』「何如爲犯令・廢令」条（訳者注：第五一二簡）参照。主者の語については『漢書』王陵伝参照。

〔五〕舂城〜之稟　**〔整理小組〕**月不盈は、舂あるいは城旦の労役に従事する時間が月末に至らないことを指すのであろう。**〔案〕**「舂城旦」は城旦舂を指す語として他の規定にも見えるが（金布律第一五七〜一六〇簡、司空律第二一四〜二一六簡）、本条では前句「城旦爲安事而益其食」にすでに「城旦」が見えるので、「舂」字は衍字かもしれない。「月不盈之稟」は小月（二十九日）に余分に支給された食糧のこと（フルスウェ一九八五、三四頁。本条注〔二〕参照）。

書き下し文

日ごとに城旦に食らわしめよ。月を盡くして其の餘を以て益して後九月の稟所と爲せ。城旦、安事を爲すも其の食を益さば、犯令の律を以て吏主者を論じ、舂城旦の月に盈たざるの稟を減ぜよ。　倉

通釈

城旦には一日ごとに食糧を支給せよ。（小月においては）月末に余剰分の食糧を後九月の支給分にまわせ。城旦が軽労働に従事しているにもかかわらずその食糧を（小月の余剰分から支出して）増量した場合には、犯令の律に基づいて担当官吏の罪を論じ、舂城旦に支給された余剰分の支給額を減額せよ。　倉

○第一二六簡（第五九簡）

原文

免隷＝臣＝妾＝垣及爲它事與垣等者食男子旦半夕參∠女子參　倉　一二六

校訂文

免隷臣妾〔一〕・隷臣妾垣及爲它事與垣等者、食男子旦半夕參、女子參〔二〕。　倉

注釈

〔一〕免隷臣妾　**【整理小組】**免は、免老の年齢に達していることを指すのであろう。『漢旧儀』に、「秦制二十爵、

男子賜爵一級以上、有罪以減、年五十六免。無爵爲士伍、年六十乃免老」とある。隷臣妾にもまた免老の規定があった。下文（訳者注：倉律後段第一二八・一二九簡）参照。〔案〕免老の年齢について、「二年律令」傅律（第三五六簡）は爵位に応じて五十八歳～六十六歳と定めており、漢代ではより高い爵位を持つ者がより早く免老と判定されていたことが分かる。秦の場合、秦王政十六年以前は身長を基準に成年・未成年が判定されていたので（倉律前段第一一五簡注〔一〕）、免老も身長を基準に判定された可能性もあるが、先秦文献には入役が身長、退役が年齢を基準にそれぞれ判定されたことを示す史料もある（『周礼』地官郷大夫・『戦国策』楚策二「楚襄王爲太子之時」章）。

〔一一〕食男～子參　〔案〕「旦半夕參」は「月二石半」、「參」は「月二石」にそれぞれ相当し（倉律前段第一二二・一二三簡注〔二〕・〔四〕）、前者は「城旦之垣及它事而勞與垣等者」への食糧支給額、後者は「舂・舂司寇・白粲操土攻（功）」への食糧支給額と同等。

書き下し文

免隷臣妾・隷臣妾の垣するもの及び它事を爲すこと垣すると等しき者は、男子に食らわしむること旦半夕參、女子には參とせよ。　倉

通　釈

免老となった隷臣妾、あるいは墻垣を作る隷臣妾および墻垣作りに相当する他の労役に従事する者は、男子であれば朝食に二分の一斗、夕食に三分の一斗を支給し、女子であれば朝食・夕食にそれぞれ三分の一斗を支給せよ。　倉

○第一二七簡（第六〇簡）

原文

食飢囚日少半斗　　　　倉

校訂文

食飢囚〔一〕、日少半斗〔二〕。　倉

注釈

〔一〕飢囚　【整理小組】飢は、飢えること。本条で述べられているのは、飢えさせることで囚人の懲罰とする手段である。【案】「囚」は、『説文』囗部・『爾雅』釈言などによれば、広義には囚われて自由を奪われた人。秦律では、「署人」・「吏人」等の監視対象の刑徒が「囚」とよばれる（「法律答問」第五六六簡）。また「法律答問」（第四六四簡）によれば、論罪すべき罪人を論罪しない官吏と立件内容を故意に軽くして罪人を解放した官吏は「縦囚（囚を縦《はな》つ）」として罰せられ、立件までの間拘留されている被告も「囚」と呼ばれた。後段金布律「在咸陽者致其衣大内、在它縣者致衣從事之縣」（第一五七〜一六〇簡）によると、服役中の「囚」は各地で何らかの労役に従事したようである。これより秦律の「囚」は、官側に拘留中の被疑者・労役刑徒の総称と解される。

〔二〕日少半斗　【整理小組】少半斗は、三分の一斗のこと。【案】一日につき三分の一斗という支給額は、「垣」以外の労働に従事する男性刑徒や「土攻」に従事する女性刑徒に支給される「參食」の半分にあたる（倉律前段第一二二・一二三簡）。

書き下し文

餼囚に食わしむるには、日ごとに少半斗とせよ。　倉

通　釈

餼囚に食糧を与える場合は、一日に三分の一斗（約〇・六七リットル）とせよ。　倉

○第一二八・一二九簡（第六一・六二簡）

原　文

隷臣欲以人丁粼者二人贖許之其老當免老小高五尺以下及隷妾欲以丁粼者一人贖許之贖　一二八
者皆以男子以其贖爲隷臣女子操敃紅及服者不得贖邊縣者復數其縣　倉　一二九

校訂文

隷臣欲以人丁粼（齡）者二人贖〔一〕、許之。其老當免老〔二〕、小高五尺以下及隷妾欲以丁粼（齡）者一人贖、許之。贖者皆以男子、以其贖爲隷臣。女子操敃紅（功）及服者〔三〕、不得贖。邊縣者、復數其縣〔四〕。　倉

注釈

〔一〕隷臣～人贖　**〔整理小組〕**粼は、おそらく齢と読むのであろう。丁齢とは丁年のこと。『文選』答蘇武書の注に、「丁年、謂丁壯之年也」とある。**〔案〕**ここでの「丁」について、渡辺信一郎は「大」に区分される人びとのうち免老を除く労役担当適齢者のこととする（渡辺一九九四、一〇二～一〇三頁）。睡虎地秦簡中にはこれに類する語として「丁壯」が見えるが（「封診式」賊死第六四三～六五二簡）、「壯」には「士伍新傅」（傅されたばかりの士伍）が含まれないとされているので（後段内史雑第二五七簡）、「丁」よりさらに狭い概念と解される。

本条では隷臣妾を解放するための条件が規定されているが、秦律・漢律中では他に「冗邊五歳」（五年間の辺境守備）への従事（後段司空律第二一八・二一九簡）や、「爵二級」・「斬首爲公士」（後段軍爵律第二二二・二二三簡）、盗鋳銭の罪人捕縛（「二年律令」銭律第二〇四・二〇五簡）によって、罪人となった親族を解放できるとする規定が見える。

〔二〕免老　**〔整理小組〕**免老については、「免隷臣妾」条（訳者注：倉律前段第一二六簡）注〔一〕参照。

〔三〕女子～服者　**〔整理小組〕**攺は、文と読み、文繡を指す。後段の工人程「隷妾及女子用箴爲緡綉它物」条（訳者注：第一七七簡）注〔一〕参照。紅は、女工のこと。服は、衣服。**〔案〕**整理小組は「紅」を女工のことと解するが、陶安あんどは秦律中にて「紅」字が多く「功」（作業）の意で用いられていることから（後段均工律第一七七・一七八簡、傜律第一八二～一九一簡、「秦律雑抄」〔一二〕第三四六～三四八簡、〔一四〕第三四九～三五一簡）、「功」と読み替える（陶安二〇〇九、四五五頁）。ここではこれに従う。

本条前段では解放される側に「隷妾」が含まれる一方、解放する側は必ず男子でなくてはならないと規定する。したがって、ここでの「女子」とは解放される側の隷妾を指すのであろう。つまり、解放される側の隷妾が「操敃紅及服者」であった場合には、「丁粼（齡）者一人」だけでは解放できなかったことになる。実際、整理小組の言及する工人程（第一七七簡）によると、隷妾の「用箴（針）爲緡綉它物」（刺繍作業に従事する者）の労働力は男性一人と同等と見積もられている。彼女らを解放するには、隷臣を解放し得る「丁粼（齡）者二人」、あるいはそれ以上の条件が必要とされたのかもしれない。

〔四〕邊縣～其縣　**〔整理小組〕**数は、名数のこと。『漢書』高帝紀の注に、「名數、謂戸籍也」とある。**〔案〕**整理小組は「もとの名籍が辺境の県にあった場合には、解放された後に戸籍をもとの県に戻す」と訳出する。これによると、もとは辺境に住んでいた罪人が解放後に辺境に戻されることを定めた規定ということになる。対して宮宅潔は、辺境に送られた罪人が解放後にもともと住んでいた県に戻されることを定めた規定と解する（宮宅二〇一一、一七七～一七八頁）。両説の是非は判断し難いが、ここではひとまず宮宅説に従う。

書き下し文

隷臣、人の丁齡なる者二人を以て贖せんと欲せば、之を許せ。其の老にして免老に當たるもの、小にして高五尺以下なるもの及び隷妾、丁齡なる者一人を以て贖せんと欲せば、之を許せ。贖する者は皆な男子を以てし、其の贖を以て隷臣と爲せ。女子の敃功及び服を操する者は、贖するを得ず。邊縣の者は、數を其の縣に復せよ。　倉

通　釈

隷臣が丁齢二人と引き換えに贖を望んだ場合、これを許可せよ。老（の隷臣）で免老の年齢に達している者、ある

いは小（の隷臣）で身長五尺以下の者、もしくは隷妾が、丁齢一人と引き換えに贖を望んだ場合、これを許可せよ。これらの贖を望む者はみな男子でなければならず、贖と引き換えにされた者は隷臣とせよ。隷妾のうち刺繍作業や衣服製作に従事する者は、贖を許可しない。（服役場所が）辺県の者は、名籍を（もともと居住していた）県に戻せ。

倉

○第一三〇簡（第六三簡）

原文

畜雞離倉用犬者畜犬期足豬雞之息子不用者買之別計其錢　倉　　一三〇

校訂文

畜雞離倉〔一〕。用犬者、畜犬期足〔二〕。豬・雞之息子不用者〔三〕、買（賣）之、別計其錢。　倉

注釈

〔一〕雞　**〔案〕**整理小組の釈文は「雞」を「鷄」に作るが、図版により改めた（張一九九四、五四頁）。下句に見える「雞」字も同じ。

〔二〕期足　**〔整理小組〕**期足は、十分な量を見積もること。馬王堆漢墓帛書「五十二病方」に「煮秫米期足」とある。

〔三〕豬・雞之息子　**〔整理小組〕**息は、子と同義。息子とは、ここではイノコ・ヒナを指す。**〔案〕**整理小組の釈

文は「豬」を「猪」に作るが、図版により改めた（魏二〇〇三、二四一頁）。

書き下し文

雞を畜うには倉より離せ。犬を用うる者は、犬を畜うに足るを期せよ。豬・雞の息子の用いざる者は、之を賣り、別ちて其の錢を計れ。　倉

通釈

鶏を飼育する場合は、穀倉から遠ざけよ。犬を使用する場合は、犬にエサを与えるのに十分な量を準備しておくこと。不要なイノコ・ヒナは、これを売却し、その（売却して得た）銭は別に帳簿につけよ。　倉

金布律

○第一三一・一三二簡（第六四・六五簡）

原文

官府受錢者千錢一畚以丞令印=不盈千者亦封印之錢善不善雜實之出錢獻封丞令　一三一

乃發用之百姓市用錢美惡雜之勿敢異　　金布　一三二

校訂文

官府受錢者〔一〕、千錢一畚〔二〕、以丞・令印印〔三〕。不盈千者、亦封印之。錢善・不善、雜實之〔四〕。出錢、獻封丞・令、乃發用之。百姓市用錢、美・惡雜之、勿敢異〔五〕。　金布〔六〕

注釈

〔一〕官府～錢者　**〔整理小組〕**錢は、ここでは半両銭をさす。『史記』平準書に「銅錢識曰半兩、重如其文」。**〔案〕**本条の「錢」がどの銭かには従来諸説あるが、『史記』巻六秦始皇本紀巻末付年代記恵文王二年条「初行錢」、同書巻一五・六国年表・恵文王二年条「行錢」によれば戦国秦では半両銭が恵文王二年頃から公的に流通しはじめ、戦国中期の青川県戦国秦墓等からも出土しているため、現在では半両銭を恵文王二年以来の公的な秦銭とみるのが一般的である。もっとも、『史記』巻一五・六国年表・秦始皇三七年欄「復行錢」、同条に対する『史記会注考証』「行錢之初自恵文、以來中間不聞廢錢。何云復行」の指摘通り、恵文王二年～始皇三七年の幣制に関する伝世文献は不十分である。秦律に「錢」がみえるので、戦国末の秦に銭があったのは確かだが、秦律に「半兩錢」の三字はみえない。そこで「法律答問」（第四〇五・四〇六簡）、竜崗秦簡（第四〇～四一簡）、「二年律令」盗律（第五五～五六簡）をみると、漢律で「臧物（不当に得た財物）」の価値を半両銭で計った場合の銭数と刑罰の関係が、秦律中の「臧物」の金銭的価値と刑罰の関係と完全に対応する。よって秦律と漢律は同価値の銭を基準とし、本条の「錢」は半両銭と解される（柿沼二〇一一a、一七四～一七六頁）。睡虎地秦簡は戦国末の楚旧地より出土したものなので、戦国秦は楚地征服直後に当地で半両銭を施行していたことになる（雒一九八九）。半両銭は秦始皇三七年に一斉に全国で施行されたのではなく、戦国秦が諸国を征服する過程で漸次流通範囲を拡大させていったのであろう（柿沼二〇一一a、一七一～二一六頁）。

〔二〕千錢一畚　〔整理小組〕畚（音は本）は、ガマの類を用いて編んだ容器。〔案〕「畚」は、『説文』甾部「畚、䶌屬蒲器也」によればガマの容器。長安県首帕張堡《しゅばっちょうほ》の戦国秦窖蔵から陶釜に入った半両銭千枚が出土し、「畚」の銭数と合致するので（陳・路一九八七）、陶釜を「畚」の代替物とする説がある（王・劉二〇〇五、一七～一八頁）。令・丞印で封緘され得る密閉式容器である以上、「畚」の形状は所謂撲満（貯金箱）に近いか。漢代には千銭を一括りとする「貫」という単位もあり（『漢書』巻六武帝紀元狩四年条・顔師古注引・李斐注）、「畚」と同じく銭を官府に貯蔵する時の単位だったが（『史記』巻三〇平準書）、「貫」は銭孔に紐を通して括るもので、「畚」とは銭のまとめ方が異なる。

〔三〕以丞令印印　〔案〕「丞・令」は前段廏苑律（第八三～八七簡）参照。

〔四〕錢善～實之　〔整理小組〕雑実之は一緒に入れること。〔案〕フルスウェは「善不善」を後文の「美・惡」と同義とする（フルスウェ一九八五、五二頁）。

〔五〕出錢～用之　〔案〕秦簡・漢簡の「發」にはいくつかの意味があるが、基本的には「開封」を意味する。本条の「發」も文脈上、「丞・令」の印による封緘を開く意に解すべきであろう。「用錢」は居延漢簡等に散見する語で、「ある目的にそって使用される銭」や「使用に供する銭」の意。だが本条の「用」は、「乃發用之」と「百姓市用錢」の二箇所にみえ、「（銭を）使う」の意の動詞であろう。『漢書』巻二四食貨志下にも同様の例がみえる。

〔六〕金布　〔整理小組〕金布律は、貨幣・財物方面に関する法律。漢代には金布律があり、金布令ともいう。『漢書』蕭望之伝注に「金布者、令篇名也。其上有府庫金錢布帛之事、因以名篇」、『晉書』刑法志に「金布律有毀傷亡失縣官財物……金布律有罰贖入責以呈黄金爲價……」とある。〔案〕「秦律十八種」には、条文末尾に「金布」とある簡（第一四四～一六三簡）と、「金布律」とある簡（第一三七～一四三律）があり、整理小組は両者を一括し「金布律」とする。「金布律」の律名に関しては、「金」が黄金か黄金・銅銭両方か、「布」が布（麻織物）か布銭（三晋地域の戦国青銅貨幣）かで論争があるが、「二年律令」に金布律と銭律が含まれるので、金布律の「金」は黄金（銭を含まない）。また布銭が公的に流通していない漢初にも「金布律」がある以上、金布律の「布」は布であろう。現に秦の金布律には麻織物関連条文はあるが、明確に布銭を意味する「布」の例はない。金布律の起源は、所謂九章律に名がみえず、伝世文献にも「金布令」等の佚文が散見するのみで従来判然としなかったが、「秦律十八種」や里耶秦簡（6-29）、「二年律令」に名がみえるので、戦国秦以来の律と判明。「二年律令」金布律（第四三四簡、第四二七～四二八簡）と『晋書』巻三〇刑法志所引魏新律序略とを比較すると、漢初以来の金布律の一部は曹魏新律への継受が確認される。なお伝世文献には、『漢書』巻一高帝紀下高祖八年条「十一月、令士卒從軍死者爲槥、歸其縣、縣給衣衾棺葬具、祠以少牢、長吏視葬」（史料A）の顔師古注に「臣瓚曰……金布令曰、不幸死、死所爲櫝、傳歸所居縣、賜以衣棺也。師古曰、……金布者、令篇名、若今言倉庫令也」（史料B）、『漢書』巻七八蕭望之伝「望之・彊復對曰、先帝聖德、賢良在位、作憲垂法、爲無窮之規、永惟邊竟之不贍。故金布令甲曰、邊郡數被兵、離飢寒、夭絶天年、父子相失、令天下共給其費。固爲軍旅卒暴之事也」（史料C）の師古注に「金布者、令篇名也。其上有府庫金錢布帛之事。因以名篇。令甲者、其篇甲乙之次」（史料D）、『続漢書』礼儀志上「八月飲酎、上陵、禮亦如之」の李賢注に「丁孚『漢儀』曰、酎金律、文帝所加。以正月旦作酒、八月成、名酎酒。因令諸侯助祭貢金。漢律金布令曰、皇帝齋宿、親帥羣臣承祠宗廟、羣臣宜分奉請。諸侯・列侯各以民口數、率千口奉金四兩、奇不滿千口至五百口亦四兩、皆會酎、少府受。又大鴻臚食邑九真・交阯・日南者、用犀角長九寸以上若瑇瑁甲一、鬱林用象牙長三尺以上若翡翠各二十、準以當金」（史料E）とあり、「金布令」・「金布令甲」・「漢律金布令」等の語がみえ、金布律との関連に注目される。大庭脩は、史料Aを高祖八年の詔書の節略、史料Bを当該詔書に基づく令と推測する（大庭一九八二、八〇～八一頁）。山田勝芳は、史料C「金布律甲」が宣帝の「先帝」に定められた点、同伝所見の「先帝」が武帝をさし、宣帝の先代（昭帝）とは限らない点、当該令名が甲乙丙丁……の「甲」で、金布令の中でも早くに作られたとおぼしき点をあげ、元の詔書を武帝期以前（高祖期か）のものと推測する（山田一九九三、一九七頁）。史料Eについて清・沈家本『漢律摭遺』巻一七は武帝期に定められ、本来金布律に属した可能性が高いとする。以上を要するに、伝世文献の「金布令」・「金布令甲」・「漢律金布令」はみな漢代に付加された可能性が高く、漢代には「金布令」と「金布律」が並存していたことになる。「律」と「令」の関係に関しては廣瀬（二〇一〇、七七～一四〇頁）等参照。

書き下し文

官府の錢を受くる者は、千錢ごとに一畚《ほん》とし、丞・令の印を以て印せ。千に盈たざる者も、亦た封じて之に印せ。錢の善・不善は、雜《まじ》えて之を實たせ。錢を出だすには、封を丞・令に獻じ、乃ち發して之を用いよ。百姓、市に錢を用うるや、美・惡、之を雜え、敢えて異にする勿かれ。　金布

通釈

銭を受けた官府は、千銭ごとに畚《ほん》（ガマの類を用いて編んだ容器）に入れて「一畚《ほん》」とし、丞・令の印を用いて

封緘せよ。千銭未満であっても、同じく畚に入れて封印せよ。良銭も悪銭も一緒にして畚に入れよ。官府より銭を持ち出す場合には、封泥によって閉じられた箇所を丞・令に提示し、そこで開封して、その銭を使用せよ。民が市において銭を用いる場合、良銭も悪銭も一緒にして使い、撰銭《えりせん》してはならない。　金布

○第一三三簡（第六六簡）

原文

布袤八尺福廣二尺五寸布惡其廣袤不如式者不行　金布　一三三

校訂文

布袤八尺〔一〕、福（幅）廣二尺五寸〔二〕。布惡、其廣袤不如式者不行〔三〕。　金布

注釈

〔一〕布袤八尺　**【整理小組】**古代では布帛を一種の貨幣とした。『漢書』食貨志に「凡貨、金錢布帛之用、夏・殷以前其詳靡記云。太公爲周立九府圜法……布帛廣二尺二寸爲幅、長四丈爲匹」、『詩』氓に「氓之蚩蚩、抱布貿絲」、伝に「布、幣也」、箋に「幣者、所以貿買物也」とある。袤は長さ。**【案】**「布」は、『説文』巾部「布、枲織也」、朩部「枲、麻也」によれば、麻織物の類。『儀礼』喪服篇伝「苴絰者、麻之有蕡《ふん》者也。……牡麻者、枲麻也」によれば、狹義の麻織物は雄株から採れる上質の「枲麻」と雌株から採れる「苴」とに区別されるが、本条の「布」の雌雄は不明。「八尺」は約一八五センチ（丘一九九二、五二〇頁）。里耶秦簡（5-7）「布四尋、

鈇……」の「尋」も八尺の布なので（陳偉二〇一二、一〇頁）、本条の布も「尋」と呼ばれたか。

〔二〕幅～五寸　〔整理小組〕幅は、布の幅。〔案〕原文は「福」字に作るが、「幅」字に読み替えた。「布」の幅には古来一定の規格があり（『左伝』襄公二八年・『礼記』王制篇）、漢代では二尺二寸（佐藤一九七七、三三二～三三四頁）。「二年律令」□市律（第二五九簡）も幅二尺二寸未満の「布」の販売を禁止。布帛の幅を二尺二寸とする規定は前漢～魏晋期の定制であろう（佐藤一九七七、五七～五八頁）。一方、本条の「福（幅）廣二尺五寸」は他にみえず、ゆえに武漢本（旧本）は「おそらく「二尺五寸」は「二尺二寸」の誤り」とする。その是非は要検討。なお販売対象の布帛が一定の規格をもつ点は唐代も同様で、その詳細は雑律・唐復旧賦役令などに見える（佐藤一九七七、三三七～三四六頁）。

〔三〕布惡～不行　〔案〕「布惡」の「惡」は質が悪い意（フルスウェ一九八五、五二頁）。「行」は金銭・布帛等を流通させる意（柿沼二〇一一a、一七一～二一六頁）。なお前掲「二年律令」□市律（第二五九簡）で規格外の布帛を販売した者を捕・告した者にその布帛が「畀《あた》」えられているので、規格外の布帛を所有するだけでは罪にならない。すると本条の「布惡、其廣袤不如式者」も所有するだけならば罪にならなかったか。

書き下し文

布は袤八尺、幅廣二尺五寸とす。布、惡く、其の廣袤、式に如かざる者は行さず。　金布

通　釈

布（麻織物）は、長さ八尺・幅二尺五寸とする。麻織物のなかでも悪質で、その幅・長さが定式に満たないものは

流通させない。　金布

○第一三四簡（第六七簡）

原　文

銭十一當一布其出入銭以當金布以律　　金布

校訂文

錢十一當一布〔一〕。其出入錢以當金・布、以律〔二〕。　金布

注　釈

〔一〕錢十～一布　〔整理小組〕當は、換算すること。簡文所見の多くの銭数は五五銭・一一〇銭のごとく十一の倍数で、布と換算した結果である。〔案〕本条は一般に、秦半両銭十一枚と麻織物（袤八尺、幅廣二尺五寸）が等価関係にあることを規定したものとされる。ただし睡虎地第四号秦墓木牘「母指安陸絲布賤、可以爲禪・裙・襦者、母必爲之、令與錢偕來。其絲布貴、徒錢來。黒夫自以布此」（M4:11）によれば、「布」の実勢価格は各地域で異なり、ゆえに本条の「錢十一當一布」は銭―布間の形式的な〝固定官価〟にすぎず、両者の〝実勢比価〟ではない（柿沼二〇一一a、一三九～一七〇頁、柿沼二〇一一b）。

〔二〕其出～以律　〔整理小組〕金は、黄金。〔案〕本条は、官府との関係で、銭を出入して黄金や麻織物と換算する場合に「律」に従うべきことを規定したものである。栗劲は本条を、銭を国境に持ち出す際に黄金か布に換

算すべきことを定めたものとし（栗一九八五、四四〇頁）、武漢本は「出入銭」をおもに秦国の各種工商交易・国庫収支・法による「貲」とする。「二年律令」金布律（第四二七〜四二八簡）では、罰金・贖・債として黄金を官に納入する者が銭納を希望した場合や、購・償として官が黄金を支払う時に官府に黄金の蓄えがない場合に「二千石の官の治所の県の十月の金の平賈（價）を以て銭を予え」て決済すべきことが規定されており、漢初に官民間で銭・黄金を出入する場合には黄金の「平賈（價）」が換算基準とされた。すると「出入銭以當金・布、以律」の「律」も漢律の「平賈（價）」に相当する基準によって黄金や布を銭に換算すべきことを規定したものか。

書き下し文

銭十一は一布に當つ。其れ銭を出入して以て金・布に當つるには、律を以てせよ。　金布

通　釈

一一銭は一布にあてる。銭を出し入れして、それによって黄金・麻織物に換算する場合には、律の規定に従え。

金布

○第一三五簡（第六八簡）

原　文

賈市居死者及官府之吏毋敢擇〻行〻錢〻布〻者列伍長弗告吏循之不謹皆有辠　金布

校訂文

賈市居死（列）者及官府之吏〔一〕、毋敢擇行錢・布〔二〕。擇行錢・布者、列伍長弗告〔三〕、吏循之不謹〔四〕、皆有辠。

金布

注　釈

〔一〕賈市～之吏　**〔整理小組〕**列は、市の店。『漢書』食貨志「小者坐列販賣」の注に「列者、若今市中賣物行也」とある。賈市居列者は市の店の商賈。**〔案〕**張世超・張玉春は原簡四文字目を「死」に釈し、「列」の誤とし（張・張一九八五）、黄文傑は赤外線図版に基づき「死」に釈し、「列」の訛とする（黄二〇〇八A、一五八頁）。「列」は唐代の「行」に相当し、市中の店舗の列をさす（整理小組注引『漢書』食貨志下・顔師古注、『漢書』巻二四食貨志上・顔師古注）。一例として劉志遠は、四川省新繁県出土の後漢時代の画像磚に見える市の鳥瞰図を挙げ、大道に区切られた四区画に各々設置されている三列の長屋を「列」とする（劉一九七三、五四頁）。「賈市居列者」について山田勝芳は、①「賈市《あきない》し、列に居る者」と訓読する説、②「市に賈《あきない》し、列に居る者」と訓読する説、③「賈、市《あきない》して列に居る者」と訓読する説、④当該文を「賈居市列者」の誤文とみなして「賈の市列に居る者」と読み替える説等がありうるとした上で、睡虎地秦簡「日書」に「賈市」（第八一四・八四九簡）、「行賈賈市」（第八〇四・九九八簡）、武威県出土の王杖詔書令に「賈市毋租」、「列肆賈市」とあり（武威一九八四）、「賈市」が熟語として他に散見することから、①の訓読をとる（山田一九八八、一一一頁）。ただしその場合、「賈市居列者及官府之吏」の冒頭の「賈市」が「居列者及官府之吏」に掛かるのか、「居列者」にのみ掛かるのかが問題となる。そこで『史記』巻三〇平準書をみると、「是歳小旱。上令官求雨。卜式言曰、縣官當食租衣税而已。今弘羊令吏坐市列肆、販物求利。亨弘羊、天乃雨」とあり、吏が「市列肆」に「坐」して商売することは原則禁止であった可能性が高い。よってここでは「賈市居列者及官府之吏」を「賈市居列者」と「官府之吏」の二者をさすと解する。

〔二〕毋敢～錢布　〔整理小組〕択行銭・布は、銅銭と布の二種類の貨幣に対して選ぶところがある意。

〔三〕列伍長弗告　〔整理小組〕簡文によると、商賈には什伍の編制があり、列伍長は商賈の伍人長。〔案〕「列伍長」については、「列肆における伍長」説と、「列長と伍長」説がありうる（山田一九九三、三七九頁）。「二年律令」□市律（第二六〇～二六二簡）によると、漢代にも列肆の賈人が伍制に編成され、「列長」がいたことが確認される。ただし「列長」と「伍人」の間に伍長もいたか、それとも伍人が列長に直接統括されていたかは不明。なお前掲「二年律令」□市律（第二六〇～二六二簡）では市租を隠匿した賈人がいた場合、「列長」・「伍人」がそれを告発せねばならなかったが、本条では坐賈や吏が撰銭《えりせん》をした場合、「列伍長弗告」のみが「有辠」とされ、「伍人」は処罰の対象となっていない。

〔四〕吏循之不謹　〔整理小組〕循は巡察。〔案〕本条によれば「賈市居列者及官府之吏」が撰銭した場合、「吏循之」の「吏」が取り締まりの責任を負った。一方、「二年律令」□市律（第二六〇～二六二簡）によると、市租を隠匿した坐賈がいた場合、「嗇夫・吏主者」が取り締まりの任にあたった。よって秦律の「吏循之」の「吏」は、漢律の「嗇夫・吏主者」とほぼ同様の役目を市で担ったとみられる。現に「吏主者」は、『墨子』号令篇などに見えるように「部（持ち場）」を「行（警邏）」する吏のことで、「吏循之」の意と合致。すると「吏循之不謹」の「不謹」と、「吏主者弗得」の「弗得」も同義であろう。そこでここでは『荀子』王制篇「謹盜賊」の唐・楊倞注「謹、嚴禁也」に従い、「不謹」を「謹《と》めず」と訓読し、「（市列を巡察中の吏が）撰銭者を取り締まらない」の意に解する。

書き下し文

賈市《あきない》し、列に居る者及び官府の吏は、敢えて行錢・布を擇ぶ毋かれ。行錢・布を擇ぶ者あるも、列伍長、告さず、吏、之を循《めぐ》るも謹《と》めざれば、皆な有辠とせよ。　金布

通釈

市で商売をして店舗の列に店を構える者および官府の吏は、行銭・行布を選り好みしてはならない。かりに行銭・行布を選り好みした者がいても、列伍長がそれを告発せず、また市列を巡察中の吏がそれを取り締まらなければ、いずれも有罪とせよ。　金布

○第一三六簡（第六九簡）

原文

有買及買毆各嬰其賈小物不能各一錢者勿嬰　金布

校訂文

有買及買（賣）毆（也）〔一〕、各嬰其賈（價）〔二〕。小物不能各一錢者〔三〕、勿嬰。　金布

注釈

〔一〕有買~買毆　【案】「有買及買毆」の「買」は、どちらか一方を「賣」字に読み替えるべきである。「賣」字は統一秦代に登場する字（柿沼二〇〇六、柿沼二〇一一a、一〇五~一三七頁）。ここでは本簡第二字・第四字を「買」字に釈し、とりあえず後者を「賣」字に読み替える。

〔二〕嬰　【整理小組】嬰とは繋ぐこと。嬰其価は、商品にフダをかけて価格を表示する意。『周礼』典婦功等条に「比其小大而賈（價）之、物書而楬之」、「以其賈（價）楬而藏之」とあり、みな木片に価格を書きだしている。

〔三〕小物~錢者　【案】「能」字は「耐」・「及」の意（フルスウェ一九八五、五三頁）。

書き下し文

買う及び賣る有らば、各〃其の價を嬰《か》けよ。小物の各〃一錢に能《およ》ばざる者は、嬰ぬる勿かれ。　金布

通釈

商品の売買をする場合には、各商品に値札をかけよ。商品が小物で、その価格が一銭未満であれば、値札をかけるな。　金布

○第一三七・一三八簡（第七〇・七一簡）

原文

官相輸者以書告其出計之年受者以入計之八月九月中其有輸計其輸所遠近不能逮其輸所之計

□□□□□□□移計其後年計毋相繆工獻輸官者皆深以其年計之　金布律　一三八

校訂文

官相輸者、以書告其出計之年、受者以入計之。八月・九月中其有輸、計其輸所遠近、不能逮其輸所之計〔一〕、□□□□□□□移計其後年、計毋相繆〔二〕。工獻輸官者〔三〕、皆深以其年計之〔四〕。　金布律

注釈

〔一〕逮　**【整理小組】**逮は及。**【案】**「出」についてフルスウェは、「(宣言・命令などを)出す、公布する to issue」、もしくは「帳消しにする、精算する、取り消す to write off, to cancel」の意があるとし、本条の「出」字を後者の意とする（フルスウェ一九八五、四六頁）。武漢本は里耶秦簡に受計・入計の文書例が多く見えるとし、一例として里耶秦簡（8-63）「廿六年三月壬午朔癸卯、左公田丁敢言之。佐州里煩故爲公田吏、徙屬。事荅不備、分負各十五石少半斗、直錢三百一十四。煩冗佐署遷陵。今上責校券二、謁告遷陵令官計者定、以錢三百一十四受旬陽左公田錢計、問可（何）計付、署計年爲報。敢言之」を引く。

〔二〕繆　**【整理小組】**繆（音は謬）は誤ること。**【案】**武漢本は岳麓書院蔵秦簡「爲獄等状四篇」案例〇六「暨過誤失坐官案」に「與從事廿一年庫計、劾繆（謬）弩百」（第九七簡）と見えることを指摘する。

〔三〕工獻輸官者　**【案】**後掲「秦律雜抄」（第三四六～三四七簡）の整理小組注は「工」を『漢書』巻二八地理志等所見の「工官」とする。その官制機構に関して角谷定俊は「工師―丞―曹長―工―工隷臣・工城旦・工鬼薪」とし、それを「相邦―内史―県令―工官嗇夫」や「郡守（―県令―工官嗇夫）」が管理したとする（角谷一九

八二、六二〜七一頁）。一方、山田勝芳は、「工官（＝工室）」に「工師（＝工官嗇夫）―丞―曹長―工」と「工師（＝工官嗇夫）―丞―吏」という二つの統属関係があるとし、前者は器物生産を、後者の「吏」はそれ以外の一般事務を担ったとする。その上で、新設後一年以内の「工官」は県令が管轄し、それ以外の「工官」は郡や内史が管轄したとする（山田一九九七、二〜七頁）。「獻」についてフルスウェは、「秦律雜抄」（第三四六〜三四七簡）の「歳紅（功）」と関連すること、『周礼』内宰「獻功」、『礼記』射義「歳獻」等が毎年の上納品を意味することから、「工」は毎年上納すべき生産量が決められており、それを「獻」といったとする（フルスウェ一九八五、四六頁）。

〔四〕深　【整理小組】深は審と読む。『呂氏春秋』順民の注に「定也」とある。工匠が生産物を上納することは、一般的な転輸とは異なる。年度の生産量等を検査しやすいように、必ず固定的に生産年度に応じて帳簿を作成せねばならなかった。【案】「深」の上古復元音は確かに「審」と通仮する（董一九四四、二四七頁）。フルスウェは、「審」の通仮字とする説に従い、当該字を「正確に accurately」と訳す（フルスウェ一九八五、四七頁）。一方、武漢本注は「深はおそらく探と読み、遡及する意」とし、前掲「秦律十八種」田律（第七八簡）「勿深致」の「深」を同じく「探」に読み替え、「探求する、遡及する」と解する。「勿深致」の解釈はともかく、本条の「深」はそう解せる。フルスウェは「其年」を「物品が製造された年」とする（フルスウェ一九八五、四七頁）。輸送物全般とは異なり、「工獻」に関しては到着が会計年度を跨いだとしても、会計年は製造年に合わせねばならないという意か。

書き下し文

官の相い輸する者は、書を以て其の出計の年を告し、受くる者は以て之を入計せよ。八月・九月の中に其の輸有らば、其の輸所の遠近を計り、其の輸所の計に逮《およ》ぶこと能わずんば、……計を其の後年に移し、計は相繆《あやま》る毋かれ。工獻の官に輸ずる者は、皆な探《たず》ぬるに其の年を以て之を計れ。　金布律

通釈

官が相互に輸送する物品については、文書によってそれらを精算した年を申告し、その文書を受け取った者は物品を受領したものとして計算せよ。八月・九月のうちにその輸送がある場合、物品を運ぶ距離を測定し、輸送目的地における会計の締切日に間に合わない場合は、……そのぶんの会計は次年度に移し、会計が相互矛盾することがあってはならない。工の献（年間製造ノルマの生産物）のうち、官に輸送するものがある場合には、みな溯ってその年度（製造年）を起点として計算せよ。　金布律

○第一三九～一四二簡（第七二～七五簡）

原文

都官有秩吏及離官嗇夫養各一人其佐史與共養十人車牛一兩見牛者一人都官之佐史冗者十人養一人　一三九
十五人車牛一兩見牛者一人不盈十人者各與其官長共養車牛∠都官佐史不盈十五人者七人以上鼠[車][牛]　一四〇
僕不盈七人者三人以上鼠養一人小官毋嗇夫者以此鼠僕車牛豤生者食其毋日粟一斗旬五日而止之[別]　一四一
紂以叚之金布律　一四二

校訂文

都官有秩吏及離官嗇夫〔一〕、養各一人〔二〕、其佐史與共養。十人、車牛一兩（輛）、見牛者一人〔三〕。都官之佐史冗者〔四〕、十人、養一人。十五人、車牛一兩（輛）、見牛者一人。不盈十人者、各與其官長共養・車牛〔五〕、都官佐・史不盈十五人者、七人以上鼠（予）車牛・僕〔六〕、不盈七人者、三人以上鼠（予）養一人。小官毋（無）嗇夫者、以此鼠（予）僕・車牛。狠（墾）生者〔七〕、食其母日粟一斗、旬五日而止之、別紂以叚（假）之〔八〕。　金布律

注釈

〔一〕都官～嗇夫　**〔整理小組〕**「離官」は附属機構で、都官と対をなす。**〔案〕**工藤元男によれば、「離官嗇夫」は、「效律」（〔二六〕第三一九～三二一簡）に見える「離官」と同義で、「都倉（嗇夫）・庫（嗇夫）・田（嗇夫）・亭（嗇夫）」等の「県廷や都官から郷へ出向している官吏」の総称（工藤一九九八、六五～六六頁）。本句は一見「都官・有秩吏・離官嗇夫」とも「都官の有秩吏及び離官嗇夫」とも解せるが、都官は県と同様に行政機関をさす概念で、個々人をさす「有秩吏及び離官嗇夫」とは並列できない（陶二〇〇九、四六〇頁）。よって「都官の有秩吏及び離官嗇夫」と読む。

〔二〕養各一人　**〔整理小組〕**養は、食事を作る人。『公羊伝』宣公一二年条注に「炊烹者曰養」とある。**〔案〕**「秦律十八種」均工律「隷臣有巧可以爲工者、勿以爲人僕・養」（第一八〇簡）によれば、隷臣の中でも「工」にすべき者は人の僕・養にしない。よって秦律の「養」は「隷臣」等が就く仕事とみられる。ただし鳳凰山一六七号漢墓遺策「養女子二人繡衣大婢」や鳳凰山一六八号漢墓遺策「養女子四人大婢」によれば女性の「養」もいた（鳳凰山二〇一二、一五四・一八四頁）。武漢本は里耶秦簡「一人吏養」（8-697）と「吏僕養者皆屬倉」

（8-130+8-190+8-193）を引く。本条の僕・養も倉（倉嗇夫）に属したか。

〔三〕其佐～一人　〔整理小組〕見牛者は、牛をみる人。江陵鳳凰山一六七号漢墓遣策に「牛者一人大奴一人」とある。〔案〕本条の「佐史」には従来、「佐」と「史」に分ける説と（整理小組）、「佐史＝Assistant Clerks」説がある（フルスウェ一九八五、四七頁）。もとより「秦律十八種」效律に「入禾、萬【石一積而】比黎之爲戸、籍之曰、其廥禾若干石、倉嗇夫某・佐某・史某・稟人某」（第一三五簡）とあるとおり、佐と史は別々の職位であるが、『漢書』百官公卿表上県郷条「百石以下有斗食・佐史之秩。是爲少吏」のごとく、「佐史」は一定の秩階をさす汎称である場合もある。本条では「都官有秩吏及離官嗇夫」と「其（＝都官・離官）佐史」が対比され、「有秩」は「斗食」「佐史」と並ぶ秩階の汎称なので、一応「佐史」を一語としておく。なお前漢中後期の尹湾漢墓簡牘「東海郡吏員簿」の研究では牢監・尉史・官佐・郷佐・郵佐・佐が「佐史」に含まれる（謝一九九七・西川一九九七）。

〔四〕都官～冗者　〔整理小組〕冗は、『正字通』に「猶多也」とある。

〔五〕十人～車牛　〔整理小組〕官長は、機構の主管官員。『後漢書』礼儀志に「公卿官長以次行雩禮求雨」とある。「法律答問」の「辭者辭廷」条（訳者注：第四六五簡）参照。〔案〕「官長」は、「法律答問」に「一可（何）謂官長。可（何）謂嗇夫。命都官曰長、縣曰嗇夫」（第四六五簡）によると、都官の主管者。図版だと「車牛」の二字は断簡で判読困難だが、もともと一九七七年に整理した際には別に残片があるものとされ、このたび武漢本が再び断片を捜し出した。よってここでは武漢本の釈文に従う。

〔六〕都官～牛僕　〔整理小組〕僕については『史記』斉世家の『集解』で賈逵が「御也」とする。つまり車の御者。〔案〕「僕＝御」とする整理小組説に対してフルスウェは、「僕」を含む本条は牛車関連条文で、「御（馬車の御者）」とは異なると批判（フルスウェ一九八五、四七頁）。「二年律令」金布律に「僕牛日芻三鈞六斤」（第四二二簡）、整理小組注に「僕牛とは車を引く牛。『山海経』大荒東経に「王亥託于有易・河伯僕牛。有易殺王亥、取僕牛」とある」とあり、牛車用の牛を「僕牛」と呼ぶので、「僕」は牛車を御する人。

〔七〕不盈～生者　【整理小組】狠は艱に読み替えるのであろう。上句末尾の「牛」字には重文記号が抜けているのであろう。本句は「牛艱生者」に読み替えるべきである。【案】「狠」についてフルスウェは、『説文』豕部の「狠、豕齧也」と本条の「狠」は意味が合わないとし、①「艱」字に読み替えて「難」の意とし、「牛艱生者」を「雌牛が難産した時に」とする整理小組説、②「⿰牛産」字に読み替えて「子牛 calf」とする線装本説、③「⿰牛産」字に読み替えて「雌牛 cow」とする説を挙げ、どれが妥当かは不明とする（フルスウェ一九八五、四七～四八頁）。ただし「狠」と「艱」・「⿰牛産」は通仮しない（董一九四四、二一七～二一八頁）。「狠」は「秦律十八種」田律にも三例みえ、みな「墾」字に読み替えるべき字なので、本条の「狠」字も「墾」字に読み替え、『方言』十二「墾、力也」に従い、「墾《つと》む」と訓むべきか。

〔八〕食其～叚之　【整理小組】⿰糸封は奉に読み替えるのであろう。『漢書』刑法志の注に「養也」とある。本条最後の一簡、すなわち「⿰糸封」字以下が直前の一簡とつながるか否かは未定。【案】図版によると「別」字は断簡で判読しがたいが、とりあえず整理小組の釈文に従う。「⿰糸封」は、『集韻』上声講韻に「⿰糸封、亦書作絜」とあり、「絜」字の或体。「絜」は『説文』糸部「絜、枲絜也」によると麻靴の意だが、本条の「⿰糸封」をそう解しても文意が通らない。フルスウェは「囲い込む」意とし、「綁」の通仮字とするが（フルスウェ一九八五、四八頁）、「綁」字は明・梅膺祚『字彙』「綁、古無此字」の指摘通り、古代の用例がない。武漢本注は「奉」（＝「養」の意味）と読む可能性を指摘すると同時に、本字以下がその前の文と繫がるか否かになお疑義があるとする。ここではとりあえず当該字を待考字とする。

書き下し文

都官の有秩の吏及び離官嗇夫は養各〃一人とし、其の佐史は與に養を共にせよ。十人ごとに車牛一輌・見牛者一人とせよ。都官の佐史の冗者は十人ごとに養一人とし、十五人ごとに車牛一輌・見牛者一人とせよ。十人に盈たざる者は各〃其の官長と養・車牛を共にせよ。都官の佐史の十五人に盈たざる者は、七人以上ならば車牛・僕を予え、七人に盈たざるより三人以上ならば養一人を予えよ。小官の嗇夫無き者は此を以て僕・車牛を予えよ。生むに墾《つと》むる者は、其の母に食《は》ましむること日〃粟一斗とし、旬五日にして之を止め、紨を別にして以て之に假せ。　金布律

通　釈

都官の有秩の吏および離官嗇夫には、養（専属の料理人）はそれぞれ一人とし、その直属の佐史も同じ養に食膳を作ってもらえ。佐史一〇人ごとに牛・牛車一台・牛の世話係一人をつけよ。都官の佐史のなかでも長期任用者（月単位の輪番制に組み込まれていない者）には、一〇人ごとに養一人をつけよ。十五人ごとに牛・牛車一台・牛の世話係一人をつけよ。都官の佐史の長期任用者が一〇人未満である場合、その都官の官長と養・牛・牛車を共有せよ。都官の佐史が一五人未満～七人以上であれば、牛・牛車・僕をあたえよ。七人未満～三人以上であれば、養一人をあたえよ。小規模で嗇夫のいない都官には僕・車牛をあたえよ。（子牛の）出産に励む場合には、その母牛に一日あたり粟一斗を支給し、一五日後に支給することをやめて、紨を別にして貸与せよ。　金布律

○第一四三簡（第七六簡）

原文

有責于公及貲贖者居它縣輒移居縣責之公有責百姓未賞亦移其縣〻賞　金布律　一四三

校訂文

有責（債）于公及貲・贖者居它縣〔一〕、輒移居縣責之〔二〕。公有責（債）百姓未賞（償）、亦移其縣、縣賞（償）〔三〕。

金布律

注釈

〔一〕有責～它縣　**〔整理小組〕**貲は、罪があり罰として財物を納付させること。贖は、財物を納付して死刑や肉刑等の罪を贖うこと。両者の意味には相異がある。貲・贖・債は簡文で常に併記される。**〔案〕**「貲」は、秦律にみえる「貲一盾」・「貲二盾」・「貲一甲」・「貲二甲」等の貲刑。これらが実際に盾や甲を納付させる刑罰であったか否かは諸説あるが、竜崗秦簡に「二百廿錢到百一十錢、耐爲隷臣妾□〼貲二甲。不盈廿二錢到一錢、貲一盾。不盈一錢□〼」（第四〇・四一簡）、「二年律令」盗律に「盗臧（贓）直（價）過六百六十錢、黥爲城旦舂。六百六十到二百廿錢、完爲城旦舂。不盈二百廿到百一十錢、耐爲隷臣妾。不盈百一十錢到廿二錢、罰金四兩。不盈廿二錢到一錢罰金一兩」（第五五～五六簡）とあり、どれも贓物の金銭的価値と刑罰の対応をしめし、秦律で貲刑の者が漢律では罰金刑なので、貲刑は漢代の罰金刑に相当する財産刑と解される（水間二〇〇七、六六～七二頁）。ちなみに漢律の罰金の「金」とは黄金をさすが、実質的な罰金刑には金納の場合と銭納の場合があった（藤田一九九六、柿沼二〇一一a、二六八～二七三頁）。「責」は本来損害賠償や不当利得を請求する意だが（前段廄苑律第八二簡注〔四〕参照）、本条第二字の「責」はそう解しても文意が通らないので、「債」に読み替え、「債務を負う」意に解すべきであろう。「債」に読み替えるべき「責」の例は睡虎地秦簡・張家山漢簡・居延漢簡等に散見する。

整理小組は「贖」を財物で罪を贖うことと解するが、秦律・漢律の贖刑は必ずしも黄金・銭を納入して刑罰を免れることだけを指すわけではなく、例えば「法律答問」に「盗徙封、贖耐」（第四三四簡）とあるように、正刑として用いられることもある（角谷一九九六。冨谷一九九八、六九～七四頁）。

〔二〕輒移居縣責之【案】本条によると債務の返済は配属先の県で行うべきで、この点は里耶秦簡（9-1）「司空騰敢言之。陽陵宜居士五（伍）毋死有貲餘錢八千六十四。……令毋死署所縣責、以受（授）陽陵司空」で債務労役者の労役日数の問い合わせが県司空から出ている点からも裏付けられる（片野二〇〇五）。

〔三〕公有～縣賞【案】「賞」は本来褒賞を意味する字だが、本条の「賞」はそう解しても文意が通らないので、「償」に読み替えて「補償する」意に解すべきであろう。「償」に読み替えるべき「賞」字の例は睡虎地秦簡に散見する。「償」字は竜崗秦簡に初出し、「償」と「賞」の分化は「賣」と「買」、「假」と「叚」の分化等とともに統一秦で起こり、それ以前は未分化であろう（柿沼二〇一一a、一〇五～一三七頁）。

書き下し文

債を公より有し及び貲・贖ある者、它縣に居ば、輒に居縣に移して之を責めよ。公、債を百姓に有するも未だ償わずんば、亦た其の縣に移し、縣、償え。　金布律

通釈

官に債務を負っている者および貲・贖を科されている者が、かりに他の県にいた場合、すみやかに本籍地の県に移動させて、支払うべき金銭を請求せよ。官が民に債務を負っており、（その民が他の県に移住しても、なおその債務を県が）いまだ返却していない場合も、（その民を、債務者たる）県に移送して、県がその民に債務を支払え。　金布律

原文

○第一四四～一四六簡（第七七～七九簡）

百姓叚公器及有責未賞其日踐以收責之而弗收責其人死亡及隸臣妾有亡公器畜生者以　一四四
其日月減其衣食毋過三分取一其所亡衆計之終歳衣食不踐以稍賞令居之其弗令居之其人　一四五
□亡令其官嗇夫及吏主者代賞之　　金布　一四六

校訂文

百姓叚（假）公器及有責（債）未賞（償）、其日踐（足）以收責之〔一〕、而弗收責、其人死亡〔二〕。及隸臣妾有亡公器・畜生者、以其日月減其衣食〔三〕、毋過三分取一、其所亡衆、計之、終歳衣食不踐（足）以稍賞（償）〔四〕、令居之〔五〕。其弗令居之、其人【死】亡、令其官嗇夫及吏主者代賞（償）之〔六〕。　金布

注釈

〔一〕百姓～責之　**【整理小組】**踆は「足」字であろう。簡文の「負」字を「⿰貝夋」にも作るのと同類であろう。収責は回収することで、『漢書』昭帝紀にみえる。**【案】**「公器」は官有器物。ただし本条で「公器」と「畜生」は併記されているので、「公器」は官有の家畜を含まない。また後段工律（第一六九～一七〇簡）に「公甲兵（官有武器）」への刻印方法がみえる一方、工律（第一七一～一七四簡）に「公器」への刻印方法がみえるので、「公器」は「公甲兵（官有武器）」も含まない。「公器」は具体的には官有の農具や土器等をさす語であろう。「公器」は後掲工律「爲器同物者、其小大・短長・廣亦必等」（第一六五簡）によれば工官で大量生産された。また同じく工律（第一七一～一七四簡）によれば、「公器」には官有器物の証として刻字・漆等で印がつけられ、「公器」を借りた者がそれを遺失・破壊するか、その印を消失した場合、「齎」という規定で罰せられた。「齎」は效律（第二四四簡）に見える「齎律」であろう。ちなみに「二年律令」では、「公器（官有器物）」の破壊・紛失等に伴う賠償方法に関する条文は、金布律に「亡・毀・傷縣官器・財物、令以平賈償。入毀・傷縣官、賈以減償」（第四三四簡）とみえる。「收責」は、『漢書』巻七昭帝紀・始元二年条、元鳳三年条・応劭注、同巻九元帝紀・永光四年条などによれば、国家が一時的に貸し与えた物か建前上賜与した物を回収する意。

「踆」を整理小組は「足」に読み替え、武漢本も里耶秦簡を引用しつつこの字釈を裏づけている。

〔二〕而弗～死亡　**【整理小組】**死亡は一つの語彙。『周礼』大宗伯に「以喪禮哀死亡」とみえる。一説に、亡は逃亡する意。

〔三〕及隷～衣食　**【整理小組】**ここでの以の用法は「自」字と同じ。以其日は「器物か家畜を失くした時から」の意。**【案】**隷臣妾に対する衣料支給については後段金布律（第一五七～一六三簡）参照。また隷臣妾の食費に関しては一般に以下のように解されている。すなわち、隷臣妾が債務労役につく場合、毎日八銭分の債務を返済し得たが、そこから食費を抜くと、実質的返済額は毎日六銭となる。よって「八銭―六銭＝二銭」で、毎日の食費は二銭である、と（後段司空律第二〇〇～二〇七簡注〔三〕）。

〔四〕毋過～稍賞　**〔整理小組〕**稍は、『広雅』釈詁一に「盡也」とある。**〔案〕**本条は、隷臣妾が「公器」・「畜生」を失った場合に、その隷臣妾に本来支給されるはずだった衣服・食事の三分の一以下を減給とし、減給分の衣服費・食費を用いて「公器」・「畜生」を弁償させる意。前掲注〔三〕で指摘したごとく、隷臣妾の食費は年間約七三〇銭で、後段金布律（第一五七～一六三簡）によると、たとえば独身隷臣の被服費は年間一六五銭である。よって、かりに独身隷臣が「公器」・「畜生」を失った場合、食費と衣服費の合計八九五銭の三分の一、すなわち約三〇〇銭を年間賠償額の上限として支払ったことになる。「稍」の字義に関して裘錫圭は、「徐々に」と「尽く」を挙げ、基本的に前者の例が圧倒的に多いとした上で、本条本字をどう解釈しようとも、隷臣妾が徐々に賠償していったことに違いはないとする（裘一九九三）。

〔五〕令居之　**〔整理小組〕**令居之は、居作を強制的に行なわせる意、つまり労役によって罪を償うこと。倉律「隷臣妾其従事公」条注〔四〕（訳者注：第一一六～一一九簡注〔九〕）参照。

〔六〕其弗～賞之　**〔整理小組〕**最後の一句は、上文の二箇所の「其人死亡」を受けている。**〔案〕**本条によると「公器」を借りた民が死亡・逃亡した場合、「官嗇夫」と「吏主者」が賠償した。岡田功は、国は官嗇夫と吏主者を通して「公器」を貸し出し、ゆえに彼らに「公器」貸し出しの最終的責任を負わせたとする（岡田一九九〇）。「官嗇夫」は佐・史とともに「官」（各種行政実務の執行を担当する部局）を構成し、少内・倉・司空・庫・田官・発弩・廏・畜官などが含まれ、県行政の中枢機関たる県廷（令・丞とその側近たる令史よりなる）とは区別される（青木二〇一一、士口二〇一二、士口二〇一五）。

書き下し文

百姓、公器を假り及び債有るも未だ償わざるは、其の日足らば以て之を収責せよ。而して収責せざるときは、其の人、死亡すればなり。及び隷臣妾の公器・畜生を亡する者有らば、其の日月以《よ》り其の衣食を減じ、三分にして一を取るに過ぐる毋れ。其れ亡する所衆く、之を計りて、終歳の衣食、以て稍〃償うに足らざれば、之を居せしめよ。其れ之を居せしめず、其の人、【死】亡せば、其の官嗇夫及び吏主者をして代りて之を償わしめよ。　金布

通　釈

民が、官有器物を借りているけれども、返却していない場合、もしくは官に債務を負っているけれども、返却していない場合には、その期日を過ぎれば、そこで官有器物・債務を取り立てよ。取立てをしない場合というのは、官有器物を借りている民および債務者が死亡したときである。また官有器物や官有の家畜を失った隷臣妾がいた場合、その失った月日から支給すべき衣服・食事を減給し、（それによって弁償してゆくものとするが）三分の一を超える分を弁償分として取り立ててはならない。失った官有器物や官有の家畜があまりにも多く、その価値を計ってみて、その隷臣妾がほんらい一年間で支給される衣服・食事を徐々に賠償に当てていったとしても足らない場合には、この隷臣妾に労働償還させよ。労働償還させるまえに、その隷臣妾が死亡した場合、隷臣妾の管轄者である官嗇夫および吏主者に賠償金を代納させよ。　金布

○第一四七・一四八簡（第八〇・八一簡）

原文

縣都官坐效計以負賞者已論嗇夫即以其直錢分負其官長及冗吏而人與參辨券以效少＝内＝以　一四七
收責之其入嬴者亦官與辨券入之其責毋敢隃＝歳＝而弗入及不如令者皆以律論之　　金布　一四八

校訂文

縣・都官坐效・計以負賞（償）者〔一〕、已論、嗇夫即以其直（値）錢分負其官長及冗吏〔二〕、而人與參辨券〔三〕、以效少内〔四〕、少内以收責之。其入嬴者、亦官與辨券、入之。其責毋敢隃（逾）歳、隃（逾）歳而弗入及不如令者、皆以律論之。　金布

注釈

〔一〕縣都～賞者　**〔整理小組〕**坐は、罪責を引き受けること。『一切経音義』引『蒼頡篇』に「罪也」とある。坐效・計とは、物資あるいは帳簿を点検する時の過失で有罪となること。

〔二〕已論～冗吏　**〔整理小組〕**嗇夫は、ここではこの県か都官における犯罪に対する処罰を定める機構の責任者。分負とは、負担を分担すること。

〔三〕而人～辨券　**〔整理小組〕**弁は、分けること。参弁券は、分けて三つの木券にできるもの。嗇夫・少内・賠償人が各々一券をもつことで、賠償金の支払いの証拠とする。この券は考古学的に未発見だが、三分割可能な戦国時代の印璽なら発見されたことがある。**〔案〕**「參辨券」の「辨」は「分かつ」意（『説文』刀部）。「券」

は割符の意（『説文』刀部）。『説文』刀部および段玉裁注によると、割符には、分割した木札の側面に刻みを入れるタイプ（契券）・一枚の札に大きく文字を書いて真ん中を分割するタイプ（傅別）・一枚の札の左右に同文を書いて分割するタイプ（質劑）等があったようだが、「參辨券」がどのタイプかは不明。「參辨券」は三分割して「嗇夫」・「其の官長及び冗吏」・「少内」が管理するもので、「其の官長及び冗吏」が有する債務額・返済の有無等を証するためのものとみられる。なお「參辨券」の使用例は、竜崗秦簡（第一一簡）に「▨于禁苑中者吏與參辨券▨」、居延漢簡（7.31）に「▨壽王敢言之。戍卒鉅鹿郡廣阿臨利里潘甲疾温、不幸死、謹與▨□梼櫝參絜堅約劾書名縣爵里梼敦參辨券書其衣器所以收」ともみえる。

〔四〕以效少内　【整理小組】少内は、『漢書』丙吉伝「少内嗇夫」の注に「少内、掖庭主府臧（藏）之官也」とある。漢末の鄭玄も『周礼』職内に「……若今之泉所入謂之少内」と注する。簡文のこの箇所の少内は、朝廷の銭財を管理する機構かもしれない。他に県少内があり、「法律答問」と「封診式」にみえる。『十鐘山房印挙』巻二に「少内」の半通印がある。【案】「少内」は、郡県の公金銭を扱う財庫（直井二〇〇〇）。

書き下し文

縣・都官の效・計に坐して以て償を負う者、已に論ぜられれば、嗇夫は即ち其の値銭を以て其の官長及び冗吏に分け負わしめ、人ごとに參辨券を與え、以て少内に效し、少内は以て之を收責せよ。其れ贏を入るる者も、亦た官、辨券を與え、之を入れしめよ。其れ責むるに敢えて歳を逾ゆる毋かれ。歳を逾ゆるも而るに入れず及び令の如くならざる者は、皆な律を以て之を論ず。　金布

通釈

県・都官における效（現物と帳簿との照合チェック）・上計に（誤りがあったために）罪にあたり、官に賠償金を支払うべき者がおり、すでに論罪されたのであれば、嗇夫はただちに賠償額分の銭を都官の官長および冗吏（長期任用の吏）に分担させ、各人に参弁券を与えて、少内に参弁券と賠償額を照合させ、それによって少内は各人より賠償金を回収せよ。余剰の銭を納付した者にも官が弁券を与え、それを納付させておくように。賠償金を取り立てる場合には、みだりに次年度に期限を延ばしてはならない。年を超えても賠償金を納付せず、あるいは令に従わない者は、いずれも律にもとづいて論罪せよ。　金布

原文

○第一四九～一五二簡（第八二～八五簡）

官嗇夫免復爲嗇夫而坐其故官以貲賞及有它責貧窶毋以賞者稍減其秩月食以賞之弗得　一四九
居其免殹令以律居之官嗇夫免效其官而有不備者令與其稗官分如其吏=坐官以負賞未而　一五〇
死及有辠以收抉出其分其已分而死及恆作官府以負責牧將公畜生而殺亡之未賞及居之未　一五一
備而死皆出之毋責妻同居　金布　一五二

校訂文

官嗇夫免、復爲嗇夫、而坐其故官以貲賞（償）及有它責（債）、貧窶毋（無）以賞（償）者〔一〕、稍減其秩・月食以賞（償）之〔二〕、弗得居。其免殹（也）、令以律居之。官嗇夫免、效其官而有不備者〔三〕、令與其稗官分〔四〕、如其

事〔五〕。吏坐官以負賞（償）、未而死〔六〕、及有辠以收〔七〕、抉出其分〔八〕。其已分而死、及恒作官府以負責（債）〔九〕、牧將公畜生而殺・亡之、未賞（償）及居之未備而死、皆出之、毋責妻・同居〔一〇〕。　金布

注釈

〔一〕官嗇～賞者　【整理小組】貧窶（音は據）は、貧困であること。【案】「貧窶」は伝世文献に散見する語で、『後漢書』桓栄列伝「貧窶無資」、李賢注『字林』曰、窶、空也」等とある。よって「貧窶」とは、整理小組の指摘通り、貧困の意であろう。

〔二〕稍減～賞之　【整理小組】稍とは、次第にの意。【案】「稍」についてフルスウェは、「次第に」とする整理小組の説、「定期的に」とする説、「均しく」とする説に疑義を呈し、「わずか」とする（フルスウェ一九八五、五一頁）。前段第一四四～一四六簡注〔四〕で検討したように、ここでは「徐々に」の意に解する。

〔三〕弗得～備者　【整理小組】官は、『家語』礼運の注に「職分也」とある。ここでは官吏の管理する物資をさす。

〔四〕令與～官分　【整理小組】稗官は、管轄下の小官。『漢書』藝文志の注に「稗官、小官」とある。

〔五〕如其事　【整理小組】如其事は、各人の負うべき責任に照らしてする意。

〔六〕吏坐～而死　【整理小組】未は、まだ分担していないことをさす。

〔七〕及有辠以收　【整理小組】収は、『説文』に「捕也」とある。【案】「收」は完城旦舂・鬼薪白粲以上の犯罪者の家族を没収すること（石岡二〇〇五）。

〔八〕抉出其分　【整理小組】抉は、『説文』に「挑也」とある。出は、『呂氏春秋』達鬱の注に「罷」とある。抉出は、単独で分担すべき分を免じること。

〔九〕其已～負責　〔整理小組〕恒作とは、官府の経営する手工業であろう。後掲関市律の注「関於作務」の解釈を参照。

〔一〇〕牧將～同居　〔整理小組〕同居については、秦簡「法律答問」に「何爲同居。戸爲同居」（訳者注：第五七一簡）とあり、『漢書』恵帝紀の注に「同居、謂父母・妻子之外、若兄弟及兄弟之子等、見與同居業者」とある。

〔案〕同居には諸説ある（柿沼二〇一五a、柿沼二〇一五b）。

書き下し文

官嗇夫、免ぜられ、復た嗇夫と爲り、而るに其の故官に坐するに貲・償及び它の債有るを以てし、貧窶にして以て償う無き者は、稍《ようや》く其の秩・月食を減じて以て之を償い、居することを得ざらしめよ。其れ免ぜらるるや、律を以て之を居せしめよ。官嗇夫、免ぜられ、其官を效して而るに不備があれば、其の稗官と分せしめ、其の事の如くせよ。其れ吏、官に坐して以て償を負い、未だせずして而るに死し、及び辠有りて以て收せらるれば、其の分を抉出せよ。其れ已に分して而るに死し、及び官府に恆作して以て債を負わんとし、公の畜生を牧將して而るに之を殺・亡し、未だ償わず及び之を居するに未だ備えずして死せば、皆な之を出だし、妻・同居を責むる毋れ。　金布

通釈

官嗇夫が罷免され、のちにまた嗇夫となったが、官嗇夫であったときの罪に連坐して貲・償を課され、もしくは他の債務があるにもかかわらず、貧窮で賠償できない場合、その秩禄・毎月の食費を徐々に減じて貲・賠償・債務の金銭を支払わせ、「居」させてはならない。その者が（さらに嗇夫を）罷免された場合、律に従ってその者を「居」さ

せよ。官嗇夫が罷免されたときに、その者が管理していた官有器物と帳簿を照合チェックし、不備があったならば、官嗇夫の部下である稗官に分担して賠償させること、官嗇夫に賠償せしめるがごとくとせよ。吏が官嗇夫に連坐して賠償金を負い、いまだ完済せずに死亡した場合、あるいは罪があって「収（家族が没収）」された場合、その賠償分を免除せよ。すでに賠償金を分担させていても、そこで債務者が死亡した場合、あるいは官府に「居作」して債務を支払おうとして、官有の家畜を遊牧していたにもかかわらず、その家畜を死亡ないし失ってしまい、いまだ賠償していないか、あるいはそれによってその者を「居」させるにあたり、その者が配備される前に死亡した場合には、いずれもその分を放免し、その妻・同居から集金してはならない。　金布

○第一五三～一五五簡（第八六～八八簡）

原文

縣都官以七月糞公器不可繕者有久識者靡蚩之其金及鐵器入以爲銅都官輸大内＝受買　一五三
之盡七月而齎∠都官遠大内者輸縣＝受買之糞其有物不可以須時求先買以書時謁其状内　一五四
史∠凡糞其不可買而可以爲薪及蓋蘙者用之毋用乃燔之　金布　一五五

校訂文

縣・都官以七月糞公器不可繕者〔一〕、有久識者靡蚩之〔二〕。其金及鐵器入以爲銅〔三〕。都官輸大内〔四〕、【大】内受買（賣）之、盡七月而齎（畢）。都官遠大内者輸縣、縣受買（賣）之。糞其有物不可以須時〔五〕、求先買（賣）、以書時謁其状内史〔六〕。凡糞其不可買（賣）而可以爲薪及蓋蘙者〔七〕、用之。毋用、乃燔之。　金布

注釈

〔一〕縣都～繕者　〔整理小組〕糞は、『説文』に「棄除也」とある。現在の処理と同じ意。繕とは修繕のこと。〔案〕古賀登は、「糞」字に「よごれを除く」と「よごれ」の二義があるとし、本条の「糞」を「くさり・さびたものを除去す」もしくは「くさり、さびて」と訳す（古賀一九八〇、一八八頁）。

〔二〕有久～蚩之　〔整理小組〕久は記に読み替える。記識は官有器物上の標識題識。靡は磨。蚩は徹に読み替える。磨徹は磨壊《すりやぶる》・磨除の意。

〔三〕其金～爲銅　〔整理小組〕金はここでは銅の意。入以為銅とは、上納して鋳つぶして金属原料とする意であろう。〔案〕本句をフルスウェは、「青銅製と鉄製の公器は、青銅鋳造用に集められる」と訳す（フルスウェ一九八五、五三～五四頁）。一方、秦簡講読会は、「鉄器から銅を抽出することは考えられない」とし、「鉄器に付属している青銅部分を分離する」意に解する（秦簡一九七九）。

〔四〕都官輸大内　〔整理小組〕「大内」は、『史記』孝景本紀の『集解』引韋昭注に「京師府藏」とある。〔案〕戦国秦の「大内（漢代の都内）」は首都咸陽にあり、糧草部門・貨財部門を統括する「内史」に属し、おもに貨財部門（衣服支給や公器管理など）を管掌した（工藤一九九八、二一～五五頁）。

〔五〕内受～須時　〔整理小組〕須とは待つこと。

〔六〕求先～内史　〔整理小組〕時謁とは、時を移さずに報請すること。内史については、田律「將牧公馬牛」条注〔一六〕（訳者注：第八三～八七簡注〔二一〕）参照。

〔七〕凡糞～蘙者　〔整理小組〕蘙は翳に通じる。『広雅』釈詁二に「障也」とある。そもそも翳は、それによって覆ってさえぎるものである。〔案〕「蘙」に関する整理小組の説に対して、古賀登は、「蘙」は草の名前とする。

その上で、原字の「䔍」は「艸」・「習」・「羽」の合文で、『説文』習部に「數飛也」とあり、草も羽も軽くて飛ぶようなものなので、「もろもろの軽くて飛ぶようなもの」とする（古賀一九八〇、一八九頁）。ここでは整理小組に従う。

書き下し文

縣・都官は七月を以て公器の繕うべからざる者を糞し、久識有る者は之を靡蚩せよ。其れ金及び鐵器は入れて以て銅と爲せ。都官は大内に輸《おく》り、大内は受けて之を買え。七月を盡くして畢《おわ》れ。都官の大内に遠き者は縣に輸り、縣は受けて之を買え。糞するに、其れ物の以て時を須つべからざる有らば、求めて先に賣り、書を以て其の状を内史に時謁せよ。凡そ其の賣るべからざるを糞して、以て薪及び蓋䔍と爲すべき者は之を用いよ。用うる毋きものは、乃ち之を燔け。　金布

通釈

県・都官は毎年七月に修繕不可能な官有器物を廃棄し、（官有器物としての）しるしがあれば擦り取れ。金（銅器）および鉄器は回収して銅原料にせよ。都官はそれを大内に輸送し、大内はそれを受領して買い上げよ。これらのことは、七月末日までに終えよ。都官が大内から遠い場合には、それを県に輸送し、県はそれを受領して買い上げよ。官有器物の廃棄にあたり、（官有器物が腐り、あるいは錆びて）とりいそぎ処理すべきものがある場合には、率先して（七月をまたずに）売却し、文書によってその処置状況を、その都度、内史に報告せよ。およそ売却できないものを廃棄する場合、それによって薪や、おおいのようなものを作れる場合には、それらを利用せよ。利用できない物は焼き払え。　金布

○第一五六簡（第八九簡）

原文

傳車大車輪葆繕參邪可毆韋革紅器相補繕取不可葆繕者乃糞之　金布　一五六

校訂文

傳車・大車輪〔一〕、葆繕參邪〔二〕、可毆（也）。韋革・紅器相補繕〔三〕。取不可葆繕者、乃糞之。　金布

注釈

〔一〕傳車～車輪　**【整理小組】**伝車は、『漢書』高帝紀の注に「傳者、若今之驛、古者以車、謂之傳車」とある。大車は、重いものを載せる牛車。『易』大有「大車以載」の正義に「大車、謂牛車也」とある。**【案】**「傳車」は、『漢書』巻四八賈誼伝・顔師古注引如淳注によれば、高位の者が乗る車。敦煌懸泉置漢簡に「護羌使者傳車一乘」（I 0110 ①:53）等とある。「大車」は秦律にも散見し、林巳奈夫は牛車に比定する（林一九七八、三四七頁）。里耶秦簡（8-455）に始皇帝の天下統一時の法制用語が列記され、その中に「以大車爲牛車」とあるので、「大車」が統一秦以後「牛車」と称されたのは確実で、よって本条の「大車」も牛車と解される。

〔二〕葆繕參邪　**【整理小組】**葆繕は、補修すること。參邪は、きちんとして正しくないこと。**【案】**「葆繕」について整理小組は「補修」とするが、「葆繕」に似た語として本条後文に「補繕」もあるものの、「葆」と「補」は通仮しない（董一九四四、高一九八九）。とりあえず整理小組の解釈に従う。「參邪」も他にみえない語。フルスウェは「參差」の同義語とする（フルスウェ一九八五、五五頁）。「參差」は不揃いなこと。だが「差」と

「邪」も通仮しない。

〔三〕可毆～補繕　〔整理小組〕韋革は、未成熟の皮革。紅は、ここでは織物。

書き下し文

傳車・大車の輪の、參邪を葆繕するは、可なり。韋革・紅器は相補繕せしめよ。葆繕すべからざる者を取り、乃ち之を糞せ。　金布

通　釈

伝車・大車の車輪のうち、不揃いなものを補修することは、許可する。未成熟な革や織物については互いに補修させよ。補修できないものについては回収し、廃棄せよ。　金布

○第一五七～一六〇簡（第九〇～九三簡）

原　文

受衣者夏衣以四月盡六月稟之冬衣以九月盡十一月稟之過時者勿稟後計冬衣來年囚有寒者爲褐衣　一五七

爲幏布一用枲三斤爲褐以稟衣大褐一用枲十八斤直六十錢中褐一用枲十四斤直卌六錢小褐一用　一五八

枲十一斤直卅六錢已稟衣有餘褐十以上輸大内與計偕都官有用□□□□其官隸臣妾舂城　一五九

旦毋用在咸陽者致其衣大内在它縣者致衣從事之縣=大内皆聽其官致以律稟衣　　金布　一六〇

校訂文

受（授）衣者、夏衣以四月盡六月稟之、冬衣以九月盡十一月稟之〔一〕、過時者勿稟。後計冬衣來年。囚有寒者爲褐衣〔二〕。爲幏布一〔三〕、用枲三斤〔四〕。爲褐以稟衣、大褐一、用枲十八斤、直（値）六十錢。中褐一、用枲十四斤、直（値）卌六錢。小褐一、用枲十一斤、直（値）卅六錢〔五〕。已稟衣、有餘褐十以上、輸大内、與計偕。都官有用□□□□其官、隸臣妾・舂城旦毋用。在咸陽者致其衣大内〔六〕、在它縣者致衣從事之縣。縣・大内皆聽其官致〔七〕、以律稟衣。　金布

注釈

〔一〕受衣～稟之　**【整理小組】**『詩』七月「九月授衣」の伝に「九月霜始降、婦功成、可以授冬衣矣」とあり、簡文と符合する。**【案】**冒頭「受」字は「授」字に読み替えるべき。「受」を「授」に読み替える例は睡虎地秦簡・張家山漢簡・銀雀山漢墓竹簡等に散見。「授」字は馬王堆帛書に初見で、尹湾漢簡や居延漢簡等にもみえ、おそらく前漢前半期以来の字。本条は、四～六月に夏服を、九～一一月に冬服を支給することを定めたものである。戦国秦では一〇月を歳首とし、一〇～一二月を冬、一～三月を春、四～六月を夏、七～九月を秋とし、本条所見の冬服・夏服支給期間と必ずしも合致しない。冬服支給期間が九月から始まる点は、整理小組注の指摘通り、『詩』国風豳風に「九月授衣」とあり、古い慣習に淵源する可能性がある。「二年律令」金布律（第四一八～四二〇簡）も四～六月を夏服支給期間、九～一一月を冬服支給期間とする。

〔二〕囚有～褐衣　**【整理小組】**「褐衣」は、枲（音は喜）を用いた粗麻で編まれた衣服。『孟子』滕文公上注に「褐、枲衣也」とある。これは古代に卑賤な者が着用した衣服である。**【案】**「褐衣」は、整理小組注引『孟子』滕文

公上篇の他、『急就篇』顔師古注、『大広益会玉篇』衣部などによると、史料ごとに毛織物の衣服、麻織物の衣服、もしくは衣袍（麻製の綿入れ）などとされる。ただし本条では、「褐衣」の支給対象者に衣料として「枲（麻の意。後掲注〔四〕参照）」が支給され、「衣袍」用の綿《わた》類は支給されず、よって本条の「褐衣」は毛織物の衣服や衣袍でなく、麻製の一重の衣服と考えられる。「褐衣」は、『史記』巻一〇〇季布列伝に罪人を装って逃亡を図る季布が着用したとあるように、戦国末～漢初の労役刑徒の一般的服装であった。一重の麻衣の代表例は「襌」（＝襌衣）で、着物風の衣服とされるが（林一九七六、四～五頁）、本条の「褐衣」の形状はこれに似るか。なお「二年律令」金布律（第四一八～四二〇簡）では「諸冗作縣官及徒隷」に夏服として「襌」が支給され、「冗作」は長期任用の輪番制に入らない居作者、「徒隷」は隷臣妾・城旦舂・鬼薪白粲の総称とする説（李二〇〇三）、それ以外にも私家奴隷を含むとする説（池田二〇〇五）、奴隷全般とする説があり（陳二〇一二、二〇頁）、いずれも本条の「囚」の定義と近い。だが「二年律令」金布律は夏服として「襌」を支給するのに対し、本条は防寒具として「褐衣」を支給する。「褐衣（一重の麻衣）」一枚で冬の寒さを凌げたとは考えにくいので、本条の「囚」には「褐衣」の他に「衣袍」等も支給されたかもしれない。

〔三〕爲幏布一　**〔整理小組〕**幏布は、頭巾。古代の成年男子は冠をかぶっていた。頭巾をかぶらせるのは刑罰を与えて侮辱する意。『尚書大伝』「下刑墨幏」の注に「幏、巾也、使不得冠飾以耻之也」とある。**〔案〕**「幏布」の着用は、刑徒を侮辱する意以外に（整理小組説）、次の社会的意義もあった可能性がある。すなわち『史記』巻一六秦楚之際月表「至始皇乃能并冠帶之倫」の「冠帶之倫」は礼儀を知る人びとの意で、「冠帶」は道徳・風習を含意し（張一九九七）、逆に「冠帶之倫」の対極に位置する「被髪」は脱社会の象徴なので（西岡一九七二）、刑徒が「冠」でなく「幏布」をかぶるのは、その者が脱社会的存在に近い存在であることをしめすためか。

〔四〕用枲三斤　**〔整理小組〕**枲は粗い麻。古代はそれで褐を織り、履を編んだ。**〔案〕**「枲」は、『説文』朩《はい》部「枲、麻也」によれば麻（大麻）。本条の「枲」は重量単位「斤」で計量されているので、麻の繊維をさすのであろう。

〔五〕爲褐～六錢　**〔整理小組〕**これによると、褐を作るごとに枲三斤を使用。その価値は一〇錢。下文の中褐・小褐の比例はこれと同じ。**〔案〕**「大褐一、用枲十八斤、直（値）六十錢」、「中褐一、用枲十四斤、直（値）卌六錢」、「小褐一、用枲十一斤、直（値）卅六錢」によると、「枲」は毎斤約三・三錢。「大褐」・「中褐」・「小褐」が各々具体的に何をさすかは不明。大きい褐衣・中位の褐衣・小さい褐衣の意か。

〔六〕都官～大内　**〔整理小組〕**致は券の意。田律「乘馬服牛稟」条（訳者注：第七八簡）注〔四〕参照。ここの「致其衣大内」は、券を証拠として大内から衣服を受けとる意。

〔七〕在它～官致　**〔整理小組〕**聽は聞き従うこと。ここの「聽其官致」は、この機構の券を照らし合わせる意。**〔案〕**王輝・程華学は、台湾故宮博物院藏鼻紐印「右褐府印」を挙げ、刑徒に支給する褐衣を製作・管理する機構とする（王・程一九九九、一九二頁）。

書き下し文

衣を授くる者は、夏衣は四月を以て六月を盡くすまで之に稟し、冬衣は九月を以て十一月を盡くすまで之を稟し、時を過ぎたる者には稟する勿かれ。冬衣を來年に後計せよ。囚の寒有る者には褐衣を爲らしめよ。幏布を爲るには一ごとに枲三斤を用いよ。褐を爲りて以て衣を稟するに、大褐は一ごとに枲十八斤を用いよ。値は六十錢とす。中褐は一ごとに枲十四斤を用いよ。値は卌六錢とす。小褐は一ごとに枲十一斤を用いよ。値は卅六錢とす。已に衣を稟するに、有餘の褐十以上有らば、大内に輸り、計と偕にせよ。都官有用□□□其官、隷臣妾・舂城旦には用うる毋かれ。咸陽に在る者は其の衣を大内より致し、它の縣に在る者は衣を從事するの縣より致せ。縣・大内は皆な其の官の致すを聽し、律を以て衣を稟せ。　金布

通　釈

衣服を支給する者は、夏服は四月から六月までそれを支給し、冬服は九月から十一月までそれを支給し、その時期を過ぎた場合には支給してはならない。支給した冬服に関しては次年度に計算せよ。囚人の凍えている者には褐衣（麻織物の一重の衣服）を作らせよ。幏布（麻織物の頭巾）一つを作るには、枲三斤（麻約七四四グラム）を用いよ。褐（麻織物）を作り、それによって衣服を作って支給するにあたり、大褐一着を作るには枲十八斤（麻約四．四六キログラム）を用いよ。その価格（固定官価）は六〇銭とする。中褐一着を作るには枲十四斤（麻約三．四七キログラム）を用いよ。その価格は四六銭とする。小褐一着を作るには枲一一斤（麻約二．七二キログラム）を用いよ。その価格は三六銭とする。すでに衣服を支給し、褐衣が一〇着以上余れば、（県吏はそれらを）大内に輸送し、計簿をたてまつる県の使者とともに（大内において）会計監査を受けよ。都官有用……其官、隷臣妾・城旦舂は用いてはならない。咸陽にある者の衣料は大内から発給し、その他の県にいる者には、その者達が従事している県より衣服を支給せよ。県・大内はいずれもその官が支給することを許可し、律に従って衣服を支給せよ。　金布

○第一六一～一六三簡（第九四～九六簡）

原　文

稟衣者隷臣府隷之毋妻者及城旦冬人百一十錢夏五十五錢其小者冬七十七錢夏卌四錢春冬人五十　一六一
五錢夏卌四錢其小者冬卌四錢夏卅三錢隷臣妾之老及小不能自衣者如春衣●亡不仁其主及官　一六二
者衣如隷臣妾　金布　一六三

校訂文

稟衣者隷臣・府隷之毋妻者及城旦〔一〕、冬人百一十錢〔二〕、夏五十五錢。其小者冬七十七錢、夏卌四錢。春冬人五十五錢、夏卌四錢。其小者冬卌四錢、夏卅三錢。隷臣妾之老及小不能自衣者、如春衣。●亡不仁其主及官者、衣如隷臣妾〔三〕。　金布

注　釈

〔一〕稟衣～城旦　**【整理小組】**府隷は、官府で服役している隷。**【案】**以下圏点までは「隷臣・府隷之毋妻者及城旦・其小者」「春・其小者」・「隷臣妾之老及小不能自衣」に対する衣服支給の方法が記される。衣服代の銭数はどれも十一の倍数で、前段金布律「錢十一當一布」（第一三四簡）との関連に注目される。前段金布律「布袤八尺、福（幅）廣二尺五寸」（第一三三簡）によれば「一布」の規格は縦八尺・横二尺五寸なので、本条の「百一十錢」・「五十五錢」・「七十七錢」・「卌四錢」・「卅三錢」は「布」で各々八丈八尺・四丈・五丈六尺・三丈四尺・二丈四尺に相当する。「二年律令」金布律（第四一八～四二〇簡）にも関連条文がある。

〔二〕冬人～十錢　**〔整理小組〕**一人一人が納付すべき衣服の値段であろう。司空律の「有罪以貲贖」条（訳者注：第二〇〇～二〇七簡）参照。

〔三〕夏五～臣妾　**〔整理小組〕**不仁は、ここでは所謂目上の人にたてつくこと。不仁其主とは、私有奴婢（簡文では臣妾か人奴妾という）の謂であろう。**〔案〕**「仁」は「認」と読める。岳麓書院蔵秦簡参照。

書き下し文

衣を稟せらるる者の、隷臣・府隷の妻毋き者及び城旦は、冬に人ごとに百一十錢、夏に五十五錢。其の小なる者は冬に七十七錢、夏に卌四錢。春は冬に人ごとに五十五錢、夏に卌四錢。其の小なる者は冬に卌四錢、夏に卅三錢。隷臣妾の老及び小にして衣を自らする能わざる者は春の衣の如くす。●亡げて其の主を認らざるもの及び官者の衣は隷臣妾の如くす。　金布

通釈

衣を支給される者のなかで、隷臣・府隷の妻がいない者および城旦には、冬に一人当たり一一〇銭（布八丈八尺相当）、夏に五五銭（布四丈相当）を支給する。隷臣・府隷・城旦の「小」である者には、冬に七七銭（布五丈六尺相当）、夏に四四銭（布三丈四尺相当）を支給する。春は冬に一人当たり五五銭（布四丈相当）、夏に四四銭（布三丈四尺相当）を支給する。春の「小」である者には、冬に四四銭（布三丈四尺相当）、夏に三三銭（布二丈四尺相当）を支給する。隷臣・妾であっても、「老」および「小」であるために、自ら衣服を作ることができない者には、春に対する衣服支給に準ずるものとし、冬に一人当たり五五銭（布四丈相当）、夏に四四銭（布三丈四尺相当）を支給する。

●亡げてその主人が誰かわからない者および宦人の衣服は隷臣・妾に準ずるものとする。　金布

関市律

○第一六四簡（第九七簡）

原文

爲作務及官府市受錢必輒入其錢缿中令市者見其入不從令者貲一甲　關市　一六四

校訂文

爲作務及官府市受錢〔一〕、必輒入其錢缿中〔二〕、令市者見其入〔三〕。不從令者貲一甲〔四〕。　關市〔五〕

注釈

〔一〕爲作～受錢　【整理小組】作務は、『墨子』非儒下に「惰於作務」、『漢書』尹賞伝に「無市籍商販作務」、王先謙『漢書補注』引の周寿昌の言に「作務、作業工技之流」とあり、手工業に従事すること。【案】「爲作務」は一般に、さまざまな生産活動・工作（工匠・醤巫・卜祝その他の方技）に従事することとされる。整理小組所引史料以外に、後段司空律（第二〇三簡）「作務及賈而負責（債）者、不得代」、建築事業に関する後漢・張景碑「明検匠所作務」（永田一九九四、本文篇一〇四～一〇五頁）、『太平御覧』巻六二七賦斂引桓譚『新論』「少府所領園池作務之八（入）十三萬萬、以給宮室供養諸賞賜」（増淵一九九六、三二一頁）の「作務」も「賈（商

人一般の意。山田一九八八〕」以外の者をさし、建築業など多様な職種に就く者の総称の可能性が高い。本条の「作務」は、官側が銭を精確に受領・管理すべきことを規定した「受銭」以下の文の主語に相当するので、とくに官に属して働き、見返りに銭を得る者であったとみられる。戦国秦の民間手工業者の中には官に動員されて労働に従事する者もいたので〔袁・程一九八〇〕、本条の「作務」もそのような者を含むのであろう。後述するように、本条と「二年律令」金布律（第四二九簡）は関連し、後者は前者の「爲作務」を「官爲作務」に作るので、前者（本条）の冒頭にも「官」字を補うべきか。なお前漢初期の阜陽漢簡は「作務員程」と呼ばれる一〇〇片近い残簡を含み、内容は器物製造・建築工程・農産品加工等の規格・標準と作業員の毎日の労働量等に関係し、「秦律十八種」工人程と部分的に類似するという〔阜陽一九八三〕。「作務員程」の語は「為吏之道」（第七〇七簡）にもみえる。どちらも本簡との関連に注目される。「爲作務及官府市受銭」の読み方には従来、①「作務を爲すもの、及び官府の市《あきない》するもの、銭を受くるや」、②「作務を爲し、及び官府の市にて、銭を受くるや」、③「作務及び官府の市を爲すに、銭を受くるや」の三説がある。だが本条と「二年律令」金布律（第四二九簡）、岳麓書院蔵秦簡「秦律令（壹）」（第一二一〜一二三簡）を対照すると、

A〔秦律十八種〕　爲作務及官府市　　受銭必輒入其銭缿中令市者見其入不従令者貲一甲
B〔二年律令〕　官爲作務　市及受租質銭　皆爲缿封以令丞印而入與參辨券之輒入銭缿中上中辨其廷
C〔岳麓書院〕　官爲作務　市　受銭及受齎租質它稍入銭皆官爲缿……

となり、両句は類似の内容をのべたものと解される。そこでACに基づいてBを訓読すると、Aの「爲作務」と「官府市」は「及」字で句切られ、後者は前者の場所であったとはみなせないので、BCの「市」も「爲作務」の場所ではなかろう。よってAの「官爲作務市」は「官の作務・市《あきない》を爲す」か「官の作務を爲すもの、市《あきない》

するもの」と訓読される（柿沼二〇〇七、柿沼二〇一〇）。これより推せば、「秦律十八種」の「作務」と「官府市」も並列句と解され、「官府市」は「受銭」の場所をさす語ではないと考えられる。よって①か③が妥当となる（両者の意味はほぼ同じ。ここではとりあえず③の訓読を採用）。

〔二〕必輒～缿中　〔整理小組〕缿は陶制の銭を入れる容器で、後世の撲《ぼく》満《まん》に類似する。『説文』に「缿、受錢器也。……古以瓦、今以竹」、『漢書』趙広漢伝の顔師古注に「缿、若今盛錢臧（藏）瓶、爲小孔、可入而不可出」とある。〔案〕「缿」は、整理小組引顔師古注によると銭を入れる器で、一度銭を入れたら取り出すことができない仕組みで、整理小組の指摘どおり、撲《ぼく》満《まん》の原型であろう。金布律に「官府受錢者、千錢一畚、以丞・令印印。不盈千者、亦封印之」（第一三一簡）とあるので、「缿」に入れられた銭は、好銭・悪銭を問わず千銭ごとに「一畚」とされ、「丞・令の印」で封緘され、千銭未満の場合もとりあえず封緘され、保管されたとみられる。

〔三〕令市～其入　〔案〕「市者」については、①買者とする説（整理小組）、②売者とする説（フルスウェ一九八五、五六頁）、③市吏とする説（山田一九九四、堀一九九六、二二六・二三七頁、重近一九九九、七八・一〇二頁）がある。①は本句を「銭の受領時に、銭を渡した側にそのことを確認させる」、②は「商品を売って銭を受領した側に、銭を入れたことを確認させる」、③は「申告納税時に市吏に売上金を見せる」の意に解する説である。だが本条と「二年律令」金布律（第四二九簡）と対照すると、本条には「受租質錢」の句が欠けているので、本条が申告納税に関係するとは断定できない。しかも既述のごとく、「缿」は「丞・令印」で封緘されるので、「缿」の中を確認できるのは「丞・令」だけのはずだが、「丞・令」は市のみを管理していたわけではないので、「市者」と称されたとは考えにくい。よって、③には検討の余地がある。次に②をみると、「受銭」者が自ら「其の入るるを見」ることになるが、そもそも前文に「必輒入其銭缿中」とあるごとく、銭を「缿中」に入れるのは「受銭」者、すなわち「爲作務及官府市」の仕事である。にもかかわらず、それが使役形の本句の客体である「市者」と言い換えられたとは考えにくい。よって②にも従いがたい。むしろ「二年律令」金布律（第四二九簡）をみると、官側が銭を受領する際には受領側が券書を発行し、取引を相互に確認・保障すべきなので（柿沼二〇〇七、柿沼二〇一〇）、本条も、官側の「受銭」者が支払側に入銭の確認をさせ、それによって相互に不正・誤解が生じないよう規定したものであろう。そこでここでは①に従い、「市者＝入銭者（銭を支払った者）」とする（柿沼二〇〇七、柿沼二〇一〇）。この推定は岳麓書院蔵秦簡「秦律令（壹）」（第一二一～一二三簡）によって立証された。

〔四〕不従～一甲　**〔整理小組〕**貲一甲は罰として一組の鎧を納めること。『韓非子』外儲説右下に「（秦昭）王曰、訾之人二甲」、注に「訾……罰之也」とある。古《いにしえ》はつねに罰として犯罪者には武器や兵器の製造用の金属を納めさせた。『周礼』職金、『国語』斉語、『管子』小匡等参照。睡虎地秦簡によると、当時この種の刑罰には、絡組・盾・甲等を納めるといういくつかの等級があった。

〔五〕爲作～受銭　**〔整理小組〕**関市は官名で、『韓非子』外儲説左上によれば関と市の税収等の事務を管理した。『資治通鑑』周紀四の胡三省注は、関市を『周礼』の司関・司市とし、「戦国時合爲一官」とする。ここでいう関市律は、関市の職務に関する法律。**〔案〕**「闗市」は関市令か関市律の略であろう。「闗市」について整理小組は官名とするが、場所とする説もある。すなわち大庭脩は、「闗市」の「闗」が津関の関か否かは不明としつつも、『漢書』汲黯伝・顔師古注引応劭注「律、胡市吏民不得持兵器及鐵出闗」が関市律であった可能性を指摘する（大庭一九八二、六五頁）。一方、フルスウェは「闗市」を「関の市（匈奴や南越との境に設けられた辺関の市)」に関するものとする(フルスウェ一九八五、五七頁)。上海博物館蔵楚簡「容成氏」に「關市無賦(第一八簡)」等とあり、戦国史料に場所をさす「關市」が散見するので、本条の「關市」も官名でなく場所であろう。ただし伝世文献に漢と匈奴・南越との交易を意味する「通關市」の語が散見し、一見するとフルスウェ説が妥当なようだが、本条の内容は辺関の市に限定されない。よって本条の「關市」は「関所と市場に関する規定」の意であろう。現に「関所と市場」の意の「關市」二字を冠する律令は唐令・唐律等にもみえ、唐開元七年・二十五年関市令「諸賣買奴婢牛馬駝騾驢等、用本司本部公驗、以立券」は市での売買関連の規定、唐雑令「諸賣買奴婢・馬牛駝騾驢、已過價、不立市券、過三日笞三十。賣者減一等」等はその罰則で、本条を継受したものとみられる。なお「二年律令」に「□市律」という標題簡があり、本条との関連に注目される。

書き下し文

作務及び官府の市《あきない》を爲すもの、錢を受くるや、必ず輒ち其の錢を缿中に入れ、市者をして其の入るるを見しめよ。令に従わざる者は、貲一甲とせよ。　關市

通　釈

さまざまな生産活動・工作に従事する者と、官府に属して売買する者は、銭を受領したばあい、必ずすみやかにその銭を缿《ぜにいれ》の中に入れ、銭の入ったことを支払った者に見せて確認させせよ。令に従わない者は、貲一甲とせよ。

関市

工　律

○第一六五簡（第九八簡）

原　文

爲器同物者其小大短長廣亦必等　工律

校訂文

爲器同物者〔一〕、其小大・短長・廣亦必等〔二〕。　工律〔三〕

注　釈

〔一〕物　【整理小組】物とは、『漢書』巻二七五行志中之上の顔師古注に「類也」とある。同物とは、同一の類型のこと。

〔二〕廣亦　【案】魏徳勝は、「亦」字を「夾」字の誤りとし、「廣夾（狹）」で広さのことと解する（魏二〇〇〇、三七頁）。他方、前段金布律に「布袤八尺、福（幅）廣二尺五寸。布惡、其廣袤不如式者、不行」（第一三三簡）とあるように、横の長さ（「廣」）と縦の長さ（「袤」）を合わせて「廣袤」と呼ぶ例が見え、本条では「亦」字の上に「袤」を脱している可能性も考えられる。ここではひとまず整理小組の釈文のままとしておく。

〔三〕工律　【整理小組】工律とは、官営手工業に関する法律のこと。

書き下し文

器の同物を爲るには、其の小大・短長・廣も亦た必ず等しうせよ。　工律

通　釈

同類の器物を製造するときは、その大きさ・長さ・広さまでも必ず等しくせよ。　工律

○第一六六簡（第九九簡）

原　文

爲計不同程者毋同其出　工律

校訂文

爲計、不同程者〔一〕、毋同其出〔二〕。　工律

注　釈

〔一〕程　**〔整理小組〕**程は、規格のこと。

〔二〕同其出　**〔整理小組〕**同其出とは、帳簿上で同じ項目からの支出として書き入れることを指す。

書き下し文

計を爲すに、程を同じうせざる者は、其の出だすを同じうする毋かれ。　工律

通　釈

帳簿に出入を記録する際、規格の異なる製品については、支出項目を同じにしてはならない。　工律

○第一六七簡（第一〇〇簡）

原　文

縣及工室聽官爲正衡石贏斗用升毋過歳壺有工者勿爲正叚試即正　工律

校訂文

縣及工室聽官爲正衡石贏（纍）〔一〕、斗用（桶）升〔二〕、毋過歳壺〈壹〉。有工者勿爲正。叚（假）試即正〔三〕。　工律

注　釈

〔一〕縣及～石贏　【整理小組】工室は、官営の手工業を管理する組織。『封泥匯編』に漢の封泥の「右工室丞」「左工室印」がある。『漢書』巻一九・百官公卿表上に考工室があり、少府に属す。衡石は、『史記』巻六秦始皇本紀に見え、石を単位とするはかりのこと。纍は、衡器の権のこと。漢の銅製の権の銘文には常に纍と記されて

いる。〔案〕秦の封泥に「鐵兵工室」（傅二〇〇二、二七頁）・「少府工室」（同上、三二頁）・「屬邦工室」（同上、二四頁）・「咸陽工室丞」（同上、八九頁）・「雍工室印」（同上、一〇六頁）・「雍工室丞」（同上、一〇七頁）が見え、秦では中央・県ともに工室が配置されていたことが分かる。他方、「二年律令」秩律には官秩六百石の官として「寺工・右工室」（第四六一簡）が見え、これは中央の工室と見られる。

西安市の阿房宮遺跡から出土した戦国秦の銅製分銅には「石」字が鋳込まれ、その重量は約一石に相当する三〇・七五キログラムである（中国一九八五、二三〇頁）。ただし、秦漢代の権の多くは一六斤・一〇斤・八斤・一斤一〇両・三斤などであり（中国一九八五、二八四～三〇八頁）、当時の標準器の重量が必ずしも一石であったわけではない。また『呂氏春秋』仲春紀・二月紀、同仲秋紀・八月紀や、後漢・光和二年（後一七九）の銅製分銅銘文などには（中国一九八五、三〇一頁）、定期的に度量衡の精度を確認すべきことが記されている。また、中国歴史博物館蔵「始皇詔十六斤銅権」の底部に四角い凹みがあり、重量を較正したときに彫られたと推測されている（中国一九八一、二五〇頁）。

「纍」は前漢のものとされる鉄製分銅銘文に散見し（中国一九八五、二八八頁）、おもりの意と解されるが、適切な訓詁を示す史料が見えない。ただし『説文』ム部の段玉裁注は、古代における重量の最小単位「絫」が隷変して「纍」になったと説いている。あるいは、すべての重量単位の基礎という意味で、分銅銘文に「絫」（「纍」）字が記されたのかもしれない。

〔一二〕斗用升　〔整理小組〕斗用は、『呂氏春秋』仲春紀・二月紀と『史記』巻六八商君列伝に見え、秦漢時代は十斗を桶とし、一説には六斗を桶とした。段玉裁『説文解字注』に詳しい。〔案〕フルスウェは、容積の精度に誤差があったときの処罰について定める「效律」第二七二簡と第二七三～二七五簡を比較し、容積単位としての「桶」は六斗に相当するとする（フルスウェ一九八五、五八頁）。武漢本は、「桶」が睡虎地秦簡や岳麓書院蔵秦簡「数」（第一一一簡）にのみ見え、里耶秦簡や張家山漢簡に見えないことから、この単位は秦の中国統一前後に「石」に取って代わられたと推測する。

〔三〕試 【整理小組】試は、用いること。

書き下し文

縣及び工室は官ごとに衡石の纍、斗桶の升を正すを爲すを聴すも、歳に壹を過ぐる毋かれ。工有らば正すを爲す勿かれ。假に試《もち》いて即ち正せ。　工律

通　釈

県と工室は、各官に衡石のおもりと斗桶の容量を点検してよいが、一年に一回以上してはならない。工人がいる場合は点検してはならない。（工人に）試用させてから点検せよ。　工律

○第一六八簡（第一〇一簡）

原　文

邦中之繇及公事官舎其叚公叚而有死亡者亦令其徒舍人任其叚如從興戍然　工律

校訂文

邦中之繇（徭）及公事官（館）舍〔一〕、其叚（假）公、叚（假）而有死・亡者、亦令其徒・舍人任其叚（假）〔二〕、如從興戍然〔三〕。　工律

注釈

〔一〕邦中～官舍　〔整理小組〕邦中は、国の中のことで、都邑を指す。徭は、徭役のこと。『史記』巻八高祖本紀に「高祖常繇咸陽」とある。公事は、役所の仕事のこと。『論語』雍也篇に見える。館は、動詞であり、館舍は官舍に居住すること。〔案〕「邦中之繇（徭）」について、整理小組は都邑の徭役と解するが、本条では「興戍」（＝辺境防備）と対比されているので、広く辺境防備以外の国内の徭役を意味しているのであろう（宮宅二〇一一、五五～五六頁）。また廣瀨薫雄は、当時の人々はあらかじめ国家から「繇（徭）」に従事する期間が割り当てられており、その日数を満たすことで徭役義務を果たしていたとする（廣瀨二〇一〇、三二八頁）。「公事」は、例えば「二年律令」賊律第四六簡に「以縣官事毆若詈吏、耐」とあるように、漢律では「縣官事」に作る。

〔二〕其叚～其叚　〔整理小組〕徒は、徭役に従事する人々を指す。舍人は、『漢書』巻一高帝紀上の顔師古注に「親近左右之通稱也、後遂以爲私屬官號」とあり、ここでは、役所で仕事をする者に随従する者を指す。〔案〕「法律答問」第一八〇簡に「…（上略）…●徒・吏與偕使而弗爲私舍人、是謂邦徒」とあるように、公的な使者の随従者を「徒」と呼ぶのに対し、私的な随従者は「舍人」と呼ばれる。本条でも、国家の徭役に従事する「徒」と、「公事官（館）舍」する者に私的に随従する「舍人」とが区別されているものと解される。なお、岳麓書

院蔵秦簡「為獄等状四種」案例七「識劫娩」案（第一〇八～一三六簡）には官吏ではない沛なる人物の舎人が見え、一般民衆でも舎人を随従させ得たことが窺える。

整理小組は「任」を「責任を負わせる」と解するが、より厳密には「保証させる」という意味であろう（『漢書』巻五〇汲黯伝の顔師古注に引く蘇林の言など参照）。具体的には、死亡ないし逃亡した者が返却すべきであった官有器物を、「徒」・「舎人」が連帯責任を負って代わりに返却することと解される。

〔三〕如従興戍然　【案】「興」は徴発すること（『周礼』地官旅師・鄭玄注）。ただし秦律・漢律では、例えば後段徭律第一八二～一九一簡に「…（上略）…興徒以爲邑中之紅（功）者、…（下略）…」とあるように、主に徭役や兵役に人民を徴発する際に用いられる。

書き下し文

邦中の徭及び公事もて館舎し、其《も》し公に假り、假りて死・亡する者有らば、亦た其の徒・舎人をして其の假るるものを任ぜしむること、戍を興すに従うが如く然れ。　工律

通　釈

（秦の）国内で行われる徭役や公務のために官舎に居住する者が、もし官有の物品を借用し、借用したまま死亡・逃亡することがあれば、徒や舎人に（代わりにその借用物を）返却させること、辺境防備に徴発する場合と同様にせよ。　工律

○第一六九・一七〇簡（第一〇二・一〇三簡）

原文

公甲兵各以其官名刻久之其不可刻久者以丹若髼書之其叚百姓甲兵必書其久受之以久入叚而　一六九
而毋久及非其官之久也皆沒入公以齎律責之　工　一七〇

校訂文

公甲兵各以其官名刻久之〔一〕、其不可刻久者、以丹若髼書之〔二〕。其叚（假）百姓甲兵、必書其久、受之以久。入叚（假）而而毋（無）久及非其官之久也〔三〕、皆沒入公、以齎律責之〔四〕。　工

注釈

〔一〕公甲～久之　【整理小組】甲兵は、武器のこと。刻久は、標識を刻み入れることで、金布律の「縣・都官以七月糞公器不可繕者」条（訳者注：第一五三～一五五簡）注〔二〕参照。

〔二〕丹若髼　【整理小組】髼は、髹・髤字のこと。『説文』桼部に「桼也」とある。ここでは名詞であり、王筠『説文句読』参照。古書は常に髼字と漆字を混用し、髼を漆と読むことについては、例えば『経典釈文』が『周礼』笙師の髤字を香牛の反あるいは七利の反とし、七利の反は漆であるのと同じである。丹は紅色であり、髼は黒色である。

〔三〕而而　【整理小組】二つめの「而」字は衍字。

〔四〕齎律　【整理小組】齎は、通仮字で、資財のこと。『齎律』は財物に関する法律とすべきである。【案】「齎律」

とは、各種器物の価値を記録したリストのこと（彭二〇〇六ａ）。例えば、「法律答問」第四六〇簡では罰金としての布を銭立てで納めることを「齎銭」、「二年律令」賜律第二八九簡では国家から賜与される棺椁を銭立てで受け取ることを「受齎」と呼ぶが、「齎律」でも物品の価値は銭立てで表記されていたと推測される。

書き下し文

公の甲兵には各〃其の官名を以て之に刻久し、其の刻久すべからざる者は、丹若しくは髹を以て之に書せよ。其れ百姓に甲兵を假すには、必ず其の久を書し、之を受くるに久を以てせよ。假を入るるに久無く及び其の官の久に非ざるや、皆な公に沒入し、齎律を以て之を責めよ。　工

通釈

官有武器にはそれぞれ（それらを所有する）官署名を標識として刻み記し、標識を刻み記すことができないものには、丹もしくは髹で書き入れよ。民に武器を貸与するときは、必ず（それらを所有する官署名を）標識として書き入れ、返却の際には標識を確認せよ。貸与器物の返却を受けるときに標識がない場合、あるいは（その標識が該当する）官署名でない場合は、いずれも官に没収し、齎律に従って（銭立てで）賠償させよ。　工

159　工　律

〇第一七一～一七四簡（第一〇四～一〇七簡）

原文

公器官□久＝之不可久者以髹久之其或叚公器歸之久必乃受之敝而糞者靡蚩其久官輒告叚

器者曰器敝久恐靡者遝其未靡謁更其＝久＝靡不可智者令齎賞叚器者其事已及免官輒　一七二
收其叚弗亟收者有罪●其叚者死亡有罪毋責也吏代賞毋擅＝叚＝公＝器＝者＝有皋毀傷公　一七三
器及〼〼者令賞　一七四

校訂文

公器官□久、久之。不可久者、以髤久〈書〉之〔一〕。其或（有）叚（假）公器、歸之、久必乃受之〔二〕。敝而糞者、靡蚩其久。官輒告叚（假）器者曰、「器敝久恐靡者、遝其未靡〔三〕、謁更其久」。其久靡不可智（知）者、令齎賞（償）。叚（假）器者、其事已及免、官輒收其叚（假）、弗亟收者有罪。●其叚（假）者死・亡、有罪毋（無）責也、吏代賞（償）。毋擅叚（假）公器、者（諸）擅叚（假）公器者有皋（罪）。毀傷公器及……者令賞（償）〔四〕。

注釈

〔一〕以髤久之　【案】裘錫圭は、本句の「久」字を「書」字の誤りと推測する（裘一九九三）。確かに、前段第一六九・一七〇簡には「以丹若髤書之」とあるように、「髤」で器物に標識を記す場合は「書」字を用いている。ここではこれに従う。

〔二〕久必乃受之　【整理小組】『漢書』巻三四韓信伝の顔師古注に、「必、謂必信之」とあるように、久必は標識を符合させることを意味する。

〔三〕遝　【整理小組】遝は、『方言』第三に「及也」とある。

〔四〕器及～令賞　【整理小組】欠字部分にさらに一字多く入る可能性がある。本条の律名は失われているが、内容から見て工律に属するものであろう。ただし後段の均工にはわずかに律名のみを記す残簡があり、これが本条の末尾につながる可能性もある。〔案〕整理小組の釈文は「器及□者令賞」に作るが、図版によると第一七四簡は断絶した二簡より構成されており、「器及」と「者令賞」の間が何字分あるのかは判断し難い。

書き下し文

公器官□久、之を久せよ。久すべからずんば、髹を以て之に書せよ。其れ公器を假し、之を歸すこと有らば、久必して乃ち之を受けよ。敝して糞するには、其の久を靡蚩《びし》せよ。官輒ち器を假るる者に告げて曰く、「器敝れて久靡するを恐るる者は、其の未だ靡せざるに遝び、其の久を更《か》うるを謁めよ」と。其《も》し久靡して知るべからずんば、齎もて償わしめよ。器を假るる者、其の事已み、免ぜらるるに及べば、官輒ち其の假せしものを收し、亟かに收せずんば罪有り。●其《も》し假るる者死・亡し、罪有りて責する無きや、吏代わりて償え。擅に公器を假す毋く、諸そ擅に公器を假す者は罪有り。公器を毀傷し及び……者償わしめよ。

通　釈

公器官……久、これに標識を記せ。刻し記すことができなければ、漆を使用して標識を記せ。公の器物を貸与し、それを返却する者がきたときは、標識を確認してから受け取れ。損耗により（器物を）廃棄するときは、その標識を消し去れ。官はすみやかに器物を借りる者に次のように言え、「器物が損耗して標識が摩滅してしまうおそれがあるときは、それが摩滅してしまう前に、標識をつけ直すよう要求せよ」と。もし（標識が）摩滅して判別できなくなった場合、齎律に基づいて弁償させよ。器物を借りた者は、（その器物を使用する）用事が終わり、（職務から）解かれたら、官は即座に貸与したものを回収し、すぐに回収しない場合は有罪とする。●もし（器物を）借りた者が死亡・逃亡し、あるいは罪を犯して責任を負えなくなった場合、官吏が代わりに賠償せよ。勝手に官有器物を貸与してはならず、およそ勝手に官有器物を貸与した者は有罪とする。官有器物を破損し、あるいは……者、賠償させよ。

工人程

○第一七五簡（第一〇八簡）

原文

隷臣下吏城旦與工從事者冬作爲矢程賦之三日而當夏二日　工人程　一七五

校訂文

隷臣・下吏・城旦與工從事者冬作〔一〕、爲矢（施）程〔二〕、賦之三日而當夏二日〔三〕。　工人程〔四〕

注釈

〔一〕隷臣～冬作　【線装本】下吏とは司法機関によって裁かれた罪人のこと。【整理小組】秦漢の時には、一定の地位にある者が官吏を取り調べることがあった。これを「下吏」と称する。例えば『史記』叔孫通列伝に「於是二世令御史案諸生言反者下吏」とある。ここでは名詞であり、「吏に下された」人を指す。古書中では下級の官吏を「下吏」と呼ぶこともあるが、簡文とは合致しない。冬作とは、冬季の労働のこと。【案】整理小組は本簡の「下吏」を「(罪を犯して)吏に下された者」と解するが、その根拠として引用された叔孫通列伝の「下吏」は「諸生の反と言う者」を「吏に下」したことを意味する動詞として用いられているので、従えない。佐藤佑治はこれを嗇夫や令史などに属して下働きをする者とし（佐藤一九八三）、栗劲は軽罪を犯した元官吏のこととする（栗一九八五、二七七頁）。

ここでの「工」は工人のこと。工人の立場については、刑期を終えた労役刑徒や強制的に徴集された一般自由民とする説（佐藤一九六二、三四九頁）、特定の職分と身分を持った集団で手工業を担当する国家機関におり、良民と区別されていたとする説（影山一九六七）、市に活動の場が限定された手工業者が多く含まれ、一般農民とは別に官営工業で作業に従事したとする説（角谷一九八二）などがある。また工人たちが作業に従事した工官の組織編成について、飯尾秀幸は工師—丞—曹長—工人—工隷臣と図式化している（飯尾一九八五）。

〔二〕矢程　**〔整理小組〕**矢については『爾雅』釈詁に「弛也」とある。矢程とは生産のノルマを緩和すること。

〔三〕賦之～二日　**〔整理小組〕**賦とは『左伝』僖公二十七年の注に「猶取也」とある。「賦之」とは、労働させてその生産物を徴集することを指す。**〔案〕**整理小組は「賦」を徴集することと解した上、本句を「(冬季の労働)三日分の徴集物を夏季二日分の生産物に換算する」と訳すが、それでは冬季の仕事を緩和したことにならない。『九章算術』商功章には、堤防建造に必要な一人あたりの一日の労働量を算出する算題が見えるが、その量は四季によって異なり、冬季は夏季に比して二分の一とされている（小寺・武田二〇一二）。他方、武漢本は本句の「賦」を「分かち与えること」と解している。確かに、前段厩苑律（第八〇・八一簡）には、牛の品評で優秀な成績を収めた田典に「日旬を賜」う、すなわち一〇日分の労働を行ったものとして扱うとする規定が見える。これらを参考にすれば、冬季に一日労働した者には「三日を賦《あた》う」、すなわち三日分の労働を行ったものとして扱い、さらにこれを夏季二日分の労働に換算する、という意味であろう。すると、冬季の労働量は夏季の三分の二で済んだということになる。

〔四〕工人程　**〔整理小組〕**人程とはすなわち員程のこと。『漢書』尹翁帰伝に「責以員程、不得取代、不中程輒笞督」、注に「員、數也、計其人及日數爲功程」とある。楊樹達『漢書窺管』巻八に「員程謂定數之程課、如每日斫莝千石之類」とある。秦簡「爲吏之道」にも「員程」がある。工人程とは官営手工業の生産ノルマの法律規定である。

書き下し文

隷臣・下吏・城旦の工と従事する者は冬作せば、爲に程を施《し》し、之に三日を賦《あた》えて夏の二日に當てよ。　工人程

通釈

工人とともに（官営手工業に）従事する隷臣・下吏・城旦が冬季に労働した場合、ノルマを緩和し、三日分の労働を行ったものとして扱い、さらに夏季二日分の労働に換算せよ。　工人程

○第一七六簡（第一〇九簡）

原　文

冗隷妾二人當工一人更隷妾四人當工人小隷臣妾可使者五人當工一人　工人程

校訂文

冗隷妾二人當工一人〔一〕、更隷妾四人當工【一】人〔二〕、小隷臣妾可使者五人當工一人〔三〕。　工人程

注釈

〔一〕冗隷妾　【整理小組】冗隷妾とはおそらく散発的な雑役についている隷妾のこと。【案】冗隷妾について宮宅潔は、輪番の枠にとらわれず、必要な場合にのみ動員される隷妾で、輪番交替で役務に就く更隷妾より役務に熟達していたとする（宮宅二〇一一、一二三～一二五頁）。

〔二〕更隷妾　【整理小組】更隷妾については、倉律「更隷妾節有急事」条（訳者注：第一二二簡）注〔一〕参照。

「一」字はもともと脱している。

〔三〕可使　【整理小組】可使は、居延漢簡によれば七歳以上の子供を指す。倉律「妾未使而衣食公」条（訳者注：第一一五簡）注〔一〕参照。

書き下し文

冗隷妾二人は工一人に當たり、更隷妾四人は工一人に當たり、小隷臣妾の使すべき者五人は工一人に當たる。　工人程

通釈

冗隷妾二人（分の労働量）は工人一人（分の労働量）に相当し、更隷妾四人（分の労働量）は工人一人（分の労働

量）に相当し、（労働力として）使える小隷臣妾五人（分の労働量）は工人一人（分の労働量）に相当するものとする。　工人程

〇第一七七簡（第一一〇簡）

原文

隷妾及女子用箴爲緡繡它物女子一人當男子一人　　工人程

校訂文

隷妾及女子用箴爲緡繡它物〔一〕、女子一人當男子一人。　工人程

注釈

〔一〕女子〜它物　〔整理小組〕女子とは、一般身分にある自由民の婦女を指す。箴は、「針」字と同義で、『荀子』賦篇などに見える。緡繡は文繡のこと。『呂氏春秋』仲秋紀「文繡有常」を『礼記』月令は「文繡有恒」に作り、注に「文謂畫也。祭服之制、畫衣而繡裳」とある。ただし、簡文の内容に沿って針字を解するならば、文繡は刺繡のことを指すのであろう。

書き下し文

隷妾及び女子の針を用いて緡繡它物を爲《つく》るには、女子一人は男子一人に當たる。　工人程

通釈

隷妾や女子が針を用いて刺繍などをする場合には、女子一人（分の労働量）は男子一人（分の労働量）に相当するものとする。　工人程

均工律

原文

○第一七八・一七九簡（第一一一・一一二簡）

新工初工事一歳半紅其後歳賦紅與故等工師善教之故工一歳而成新工二歳而成能先期成學 一七八

者謁上二且有以賞之盈期不成學者籍書而上内史　　均工 一七九

校訂文

新工初工事、一歳半紅（功）〔一〕。其後歳賦紅（功）與故等〔二〕。工師善教之〔三〕、故工一歳而成、新工二歳而成。能先期成學者謁上、上且有以賞之。盈期不成學者、籍書而上内史。　均工〔四〕

注釈

〔一〕半紅　【整理小組】半功とは、生産のノルマの半分のこと。

〔二〕故　【整理小組】故は、旧のこと。ここでは故工、すなわちある程度の基礎技術を持つ工人を指す。

〔三〕工師　〔整理小組〕工師は、手工業に従事する工匠の棟梁のことで、当時はある程度の職位を有していた。『呂氏春秋』季春紀に「命工師令百工審五庫之量、金鐵・皮革筋、角齒、羽箭幹・脂膠丹漆、無或不良」とある。

〔案〕工師は新人の工匠を育成する他に（本条）、器物製作上の不備や品質に責任を負うこともあった（「秦律雑抄」［一一］第三四五・三四六簡、［一二］第三四六〜三四八簡）。また佐藤武敏は、工人の長に相当する役職名は、春秋時代においては工尹・工正・工師・司空などのように国ごとに異なっていたが、戦国時代になると工師と呼ばれることが多くなったとする（佐藤一九六二、三九〜四三頁、三三〇〜三三二頁）。

〔四〕均工　〔整理小組〕均については、『周礼』内宰篇の注に「猶調度也」とある。均工とは、手工業労働者の管理に関する法律規定である。

書き下し文

新工の初めて工事するは、一歳は半功とせよ。其の後は歳ごとに功を賦すること故と等しくせよ。工師、善く之を教えば、故工は一歳にして成り、新工は二歳にして成る。能く期に先んじて學を成す者は上に謁《つ》げ、上は且に以て之を賞すること有り。期を盈つるも學を成さざる者は、書に籍して内史に上れ。　均工

通　釈

新人の工人が初めて作業に従事するときには、一年目は半分のノルマを果たしたものとせよ。翌年からは一年ごとに通常の工人と同じノルマを課せ。工師がよく工人を教えれば、通常の工人は一年で熟達し、新人の工人は二年で熟達するものとする。（以上の）期限より早く熟達した者については上級機関に報告し、上級機関はその者を褒賞せよ。

期限を過ぎても熟達しない者については、（その者の姓名を）記録して内史に上呈せよ。　均工

○第一八〇簡（第一一三簡）

原　文

隷臣有巧可以爲工者勿以爲人僕養　　均

校訂文

隷臣有巧可以爲工者〔一〕、勿以爲人僕・養。　均

注　釈

〔一〕隷臣～工者　【整理小組】巧は、技術のこと。【案】「隷臣有巧可以爲工者」とは、工隷臣のことを指すのであろう。工隷臣については、後段軍爵律（第二二二・二二三簡）注〔四〕参照。

書き下し文

隷臣の巧有りて以て工と爲すべき者は、以て人の僕・養と爲す勿れ。　均

通　釈

技術があって工人になることのできる隷臣は、人の僕・養にしてはならない。　均

○第一八一簡（第一一四簡）

原文

☑均工　一八一

校訂文

……均工〔一〕

注釈

〔一〕均工【整理小組】本条の律文は失われている。工律「公器官□久」条の注〔三〕（訳者注：第一七一～一七四簡注〔四〕）参照。

※書き下し文・通釈は省略

徭律

○第一八二～一九一簡（第一一五～一二四簡）

原文

御中發徵乏弗行貲二甲失期三日到五日誶六日到旬貲一盾過旬貲一甲其得殹及詣水雨除興　一八二

一八三 興徒以爲邑中之紅者令結堵卒歲未卒堵壞司空將紅及君子主堵者有辠令其徒復垣之

一八四 勿計爲䌛●縣葆禁苑公馬牛苑興徒以斬垣離散及補繕之輒以效苑=吏=循之未卒歲或壞

一八五 決令縣復興徒爲之而勿計爲䌛∠卒歲而或決壞過三堵以上縣葆者補繕之三堵以下及雖

一八六 未盈卒歲而或盜決道出入令苑輒自補繕之縣所葆禁苑之傅山遠山其土惡不能雨夏有

一八七 壞者勿稍補繕至秋毋雨時而以䌛爲之其近田恐獸及馬牛出食稼者縣嗇夫材興有田其旁

一八八 者無貴賤以田少多出人以垣繕之不得爲䌛縣毋敢擅壞更公舍官府及廷其有欲壞更毆必讞

一八九 之∠欲以城旦舂益爲公舍官府及補繕之爲之勿讞縣爲恒事及讞有爲毆吏程攻贏

一九〇 員及減員自二日以上爲不察上之所興其程攻而不當者如縣然度攻必令司空與匠度之毋獨令

一九一 匠其不審以律論度者而以其實爲䌛徒計　䌛律

校訂文

御中發徵〔一〕、乏弗行〔二〕、貲二甲。失期三日到五日、誶。六日到旬、貲一盾。過旬、貲一甲。其得毆（也）〔三〕、及詣〔四〕。水雨、除興〔五〕。興徒以爲邑中之紅（功）者〔六〕、令結（嫴）堵卒歲〔七〕。未卒堵壞、司空將紅（功）及君子主堵者有辠〔八〕。令其徒復垣之、勿計爲䌛（徭）。●縣葆禁苑・公馬牛苑〔九〕、興徒以斬（塹）垣離（籬）散及補繕之〔一〇〕、輒以效苑吏、苑吏循之。未卒歲或壞決（決）、令縣復興徒爲之、而勿計爲䌛（徭）。卒歲而或決（決）壞、過三堵以上〔一一〕、縣葆者補繕之。三堵以下、及雖未盈卒歲而或盜決（決）道出入〔一二〕、令苑輒自補繕之。縣所葆禁苑之傅山遠山〔一三〕、其土惡不能雨〔一四〕、夏有壞者、勿稍補繕、至秋毋雨時而以䌛（徭）爲之〔一五〕。其近田恐獸及馬牛出食稼者、縣嗇夫材興有田其旁者〔一六〕、無貴賤、以田少多出人、以垣繕之、不得爲䌛（徭）。縣毋敢擅壞更公舍

・官府及廷〔一七〕。其有欲壊更殹（也）、必讞之〔一八〕。欲以城旦舂益爲公舍・官府及補繕之、爲之、勿讞。縣爲恒事及讞有爲殹（也）〔一九〕、吏程攻（功）〔二〇〕、贏員及減員自二日以上〔二一〕、爲不察〔二二〕。上之所興、其程攻（功）而不當者、如縣然。度攻（功）、必令司空與匠度之〔二三〕、毋獨令匠。其不審、以律論度者、而以其實爲繇（徭）徒計。

繇（徭）律〔二四〕

注釈

〔一〕御中　**〔整理小組〕**御中は、朝廷に対する献上。『独断』に「所進曰御」とある。御中発徴は、地方官吏が朝廷のために徭役を徴発したことを指す。**〔案〕**「御中」は中央政府の意と解されるので、「御中」から「除興」までは中央徭役に関する規定とみなせる。彭浩は特に御史大夫など中央所属の機関が徴発する徭役と解する（彭二〇一〇）。その徭役形態について、重近啓樹は臨時徭役の範疇に含まれ、県主導で固定的な義務日数が設けられている「更徭」とは異なるとするのに対し（重近一九九九、一四二～一四三頁）、山田勝芳は「更徭」の範疇に含まれると解する（山田一九九三、二七五～二七六頁）。

〔二〕乏弗行　**〔整理小組〕**乏は、廃のこと。『急就篇』の顔注に「律有乏興之法、謂官有所發而輒稽留、闕乏其事也」とある。**〔案〕**「乏弗行」について、本条の処罰対象は官吏と考えられるので、本句も官吏が犯した過失のひとつ。すると本句の解釈は重近啓樹・石岡浩の「県が徴発された民を留めて差遣しなかった場合」の意が妥当だろう（重近一九九九、一四二～一四三頁。石岡二〇〇四）。

〔三〕得　**〔整理小組〕**得については、『礼記』王制の注に「猶足也」とある。徴発の人数が既に足りていることを指す。

〔四〕及　〔整理小組〕及は、急と読むのであろう。『孫子』作戦に「急於丘役」とあり、臨沂銀雀山竹簡は「急」字を「及」に作る。詣は、労役に服する場所に送ることを指す。『史記』秦始皇本紀に「天下徒送詣七十餘萬人」とある。

〔五〕除興　〔整理小組〕除興は、今回の徴発を免除することを指す。〔案〕第一八二簡末尾と第一八三簡冒頭には「興」字が見えるが、通例であれば同じ文字が連続する場合、重文符号が使われるはずである。従って第一八二簡と第一八三簡は接合しない可能性がある。これより、王偉のように、第一八二簡を独立させて「興律」の条文とする説もある（王二〇〇七）。

〔六〕邑中～爲之　〔案〕重近啓樹は「興徒」から「爲之」（第一八七簡）までを県内の「更傜」に当たる傜役と解する（重近一九九九）。「邑中之紅」について、山田勝芳・重近啓樹・石岡浩は県内の工事と解する（山田一九九三、二七三頁、重近一九九九、一四三頁、石岡二〇〇四）。

〔七〕結堵　〔整理小組〕㙛は、保つこと。堵は、墻垣のこと。〔案〕㙛について、山田勝芳・石岡浩は牆壁の建築後、一定期間の保証期間を設けることと解する（山田一九九三、二七三頁、石岡二〇〇四）。

〔八〕司空～有辠　〔整理小組〕司空は、官名。工事を管轄する。当時の工事は多く刑徒を用いたため、後、次第に主に刑徒を管轄する官となった。『漢書』百官表注引の如淳の言に「律、司空主水及罪人。賈誼曰輪之司空、編之徒官」とある。本条の司空・君子は県司空・署君子の略称。「秦律雜抄」「戍者城及補城」条（訳者注：〔二七〕第三六八～三七〇簡）参照。当時、城を守るには、区域を分割して防衛し、それを署と称した。簡文によると署の責任者は署君子と称した。〔案〕戦国秦の司空は、後段司空律によれば、刑徒の管理や土木作業を掌る他、車および牛馬の維持管理、木簡の作成など、資材の調達・運搬、物資輸送全般にまで関与していた（宮宅二〇一一、二三五～二三八頁）。

君子について、山田勝芳は後段置吏律（第二二八簡）に「官嗇夫節（即）不存、令君子毋（無）害者若令史守官、毋令官佐・史守」とあり、整理小組注が有爵者を指すとすること、『史記』巻四一越王句践世家に対する中井積徳『史記雕題』に「君子、則非士伍之賤、自有禄位者」とあることの二点から、知識ある階層一般を指し、六百石以上かつ大夫以下の階層に当たる「官吏有資格者」と解する（山田一九九一）。石岡浩は、署君子が多く軍職として見えることから、通常、君子の多くは県に配備された軍隊とともに行動し、軍の管理職に就いたと解する（石岡二〇〇四）。

〔九〕縣葆～牛苑　〔整理小組〕葆は、営繕・補修のこと。〔案〕石岡浩は、「葆」に補修の字解がないことから、管轄・管理の意とする（石岡二〇〇四）。実際、前段金布律（第一五六簡）には、補修の意味で「葆繕」の語が見える。

〔一〇〕斬垣～繕之　〔整理小組〕塹は、動詞。防衛機能のある壕を掘ること。散は、藩と読むのであろう。

〔一一〕三堵　〔整理小組〕壁面の一丈四方を一堵とする。『孔子家語』相魯の注に「高丈長丈曰堵」とある。〔案〕『説文』土部の段玉裁注によると、堵の寸法は高さは一丈で諸説一致しているものの、横幅については六尺・八尺・一丈などとする説がある（石岡二〇〇四）。

〔一二〕或盗～出入　〔整理小組〕或盗决道出入とは、ある者がひそかに壊して出入りすること。

〔一三〕傳　〔整理小組〕傳は、『考工記』廬人の注に「近也」とある。

〔一四〕不能　〔整理小組〕不能は、不耐のこと。銭大昕『廿二史考異』巻八厳助伝条参照。

〔一五〕夏有～爲之　〔案〕本句に関して、『礼記』月令篇・『呂氏春秋』十二紀・敦煌懸泉置四時月令詔条などに見える時節の記事には孟夏・季夏に土木作業を行わず、孟秋にまがきや城郭の補修を行うべきことが記されている。

〔一六〕其近~旁者 【整理小組】材は、古籍ではあるいは財・裁等に作る。酌量すること。【案】重近啓樹は、「其近田」から「爲繇」までを更傜の枠外の臨時的地方傜役とする（重近一九九九、一四三~一四四頁）。

〔一七〕廷 【案】官舎の無断改築禁止については、「二年律令」傜律（第四一〇簡）にも「縣道官敢擅壞更官府寺舍者、罰金四兩、以其費負之」と見える。

〔一八〕讞之 【整理小組】讞は、讞字。『後漢書』申屠蟠伝の注に「請也」とある。【案】「讞」・「讞」は裁判で上級審に決事の判断を仰ぐ意で史書や出土文字資料中に散見するが（宮宅一九九六）、ここでは県の建築物の修理・新設について調査検討を請求すること（石岡二〇〇四）。原簡を見ると、「之」字右下に墨痕と思しきものが見えるが、不詳。

〔一九〕恒事 【整理小組】恒事は、恒常的な工事を指す。

〔二〇〕程攻 【整理小組】程功は、工事の量を見積もること。

〔二一〕員 【整理小組】員は、数のこと。工人程の律名注（訳者注：第一七五簡注〔四〕）参照。【案】「二年律令」傜律（第四一六簡）に傜役に従事する人数を意味する「繇（傜）員」が見える。ただし本条の場合、「員」が日数によって数えられている。前段工人程（第一七五簡）には、冬季と夏季の労働日数に関する規定が見えるが、ここでも必要な労働量は人数ではなく日数によって計算すべきものとされているのであろう。

〔二二〕不察 【整理小組】不察は、不明のこと。

〔二三〕匠 【整理小組】匠は、匠人のことで、宮廷・城郭・水路を建設する技術者のこと。『考工記』に見える。

〔二四〕繇律　**〔整理小組〕**徭律は、徭役に関する律。徭役は封建国家が人民（農民を主とする）に強制して従事させる無償労役のことで、封建搾取の重要な形式。**〔案〕**徭律は、張家山漢簡「二年律令」にも見える。

書き下し文

御中、徴を發し、乏して行《や》らずんば、貲二甲。期を失うこと三日より五日に到らば、誶。六日より旬に到らば、貲一盾。旬を過ぎば、貲一甲。其れ得るや、及《いそ》ぎ詣せ。水雨あらば、興を除け。徒を興して以て邑中の功を爲さば、堵を婞せしむること卒歳とせよ。未だ卒せずして堵、壞《こぼ》たば、司空の功を將い及び君子の堵を主る者、辠有り。其の徒をして復た之を垣せしめば、計りて徭と爲す勿れ。●縣の葆する禁苑・公の馬牛の苑は、徒を興して以て塹《ほ》りて籬散を垣し及び之を補繕するや、輒ち効する苑吏を以てし、苑吏は之を循《めぐ》れ。未だ卒歳ならずして壞決する或《あ》らば、縣をして復た徒を興して之を爲《つく》らしめ、而して計りて徭と爲す勿かれ。卒歳にして決壞する或り、三堵以上を過ぎば、縣の葆する者は之を補繕せよ。三堵以下、及び未だ卒歳に盈たずと雖も而して道を盗決して出入せらるる或らば、苑をして輒ち自ら之を補繕せしめよ。縣の葆する所の禁苑の山に傅《ちか》きも山に遠きも、其の土、惡しく雨に能《た》えず、夏に壞つ有らば、稍〃補繕すること勿く、秋の雨毋き時に至りて徭を以て之を爲せ。其《も》し近田の獸及び馬・牛の出でて稼を食らうを恐れば、縣嗇夫は材《はか》りて田を其の旁に有《たも》つ者を興し、貴賤と無く、田の少多を以て人を出し、垣を以て之を繕わしめ、徭と爲すを得ざれ。縣は敢えて擅に公舍・官府及び廷を壞更すること毋かれ。其し壞更せんと欲する有らば、必ず之を讞せよ。城旦舂を以て益して公舍・官府を爲り及び之を補繕せんと欲せば、之を爲し、讞すること勿れ。縣、恒事を爲し及び讞して爲す有るや、吏、功を程《はか》り、員を贏し及び員を減《げん》ずること二日自り以上ならば、不察と爲せ。上の興する所は、其の功を程るも當たらざるは、縣の如く然れ。功を度《はか》るや、必ず司空をして匠と之を度らしめ、獨り匠にのみせしむること毋れ。其れ不審ならば、律を以て度る者を論じ、而して其の實を以て傜徒の計を爲せ。　傜律

通釈

朝廷が傜役を徴発し、（県の官吏が）民を留めて派遣しなかった場合、貲二甲とせよ。期日に遅れたのが三日から五日の場合は、誶とせよ。六日から十日の場合は、貲一盾とせよ。十日を過ぎた場合は、貲一甲とせよ。人数が揃ったならば、急いで派遣せよ。雨の場合は、徴発を中止せよ。徒を徴発して県内の工事をする場合は、墻垣の保障期間を一年間とせよ。一年未満で墻垣が壊れた場合、司空の工事の責任者及び君子の墻垣を掌る者は、有罪とする。その（徴発した）徒に再び墻垣を作らせた場合は、傜役日数に算入してはならない。●県の保有する禁苑や官有の馬・牛の苑が、徒を徴発して壍壕を掘ったりまがきを作ったり、それらを補修する場合は、監査役の苑吏が行い、苑吏はそれらを巡回せよ。一年未満に壊れたところがあれば、県に再び徒を徴発させて補修させるが、傜役日数に算入してはならない。一年未満に壊れた箇所が、三つの墻垣以上の広さの場合は、保有する県がこれらを補修せよ。（壊れた箇所が）三つの墻垣以下の広さである場合、あるいは一年未満であっても道を壊されて窃盗に遭った場合は、苑にただちに自ら補修させよ。県の保有する禁苑が山に近い場合も遠い場合も、その土壌が悪く雨に耐えることが出来ず、夏に壊れた場合は、すぐには補修せず、秋の雨のない時期になってから傜役を徴発して補修を行え。もし近辺の田地で、獣や馬・牛が（禁苑から）出て収穫物を食べるおそれがある場合は、県嗇夫がその近辺に田地を持つ者を見積もりして徴発し、貴賤を問わず、田地の多少に応じて人を徴発し、墻垣を作ってこれを補修させ、（その場合は）傜役日数に算入してはならない。県は、あえて勝手に公舎・官府や県廷を改築してはならない。もし改築しようとする場合は、

必ず申請せよ。城旦舂を使役して公舎・官府を増築・補修しようとする場合は、これを行い、申請する必要はない。県が恒常的な徭役や、申請する必要のある徭役を行う場合、吏は必要な労働量を見積もり、その数に過剰や不足が二日以上あった場合は、不察とせよ。朝廷が行う徭役において、労働量を見積もって誤差が生じた場合は、県と同様に処分せよ。労働量を見積もる場合には、必ず司空と匠に行わせ、匠のみにさせてはならない。不審があった場合は、律に応じて見積もった者を論断した上で、（徭役を行った）実数を参照して（後から）徴発された徒の（徭役日数を）計算せよ。　徭律

司空律

○第一九二簡（第一二五簡）

原文

縣都官用貞栽爲傰牏及載縣鐘虡用輻皆不勝任而折及大車轅不勝任折軲上皆爲用而出之　司空　　一九二

校訂文

縣・都官用貞（楨）栽爲傰（棚）牏〔一〕、及載縣（懸）鐘虡〈虡〉用輻（膈）〔二〕、皆不勝任而折、及大車轅不勝任〔三〕、折軲上〔四〕、皆爲用而出之〔五〕。　司空〔六〕

注釈

〔一〕用貞～㣗牏　〔整理小組〕楨は、土を突き固めて作る壁に用いる立ち木。栽は、壁を作るのに用いる長い板。㣗牏は、組み繋げた木板。

〔二〕及載～用輻　〔整理小組〕虡は、鐘をつるすたな。膈は、『史記』巻二三礼書の『索隠』に「懸鍾格」とある。すなわち鐘をつるすたなの上部の横木のこと。

〔三〕及大～勝任　〔案〕前段金布律第八九簡に「傳車、大車」とあり、整理小組はこの大車を「牛で牽引して重量物を積載する車」と解する。また司空律後段第一四七～一四八簡では城旦舂の刑徒が土木作業に大車を使用しており、本条の「大車」も乗用ではなく、物資運搬用であることが窺える。また『説文通訓定声』乾部第十四の轅によると、車の前方に突き出した棒が轅《ながえ》であり、それに馬・牛を固定して車を引かせたという。

〔四〕折軲上　〔整理小組〕軲は、『墨子』経説下および雑守の両篇に見える。馬王堆漢墓帛書「天文気象占」にも見える。孫詒讓『墨子間詁』は、軲は『周礼』大行人の注に引く鄭衆の言が「胡」と解している。一説に、この字を軸と解する。〔案〕整理小組の引く孫詒讓『墨子間詁』は、「軲」を車軸ないし「前胡」（＝車体の前部にある支柱）と解するが、本条では轅《ながえ》がその取り付け部分と解される「軲上」で折れており、また後段の司空律一九三簡では車体の補修を怠ったために「軲」が曲がったケースが見える。これより、ここでは「軲」を「前胡」と解しておきたい。

〔五〕皆為～出之　〔整理小組〕為用は、用書をつくること。廄苑律の「假鐵器」条（訳者注：第八二簡）注〔三〕参照。出は、罷のこと。この箇所の意味は、取り消すこと。〔案〕前段廄苑律第八三～八七簡に、国有の馬牛を死亡させたときの規定として「令其人備之而告官、官告馬牛縣出之」とあり、整理小組は、前後の文脈から

「出」を帳消しにすること、すなわちその牛馬を県の登録から消し去ることと解している。本条の「出」も同様の手続きを意味するのであろう。

〔六〕司空　【整理小組】司空とは、司空の職務に関する法律のこと。徭律（訳者注：第一八二～一九一簡）注〔八〕参照。

書き下し文

縣・都官、楨を用いて栽《た》てて棚牏を爲り、及び鐘を載懸するに虡に牑を用うるに、皆な任に勝えずして折り、及び大車の轅任に勝えず、軲上に折るるは、皆用を爲《つく》りて之れを出せ。　司空

通　釈

県と都官において、くいを立てて箱状にくみ上げた（版築用の）囲いを並べ、また鐘を吊り下げるために支柱に横木を組み付けたところ、それらが使用に耐えず折れてしまった場合、また大車のながえが使用に耐えず、その車体の前部の支柱のあたりで折れてしまった場合は、みな破損を申告する書類を作成して、破損した物を帳簿の登録から消し去れ。　司空

○第一九三・一九四簡（第一二六・一二七簡）

原　文

官府叚公車牛者〼　〼叚人所或私用公車牛及叚人食牛不善牛訾不攻閒車〓空失大車軲紋及不芥車〓

蕃蓋強折列其主車牛者及吏官長皆有辠　司空

校訂文

官府叚（假）公車牛者□□□叚（假）人所〔一〕。或私用公車牛、及叚（假）人食牛不善、牛訾〔二〕、不攻閒車〔三〕、車空失〔四〕、大車軲紋（盭）〔五〕、及不芥（介）車〔六〕、車蕃（藩）・蓋強折列（裂）〔七〕、其主車牛者及吏・官長皆有辠（罪）〔八〕。　司空

注釈

〔一〕叚人　【整理小組】仮人は借用者。この箇所は、規定によって牛車を使用する吏と官長を指すのであろう。

〔二〕牛訾　【整理小組】胔は、『漢書』巻四三婁敬伝の顔師古注に「讀曰瘠。瘠瘦也」とある。【案】整理小組は「訾」字を「胔」に読み替えるが、『管子』形勢篇「訾食者、不肥體」の房玄齡注に「訾、悪也」、同入国篇「庸（康）人訾厲」の同注に「與疵同」とあるので、ここでは「訾」字のまま牛の健康状態が悪くなることや、傷ついたりすることと解した。

〔三〕不攻閒車　【整理小組】攻については、『小爾雅』広詁に「治也」、間については、『爾雅』釈詁に「代也」とある。攻間とは、修繕すること。【案】後段の司空律第一九七簡に「攻閒其扁解、以數分膠以之」とあり、車材の剝離したところに接着材を注入して補修することを「攻閒」と称している。したがって、ここでの「攻閒」も単なる修繕ではなく、膠を使って剝離部分を接着することと解するべきであろう（戴二〇〇八a）。

〔四〕空失　【整理小組】空失は、おそらく控跌と読み、倒れることを意味するのであろう。【案】「空」は『説文』

穴部に「竅也」とあるように、「あな」を意味する。「失」については同手部「縱也」の段玉裁注に「一曰捨也。在手而逸去爲失」とある。前句の「攻閒」が車材を接着することを指すとすると、「空失」は補修をしなかったために車にできた穴から積載物を遺失することと解される。

〔五〕大車軲紖　**〔整理小組〕**盭は、ねじ曲がること。

〔六〕芥　**〔整理小組〕**介は、覆いと蓋をつけること。

〔七〕車蕃～折列　**〔整理小組〕**藩は、車のおおい。『周礼』巾車の鄭玄注に「今時小車藩、漆席以爲之」とある。蓋は、車のかさ。

〔八〕官長　**〔案〕**「法律答問」第四六五簡に「辭者不先辭官長・嗇夫。●可（何）謂官長。可（何）謂嗇夫。命都官曰長、縣曰嗇夫」とあり、県で訴訟手続きを受ける者が嗇夫、都官でそれを受ける者が官長と説明されている。ただし本条の「官長」は冒頭に「官府」とあることから、単に車牛を借用した官署の責任者を「官長」と称したものであろう。

書き下し文

官府、公の車牛を假して□□□假人所。或いは私に公の車牛を用い、及び假人、牛に食らわすこと善からず、牛胔し、車を攻閒せず、車、空失し、大車の軲、盭し、及び車に介せず、車の藩・蓋強く折れて裂けば、其の車牛を主る者及び吏・官の長は皆な罪有り。　司空

通釈

官府が牛で牽く官有の車を借りたとき……借用者の所。あるいは私用で牛で牽く官有の車を使用した場合、また借用者がその牛に十分な食べ物を与えず、牛の健康状態が悪くなってしまった場合、車に潤滑油脂や（すきまを接着する）膠を入れず、車に穴があいて積載物を失ったり、大車の支柱が曲がってしまった場合、また車の覆いと傘を正しく装着せず、それらが大きく破損してしまった場合は、車と牛を使用した者およびその官署の吏と責任者が処罰される。　司空

原文

〇第一九五・一九六簡（第一二八・一二九簡）

官長及吏以公車牛稟其月食及公牛乘馬之稟可毆官有金錢者自爲買脂膠毋金錢者乃月爲言脂膠期　一九五
踐爲鐵攻以攻公大車。司空　一九六

校訂文

官長及吏以公車・牛、稟其月食及公牛乘馬之稟、可毆（也）。官有金錢者自爲買脂・膠〔一〕、毋金錢者乃月爲言脂・膠、期踐（足）〔二〕。爲鐵攻（工）〔三〕、以攻公大車〔四〕。　司空

注釈

〔一〕脂膠　〔整理小組〕脂は、車輛の潤滑に用いる油脂。膠は、車輛の木製部品を接着するにかわ。古くは車を

製造するのに、にかわで接着した。

〔二〕期踐　**〔整理小組〕** 期踐は、すなわち期足のこと。倉律「畜鶏離倉」条注〔一〕（訳者注：第一三〇簡注〔二〕）を参照。

〔三〕鐵工　**〔整理小組〕** 鐵工は、鉄器加工の作業場。

〔四〕爲鐵～大車　**〔案〕** 李均明によると、漢簡中に見える車の補修工具の大部分は牛車に使用されているという（李一九九七）。

書き下し文

官の長及び吏、公車・牛を以《もち》うるに、其の月食及び公牛乗馬の稟を稟するは、可なり。官に金・錢有れば自ら爲に脂・膠を買い、金錢毋ければ乃ち月ごとに爲に脂・膠を言《もう》し、足るを期せよ。鐵工を爲り、以て公大車を攻せよ。

司空

通釈

官の長と吏が官有の車・牛を使用する場合、（使用者の）月ごとの食料と牛馬の飼料を支給することは、許可される。その官署に黄金・銭があれば、その役所が自弁して必要な脂と膠を購入し、黄金・銭がなければ月ごとに必要な脂と膠を申告し、必要な量を得られるようにせよ。鉄器加工の作業場を設け、官有の大車の保守を行なえ。　司空

○第一九七簡（第一三〇簡）

原文

一脂攻閒大車一兩用膠一兩脂二錘攻閒其扁解以數分膠以之爲車不勞稱議脂之　司空　一九七

校訂文

一脂攻閒大車一兩〔一〕、用膠一兩〔二〕、脂二錘〔三〕。攻閒其扁解〔四〕、以數分膠以之〔五〕。爲車不勞〔六〕、稱議脂之〔七〕。

司空

注釈

〔一〕一脂～一兩　**【整理小組】**脂は、潤滑油脂を加えること。**【案】**精装本は「兩」字を「輛」字と釈した上で「兩」字に読み替えるが、張守中は「兩」と釈す（張一九九四、一二一頁）。また李均明によると、簡牘資料中では多くの場合、馬車が「乘」、牛車が「兩」でそれぞれ数えられるという（李一九九七）。

〔二〕兩　**【案】**戦国時代の一両は約十六グラム（丘一九九二、三四二～三四七頁）。

〔三〕錘　**【整理小組】**錘は、重さの単位で、八銖に相当し、一両の三分の一であることは、『説文』金部および『淮南子』説山の高誘注に見える。他の古書にまた八両・十二両などの異説があるが、数量が大きすぎるため、簡文にそぐわないであろう。

〔四〕扁解　**【整理小組】**扁は、弁と読むべきであり、意味は分けること。弁解は、車輛上の膠で接着した部分が開離することを指す。『塩鉄論』大論篇に、「膠車脩（倏）逢雨。請與諸生解」とある。**【案】**『説文通訓定声』

坤部第十六の「扁」字の仮借に「爲辨」とあるが、ほかに「爲偏」ともある。「偏」は『説文』人部に「頗也」とあり、偏向・曲折などの意味があることから、ここでは「扁解」を車材がまがって接着部が剥がれることと解しておく。

〔五〕以數～以之　〔整理小組〕以は、ここでは用いること。〔案〕『後漢書』巻八五東夷列伝・挹婁列伝に「冬、以豕膏塗身、厚數分」とあり、あぶらを体の表面に広く塗るときの厚さを「分」で示している。本句も、膠が接着面にひろく均等に塗られた状態を示すのであろう。

〔六〕爲車不勞　〔整理小組〕為は、もしもの意。楊樹達『詞詮』巻八に見える。労は、佻と読む。『方言』十二に、「疾也」とある。〔案〕整理小組は「勞」を「佻」と同義ととるが、その根拠は不明。『国語』越語下に「勞不矜其功」、韋昭注に「動不已也」とあることから、ここでは「不勞」を「うまく動かないこと」と解しておく。

〔七〕稱議脂之　〔案〕「稱議」は前段倉律第一〇五・一〇六簡、同第一二二簡に見え、状況に応じて作付量や食糧支給量を調整することと解される。本句の場合、車の故障状況に応じて油脂の適量を調整することを指すのであろう。

書き下し文

一に脂して大車一兩を攻閒するには、膠一兩、脂二錘を用いよ。其の扁解を攻閒するには、數分の膠を以《もち》いよ。爲《も》し車勞《はたら》かざれば、稱議して之に脂せよ。　司空

通釈

大車一輛を潤滑油脂と膠で補修する場合、膠一両、脂二錘を使用せよ。（車材が）まがって剥がれた部分を接着する場合、（接着面に）数分の厚さで膠を塗れ。もし車がうまく動かなければ、適量を調整して潤滑油脂で補修せよ。

司空

原文

○第一九八・一九九簡（第一三一・一三二簡）

令縣及都官取柳及木楘可用書者方之以書毋方者乃用版其縣山之多荓者以荓纏書毋荓者以蒲藺以枲　一九八
萷之各以其㯕時多積之　司空　一九九

校訂文

令縣及都官取柳及木楘（揉）可用書者〔一〕、方之以書〔二〕。毋方者乃用版〔三〕。其縣山之多荓者〔四〕、以荓纏書。毋荓者以蒲・藺以枲萷（絜）之〔五〕。各以其㯕（穫）時多積之〔六〕。　司空

注釈

〔一〕令縣～書者　**〔整理小組〕**書は、書写すること。**〔案〕**本条では、木製簡牘の素材として「柳」・「木」が挙げられている。実際に出土した簡牘の素材としては、例えば敦煌馬圏湾漢簡では檉柳（紅柳）・杄兒松・胡柳（胡桐）の三種が確認されている（甘粛一九九一、六七頁）。居延漢簡では紅松・胡楊・紅柳が確認され、硬質で

湾曲・断裂しにくい紅松は上級官署の下達文書、湾曲変形しやすい胡楊・紅柳は下級官署の簿冊に使用されたという（何二〇〇四、一〇二頁）。里耶秦簡では杉・松など、硬質で木目の細密な雑木が確認されている（湖南二〇〇三、一八頁）。冨谷至は、「検」「符」「券」など、一枚だけで使用される単独使用簡は木簡に限定され、冊書となる編綴使用簡は竹簡に限定されるのが原則であるが、居延・敦煌などの辺境一帯では、竹が生育しないという特別な環境から、竹簡の代わりに木簡で冊書が編綴されたとする（冨谷二〇〇一b、四七八頁）。これに従えば、本句は単独使用簡の材料となる木材の確保を規定したということになるが、それではなぜ竹簡に言及していないのかという疑問も生じる。

「楘」字について、整理小組はこれを「柔」字に読み替え、木質が柔らかいことと訳出するが、『説文』木部の段玉裁注に「凡木曲者可直、直者可曲曰柔」、「考工記多言揉」とある。『周礼』冬官考工記「揉輻輻必齊」の鄭玄注に「揉、謂以火槁之。衆輻直齊如一也」とあり、輻（車輪のスポーク）に使用する木材に火入れしてまっすぐにすることを「揉」字で表している。よってここでは「柔」ではなく「揉」字に読み替え、木の曲直をまっすぐに整えることと解した。

〔二〕方　**〔整理小組〕**方は、動詞で、書写に使用する方形にすること。『史記』巻一二二酷吏列伝の集解に引く『漢書音義』に「觚、方」とある。王国維『流沙墜簡』の考釈は「并則爲方、折則爲觚。本是一物」と解する。

〔三〕版　**〔整理小組〕**版は、書写に用いる木板で、その形はひらたいが、方と同じではない。**〔案〕**武漢本は、『論衡』量知篇に「斷木爲槧、𣃔之爲板、力加刮削、乃成奏牘」とあるのを引き、ここでの「版」を「刮削」（＝加工）の十分でない木牘のことと解する。

〔四〕苐　**〔整理小組〕**苐は、菅と読むのであろう。柔らかく強靭で縄を作ることのできる草の一つ。

〔五〕毋荓～葥之　【整理小組】蒲は、蒲の茎葉。藺は、莞に類似する細い草。両者ともに、むしろを編むのに使用する。二つめの「以」字（訳者注：「枲」字の上）の意味は「與」のこと。絜は、とじたばねること。『広雅』釈器を参照。

〔六〕各以～積之　【案】李均明・劉軍は敦煌漢簡・居延漢簡より、西北辺境では簡牘の編聯・封緘に用いる大量の「縄」が備蓄されていたとする（李・劉一九九九、一四頁）。

書き下し文

縣及び都官をして柳及び木の揉《た》めて書に用う可きを取らしめ、之を方して書に以《もち》いよ。方毋きは乃ち版を用いよ。其れ縣の山の荓多きは、荓を以て書を纏《まと》めよ。荓毋きは蒲・藺と枲を以て之を絜《と》じよ。各〃其の穫時を以て多く之を積め。　司空

通釈

県と都官に、柳とまっすぐに成形して書写材料に使用することのできる木材を採集させ、それらを平らな長方形に整えて書写に使用せよ。長方形に成形した木牘がない場合は長方形ではない木牘を書写に使用せよ。県内の山地に荓が多く産出する場合は、荓を使用して簡牘をたばねとじよ。荓がない場合は蒲・藺や枲を用いて簡牘をたばねとじよ。それぞれの植物の収穫の時期にできるだけ多く集積せよ。　司空

○第二〇〇～二〇七簡（第一三三～一四〇簡）

原文

有辠以貲贖及有責於公以其令日問之其弗能入及賞以令日居之日居八錢公食者日居六錢居官府公食者男子參　二〇〇
女子駟公士以下居贖刑辠死辠者居於城旦舂毋赤其衣勿枸櫝欙杕鬼薪白粲羣下吏毋耐者人奴妾居贖貲　二〇一
責於城旦皆赤其衣枸櫝欙杕將司之其或亡之有辠葆子以上居贖刑以上到贖死居於官府皆勿將司所弗問　二〇二
而久毄之大嗇夫丞及官嗇夫有辠居貲贖責欲代者耆弱相當許之作務及賈而負責者不得代一室二人以上居　二〇三
貲贖責而莫見其室者出其一人令相爲兼居之居貲贖責者或欲籍人與并居之許之毋除繇戍●凡　二〇四
〼不能自衣者公衣之令居其衣如律然ㄥ其日未備而被入錢者許之以日當刑而不能自衣食者亦衣食而　二〇五
令居之ㄥ官作居貲贖責而遠其計所官者盡八月各以其作日及衣數告其計所官毋過九月而觱到　二〇六
其官官相紤者盡〼〼九月而告其計所官計之其作年百姓有貲贖責而有一臣若一妾有一馬若一牛而欲居者許　司　二〇七

校訂文

有辠（罪）以貲・贖及有責（債）於公、以其令日問之〔一〕、其弗能入及賞（償）、以令日居之。日居八錢〔二〕、公食者、日居六錢〔三〕。居官府公食者、男子參、女子駟（四）〔四〕。公士以下居贖刑辠（罪）・死辠（罪）者〔五〕、居於城旦舂〔六〕、毋赤其衣〔七〕、勿枸櫝欙杕〔八〕。鬼薪白粲〔九〕、羣下吏毋耐者〔一〇〕、人奴妾居贖貲責（債）於城旦〔一一〕、皆赤其衣、枸櫝欙杕、將司之〔一二〕。其或亡之、有辠（罪）。葆子以上居贖刑以上到贖死〔一三〕、居於官府、皆勿將司。所弗問而久毄（繫）之〔一四〕、大嗇夫〔一五〕・丞及官嗇夫有辠（罪）。居貲贖責（債）欲代者、耆弱相當〔一六〕、許之。作務及賈而負責（債）者、不得代。一室二人以上居貲贖責（債）而莫見其室者〔一七〕、出其一人、令相爲兼居之〔一八〕。

居貲贖責（債）者、或欲籍（藉）人與并居之〔一九〕、許之、毋除繇（徭）戍。●凡不能自衣者、公衣之、令居其衣如律然。其日未備而被入錢者〔二〇〕、許之。以日當刑而不能自衣食者、亦衣食而令居之〔二一〕。官作居貲贖責（債）、而遠其計所官者、盡八月各以其作日及衣數告其計所官、毋過九月而𦉍（畢）到其官。官相紤（近）者、盡九月而告其計所官、計之其作年〔二二〕。百姓有貲贖責（債）而有一臣若一妾、有一馬若一牛、而欲居者、許。司

注釈

〔一〕以其～問之**〔整理小組〕**令日は、判決が定める期限。問は、訊問。**〔案〕**本条後出の「問」（「所弗問而久毄（繫）之」）は訊問の意味であるが、この「問」は訊問ではなく、金銭納入期限日を意味する「令日」までに全額納入できたかどうか確認することと解される。

〔二〕日居八銭**〔線装本〕**日居八銭とは、一日労働するごとに八銭の報酬とすること。

〔三〕公食～六銭**〔整理小組〕**公食は、官府から支給される食物。**〔案〕**官府から食物を支給されると一日の労働報酬が六銭に減らされるので、食費は一日二銭と見なされる。

〔四〕居官～子駟**〔整理小組〕**四は、四食のことで、朝晩二回の食事に各々四分の一斗とする。『墨子』雑守に、「四食、食二升半」とある。**〔案〕**石岡浩は、刑徒に対する食糧支給量が性別と労働内容に応じて決定されたことを指摘する（石岡二〇〇六）。

〔五〕公士～皐者**〔整理小組〕**公士は、秦の二十等爵制度の中の最下級の級位。『漢旧儀』に「公士、一爵、賜一級爲公士、謂爲國君列士」とある。**〔案〕**睡虎地秦簡には無爵者たる士伍が多見し、「二年律令」戸律第三一〇～三一三簡および第三一四～三一六簡には、公士の下に公卒・庶人・士伍などが確認できる。「公士以下」に

は、第一級公士以外にそのような無爵者が含まれるのであろう（武漢本）。睡虎地秦簡からは、第二級上造と公士の間に明確な待遇上の差があったことが確認できる（古賀一九八〇、三六六～三六七頁）。特に刑罰上では、第二級上造以上の有爵者には肉刑免除の特権が与えられていた（冨谷一九九八、三一六頁）。ここに「公士以下」と特記されているのは、そもそも上造以上の者が肉刑に処されることは原則としてなかったためであろう。

「贖刑辠（罪）、死辠（罪）」とは「贖刑」・「贖死」を指し、「二年律令」具律第一一九簡によると、一斤～二斤八両の黄金を納入する刑罰である。

〔六〕居城旦舂　**〔整理小組〕**城旦舂に居すとは、城旦・舂に服役する労役のこと。

〔七〕赤其衣　**〔整理小組〕**秦の刑徒が赭衣を着ることは、徐復『秦会要訂補』巻二二を参照。**〔案〕**赭（酸化第二鉄、赤鉄鉱）は顔料であって染料ではない。顔料で布を染めるには、天然の樹脂やにかわなどで生地に顔料を固着させる顔料染めにする（日本一九九九、八七頁）。当時、このような手間のかかる手法で囚人服全体に赦を付着させていたとは考えにくいので、赭衣とは、何らかの染料を使用して、赭のごとき赤褐色に染められた衣服という意味であろう。戦国秦当時の法制文書に「赭」字が使用されず、単に「赤」字が使用されていることに注意される。

〔八〕枸櫝欙杕　**〔整理小組〕**枸櫝欙杕は、みな刑具のこと。枸櫝は木製のかせであり、たとえば枷あるいは桎梏の類。欙は、縲に読み替えて、囚徒の首にかける黒色のなわ。杕は、鈦に読み替えて、足の脛にはめる鉄製のかせ。**〔案〕**『荀子』性悪篇「故枸木必將待檃括蒸矯、然後直」の楊倞注に「枸讀爲鉤、曲也」とあるように、枸は曲がった木を意味するので、本条の枸は、木の曲がりを利用して作った刑具であろう。櫝は、『説文』木部に「櫝、匱也」とあり、木製のはこを意味する。曲がった木の「枸」に対して、「櫝」は木を組んで箱状に成形した刑具か。

〔九〕鬼薪白粲　**〔案〕**鬼薪白粲とは城旦舂相当の罪を犯した特権保有者（上造以上の有爵者、葆子、皇族）に適用される刑罰（宮宅二〇一一、一〇二頁）。ここでは、鬼薪白粲以外の刑徒（隷臣妾・司寇・候）が「居貲贖債」する場合の処遇に言及されていないが、当然彼らも「居貲贖債」する場合には刑具や囚人服の着用が義務づけられたと推測される（石岡二〇〇六）。

〔一〇〕鬼薪～耐者　**〔整理小組〕**耐は、刑罰の一種で、あごひげとびんの毛をそり落とすことであり、古書に耏に作るものがある。『漢書』巻一高帝紀下の顔師古注に引く応劭の言は、「輕罪不至髡、完其耏鬢、故曰耏」とする。『礼記』礼運篇の正義に、「古者犯罪以髡其鬢、謂之耐罪」とある。**〔案〕**整理小組は耐刑を髯を剃り落す刑罰と解しているが、近年出土した秦律・漢律において、耐刑は専ら鬼薪白粲・隷臣妾・司寇・候といった労役刑と組み合わせて用いられている（水間二〇〇七、四七～五二頁、宮宅二〇一一、一一四～一一七頁）。ここでの「耐」も城旦舂を除く鬼薪白粲以下の労役刑の総称として用いられていると解される。

「二年律令」具律第九〇・九一簡によると、隷臣妾が耐刑に相当する罪を重ねると「繋城旦舂六歳」に処されたという。ここで「毋耐者」と明記されているのは、鬼薪白粲以下の労役刑徒が耐罪より軽い刑罰（貲刑など）に処された場合について述べたものであることを示しているのであろう。

〔一一〕人奴～城旦　**〔整理小組〕**人奴妾とは、私家の奴婢のこと。**〔案〕**睡虎地秦簡には、私家奴隷を示す語として他に「人臣」・「人妾」が見えるが（「法律答問」第三七五簡など）、両者の違いは不明。「贖……於城旦」とは「贖城旦舂」を指し、「二年律令」具律第一一九簡によると、一斤八両の黄金を納入する刑罰である。

〔一二〕將司　〔整理小組〕将司は、監視管理すること。

〔一三〕葆子　〔整理小組〕葆は、保証すること。葆子とはおそらく任子のこと。『漢書』巻一一哀帝紀「除任子令」の顔師古注に、「應劭曰、任子令者、『漢儀注』、吏二千石以上、視事滿三年、得任同産若子一人爲郎。…師古曰、任者、保也」とある。秦律が葆子に対して優遇することは、「法律答問」の「葆子」の各条（訳者注：第四七七簡など）に見える。〔案〕曹旅寧によると、「葆子」については、①人質、②郎官などの皇帝近従官、③法律上の特権保有者、④秦固有の古制に基づく身分などの説がある（曹二〇〇二、三四～四二頁）。ただし、この語に「以上」という語が付されている理由は判然としない。

〔一四〕所　〔整理小組〕所は、若《も》しの意。

〔一五〕大嗇夫　〔案〕大嗇夫は県嗇夫の別称（工藤一九九八、三四九～三五一頁）。

〔一六〕耆弱相當　〔線装本〕耆弱は、老弱のことで、年齢を指す。〔整理小組〕耆は、『広雅』釈詁一に、「強也」とある。〔案〕「秦律十八種」金布律第一六一～一六三簡に「隷臣妾之老及小不能自衣者、如春衣」、行書律第二五一・二五二簡に「隷臣妾老弱及不可誠仁者勿令」とあるように、秦律では老人や未成年者を「老」・「小」・「老弱」と呼ぶ。本句の「耆」は「老」と同義であろうが、「相當」とあることからすると、線装本の指摘するように年齢と解する方が妥当であろう（黄一九九六）。

〔一七〕一室～室者　〔整理小組〕見は、視と同じ意味で、管理すること。〔案〕「室」の具体的な意味については、「戸」や「同居」などの戸口関連の語も含めて諸説ある（工藤二〇一一）。ただし、『周礼』春官小行人の鄭衆注に「若今時一室二尸、則官與之棺也」とあり、沈家本はこれを災害などによって一家に二人以上の死者が出た場合の措置と解している（『漢律遮遺』巻一七）。これを参考にすれば、ここでの「一室」も一家のことと解される。

〔一八〕一室〜居之　〔案〕本句では、一家に二人以上の者が「居貲贖債」した結果、その家を管理する者がいなくなってしまう場合の措置について規定されている。同様の配慮は、「同居」を同時に徴発してはならないとする「秦律雑抄」〔二六〕第三六七簡からも看取される。

〔一九〕籍　〔整理小組〕藉は、助けを借りること。

〔二〇〕被入銭　〔整理小組〕被入銭は、のこりの部分の金銭を納付すること。

〔二一〕凡不〜居之　〔案〕本句では、一般民衆が「居貲贖債」し、衣服・食事を自弁できない場合の措置について定める。彼らには衣服・食事が支給されるが、その代金は日割労働に上乗せされるとある。これに対し、刑徒が「居貲贖債」する場合の衣服については言及がないが、それは彼らに赤衣・刑具の着用が義務づけられるためであろう。後段第二〇八・二〇九簡に「隸臣妾・城旦舂之司寇・居貲贖責（債）毄（繫）城旦舂者、勿責（債）衣食」とあるのも、同様の理由によるものと解される。

〔二二〕官作〜作年　〔案〕本句では、「計所官」（「居貲贖債」者の居住県の役所）から遠い場所で労働に従事する者に対しては、八月末までに労働日数や衣服の支給数などを申告させるが、近い者に対しては九月末まででよいと規定する。遠隔地からの申告が遅れがちなことを見越しているのであろう。前段金布律第一三七・一三八簡でも、輸送業務に際して九月末の会計〆切に注意するよう定められている。

書き下し文

罪有りて以て貲・贖し、及び公に債する有らば、其の令日を以て之を問い、其《も》し入り及び償う能わずんば、令日を以て之を居せしむ。日ごとに居するは八銭とし、公食する者は、日ごとに居して六銭とす。官府に居して公食するは、男子は參、女子は四とす。公士以下の刑罪・死罪を居贖する者は、城旦舂に居せしむるも、皆な其の衣を赤くする毋く、枸櫝欙杕《こうとくるいだい》する勿かれ。鬼薪白粲、群下吏の耐毋き者、人の奴妾、贖貲債を城旦に居せしむるには、皆な其の衣を赤くし、枸櫝欙杕し、之を將司せよ。其れ或《も》し之を亡せしめば、罪有り。葆子以上の贖刑以上贖死に到るまでを居せしむるには、官府に居せしめ、皆な將司する勿かれ。所《も》し問わずして久しく之を繫がば、大嗇夫・丞及び官嗇夫は罪有り。居貲贖債するに代わらんと欲する者は、耆弱相當ならば、之を許せ。作務及び賈して債を負う者は、代わるを得ず。一室二人以上、居貲贖債して其の室を見る者莫くんば、其の一人を出だし、相爲に兼ねて之を居せしめよ。居貲贖債する者、或し人に藉りて與に并せて之を居せしめんと欲せば、之を許すも、繇戍を除く毋かれ。●凡そ自ら衣る能わざる者は、公は之に衣するも、其の衣を居せしむること律の如く然り。其の日未だ備わらずして被《さ》きて錢を入れんとする者は、之を許せ。日を以て刑に當つるに自ら衣食する能わざるも、亦た衣食して之を居せしむ。官、作して居貲贖債するも、其の計所の官より遠き者は、八月を盡くして各〃其の作日及び衣の數を以て其の計所の官に告し、九月を過ぎて畢りて其の官に到る毋かれ。官の相近き者は、九月を盡くして其の計所の官に告し、之を其の作年に計せよ。百姓に貲贖債有りて一臣若しくは一妾有り、一馬若しくは一牛有るも、居せんと欲する者は、許せ。司

通　釈

罪を犯して貲罪と贖罪に処され、あるいは官に債務を負った場合、その納入期限日に（全額支払い済みか否かを）確認し、支払っていない場合、その期限日から労働償還を行なわせる。一日の労働は八銭に換算し、官から食事の支給を受ける者は、一日の労働を六銭と換算する。官府で労働償還して食物の支給を受ける場合、男子は（朝夕それぞれ）三分の一斗ずつとし、女子は四分の一斗ずつとする。公士以下で贖刑から贖死までを労働償還する者は、城旦舂

の労働に従事させるが、みな赤い囚人服を着せてはならず、拘束具を着けてはならない。鬼薪白粲、下吏で耐刑以上に相当する罪を犯していない者、私家の奴隷を、城旦舂の労働によって贖罪・貲罪・債務を償還させる場合は、みな赤い囚人服を着せ、拘束具を着け、監視する。もし彼らを逃亡させたならば、（監視者を）有罪とする。葆子以上の者が贖刑から贖死までを労働償還する場合は、官府内の労働に従事させ、みな監視してはならない。もし訊問を行なわずに長期間勾留したならば、大嗇夫・丞・官嗇夫を有罪とする。贖罪・貲罪・債務を労働償還する者に代わって労働しようとする者は、年齢が同じくらいの者であれば、これを許可する。官営手工業の工房で働く者、および官営市場の商業に従事する者で債務を負った者は、（そのような交代を）許可しない。一家に二人以上の者が贖罪・貲罪・債務を労働償還した結果、その家の管理責任を負う者がいなくなる場合は、そのうちの一人を（労働から）外し、（残りの者たちに）互いにその分を労働償還させよ。贖罪・貲罪・債務を労働償還する者が、もし人の助けを借りて（自分の分を）合わせてその者に労働償還させようとした場合、これを許可するが、徭戍の日数を免除してはならない。
●およそ衣服を自弁できない者には、官が衣服を支給するが、律の規定に基づいてその衣服代を労働償還させる。（償還分の）日数を満たす前に部分的に金銭を納入しようとする者には、これを許可する。（一般民衆が）日割で刑罰を労働償還する際に、衣服と食事を自弁できない場合、官が衣服と食事を支給し、（それらの代金分を）労働償還させる。ある官府が労働を主宰し、（そこで）贖罪・貲罪・債務を労働償還したが、（その場所が本来申告すべき）役所から遠く離れている場合は、八月末までにそれぞれ労働日数と支給された衣服数を役所に申告し、九月を過ぎてしまってから官に出頭するようなことがあってはならない。（労働場所が）役所から近い場合は、九月末までに役所に申告し、その年度の労働日数として総計せよ。贖罪・貲罪・債務が生じた一般民衆が、男性の奴隷一人ないし女性の奴隷一人を所有、あるいは馬一頭ないし牛一頭を所有していたが、（それらを保持したまま）労働償還しようとする場合、

これを許可する。　司空

○第二〇八・二〇九簡（第一四一・一四二簡）

原文

隷臣妾城旦舂之司寇居貲贖責毄城旦舂者勿責衣食其與城旦舂作者衣食之如城旦舂隷臣有妻妻更　二〇八
及有外妻者責衣人奴妾毄城旦舂貣衣食公日未備而死者出其衣食　司空　二〇九

校訂文

隷臣妾・城旦舂之司寇居貲贖責（債）、毄（繫）城旦舂者〔一〕、勿責（債）衣食。其與城旦舂作者、衣食之如城旦舂。隷臣有妻・妻更〔二〕、及有外妻者〔三〕、責（債）衣〔四〕。人奴妾毄（繫）城旦舂、貣（貸）衣食公。日未備而死者、出其衣食。　司空

注釈

〔一〕隷旦～舂者　**〔整理小組〕**司寇は、刑徒名で、『漢旧儀』に、「司寇、男備守、女爲作如司寇、皆作二歳」とある。城旦舂の司寇とは、簡文によると城旦舂となるべき者が減刑されて司寇となったものであり、簡文中では時に城旦司寇・舂司寇と称される。**〔案〕**整理小組は「城旦舂之司寇」を城旦舂から減刑されて司寇となった者と解するが、陶安あんどは城旦舂を監視する司寇のこととし（陶安二〇〇九、七〇～七一頁）、宮宅潔は城旦舂として司寇の業務に携わる者のことと解する（宮宅二〇一一、一六七～一六九頁）。

繫城旦舂とは、期限つきの城旦舂労働のこと（籾山二〇〇六、二六〇～二六四頁）。「二年律令」亡律第一六五簡によると、隷臣妾と収人が逃亡した場合、その期間が一年未満であれば三年、一年以上であれば六年の城旦舂労働を科され、さらに逃亡を繰り返した場合には完城旦舂とされた。

精装本は本句を「隷臣妾・城旦舂之司寇、居貲贖責（債）毄（繫）城旦舂者」と断句する。これに対し、武漢本は里耶秦簡のいわゆる「作徒簿」（8-145）にて「隷妾毄（繫）舂」・「隷妾居貲」が明確に区別されていることから、断句を訂正している。ここでは武漢本に従う。

〔二〕妻更　**〔整理小組〕**妻更は、その妻が更隷妾になっていることを指す。

〔三〕有外妻者　**〔整理小組〕**外妻が有るとは、その妻が自由な身分であること。

〔四〕隷臣～責衣　**〔案〕**本条では、妻のいる隷臣に限って衣服の代金を徴収する旨が規定されているが、金布律第一六一～一六三簡でも「隷臣・府隷之毋（無）妻者」が衣服支給の対象として挙げられている。

書き下し文

隷臣妾・城旦舂の司寇の貲贖債に居するもの、城旦舂に繫せらるる者は、衣食を債する勿かれ。其れ城旦舂と作する者は、之に衣食せしむること城旦舂の如くせよ。隷臣に妻・妻更有り、及び外妻有る者は、衣を債せよ。人奴妾の城旦舂に繫せらるる者は、衣食を公より貸れ。日未だ備わらずして死する者は、其の衣食を出ださしめよ。　司空

通釈

隷臣妾・城旦舂司寇が贖罪・貲罪・債務を労働償還する場合、あるいは城旦舂労働に従事する場合、衣服と食物の

代金を徴収してはならない。城旦舂とともに労働する者は、支給する衣服と食物は城旦舂と同じとせよ。隷臣に妻がいる場合、その妻が更隷妾である場合、および妻が良民である場合は、衣服の代金を徴収せよ。私家奴隷が城旦舂の労働に従事する場合、官から衣服と食事を借りよ。（その私家奴隷が）城旦舂の労働に従事する期間を満了する前に死亡した場合、その衣服と食物の代金を（主人に）出させよ。　司空

○第二一〇簡（第一四三簡）

原文

毄城旦舂公食當責者石卅錢　司空

校訂文

毄（繫）城旦舂、公食當責（債）者、石卅錢〔一〕。司空

注釈

〔一〕毄城～卅錢　【案】倉律第一一六～一一九簡によると、月ごとに隷臣に支給される食糧は「禾二石」とされる。本条に基づいて換算すれば、六十銭となる。他方、前段司空律第二〇〇～二〇七簡によると、居貲贖債（貲罪・贖罪・債務を労働償還）する者は、一日の労働が八銭に換算されるが、そのうち官から食事の支給を受ける者は六銭に減額された。両者の差額に銭を食事分とすると一月で六十銭となり、倉律および本条と合致する。

書き下し文

城旦舂に繫せられ、公食して債に當たる者は、石ごとに卅錢とせよ。　司空

通釈

城旦舂労働に従事させられ、官の支給した食糧を受けてその分を返済しなければならない場合、食糧一石を三十銭として換算する。　司空

○第二一一簡（第一四四簡）

原文

居貲贖責者歸田農種時治苗時各二旬　司空　　二一一

校訂文

居貲贖責（債）者、歸田農〔一〕、種時、治苗時〔二〕、各二旬。　司空

注釈

〔一〕田農　**【整理小組】**田農は、農作業すること。『史記』巻一二九貨殖列伝に、「田農、掘業。而秦揚以蓋一州」とある。

〔二〕治苗時　**【案】**『周礼』夏官大司馬「遂以苗田」の鄭玄注に「夏田爲苗、擇取不孕任者若治苗去不秀實者」と

あり、「治苗」とは実の入らない穂を間引く作業のこと。

書き下し文

貲贖債に居する者の、田農に帰するは、種時、治苗の時には、各〃二旬とせよ。　司空

通釈

貲罪・贖罪・債務を労働償還する者で、農作業のために（居住地に）帰る者は、（その目的が）播種、あるいは間引きのためである場合、それぞれ二十日間までとせよ。　司空

○第二一二・二一三簡（第一四五・一四六簡）

原文

毋令居貲贖責將城旦舂城旦司寇不足以將令隸臣妾將居貲贖責當與城旦舂作者及城旦傅堅　二一二
城旦舂當將司者廿人城旦司寇一人將司寇不踐免城旦勞三歲以上者以爲城旦司寇☒☒司空　二一三

校訂文

毋令居貲贖責（債）將城旦舂。城旦司寇不足以將、令隸臣妾將。居貲贖責（債）當與城旦舂作者、及城旦傅堅〔一〕、城旦舂當將司者廿人、城旦司寇一人將。司寇不踐（足）、免城旦勞三歲以上者、以爲城旦司寇。　司空〔二〕

注釈

〔一〕傅堅　【整理小組】傅は、おそらく搏と読み、たたくことであろう。堅は、『九章算術』商攻章の劉徽注に、「堅、謂築土」とあり、城旦搏堅は版築の類の労働に専従する城旦かもしれない。

〔二〕☒司寇　【案】図版によると、「以爲城旦司寇」と「司空」の間は断絶しており、かつ両簡の色が異なっているように見える。線装本は「司空」を単独の簡として扱うが、精装本は両者をつなげて一簡とする。ここではひとまず後者に従う。

書き下し文

貲贖債に居するものをして城旦舂を將せしむる毋かれ。城旦司寇、以て將するに足らずんば、隸臣妾をして將せしめよ。貲贖債に居して城旦舂と作するに當たる者、及び城旦傅堅、城旦舂の將司に當たる者廿人は、城旦司寇一人をして將せしめよ。司寇足らずんば、免城旦の勞三歳以上の者をして、以て城旦司寇と爲さしむ。　司空

通釈

貲罪・贖罪・債務を労働償還する者に城旦舂を監視させてはならない。城旦司寇の数が（監視するのに）足りない場合、隷臣妾に監視させせよ。貲罪・贖罪・債務を労働償還するために城旦舂とともに労働に従事する者、および城旦傅堅、監視の必要な城旦舂二十人につき、城旦司寇一人に監視させせよ。司寇の数が足りない場合、免城旦になってから三年以上経った者を、城旦司寇とせよ。　司空

○第二一四～二一六簡（第一四七～一四九簡）

原文

城旦舂衣赤衣冒赤幢枸櫝欙杕之仗城旦勿將司其名將司者將司之舂城旦出繇者毋敢之市及留舍闠外當行市　二一四
中者回勿行ℓ城旦舂毀折瓦器鐵器木器爲大車折鞪輒治之直一錢治十直廿錢以上孰治之出其器弗輒　二一五
治吏主者負其半　司空　二一六

校訂文

城旦舂衣赤衣〔一〕、冒赤幢（氈）〔二〕、枸櫝欙杕之。仗城旦勿將司〔三〕。其名將司者、將司之。舂城旦出繇（徭）者、毋敢之市及留舍闠外〔四〕。當行市中者、回勿行。城旦舂毀折瓦器・鐵器・木器、爲大車折鞪（輮）、輒治（笞）之〔五〕。直（値）一錢、治（笞）十、直（値）廿錢以上、孰治（笞）之〔六〕、出其器。弗輒治（笞）、吏主者負其半。司空

注釈

〔一〕赤衣　【案】岳麓書院蔵秦簡「為獄等状四種」案例一〇「魏盗殺安・宜等」案（第一五〇～一七〇簡）には、強盗殺人犯が城旦から二銭で「赤衣」を買い、それを現場に置いて城旦の仕業に見せかけようとした事件が見える。

〔二〕冒赤幢　【整理小組】冒は、頭の上をおおうこと。【案】「氈」は、『説文』毛部に「撚毛也」、段玉裁注に「撚毛者、蹂毛成氈也」とあるように、毛織物のこと。

〔三〕仗城旦　【整理小組】仗は、おそらく杖と読むのであろう。老人は杖を持ち、それゆえ古くは老人を杖者と

称した。『論語』郷党篇「杖者出」の朱熹注に、「杖、老人也」とある。この箇所は仗城旦が年老いているため、監視を必要としないこと。〔案〕「二年律令」傳律第三五五簡によると、七十歳以上の者には「仗（杖）」が授与されたという。「仗城旦」の「仗」が「杖」を意味するとすれば、本句も七十歳以上の城旦を指すのかもしれない。

〔四〕闠　**〔整理小組〕**闠は、市の外門。

〔五〕爲大～折鞪　**〔整理小組〕**輮は、車輪の外周。当時の大車は司空が刑徒を使役することによって製造された。「秦律雑抄」「大車殿」条（訳者注：［一二］第三四六～三四八簡）参照。

〔六〕孰治　**〔整理小組〕**孰笞は、つよく打つこと。

書き下し文

城旦春には赤衣を衣、赤氈を冒《かぶ》らしめ、之に枸櫝欙杕せよ。仗城旦は將司する勿かれ。其の將司と名づくる者は、之を將司せよ。春城旦の徭に出づる者、敢えて市に之き及び闠外に留舎する毋かれ。當に市中に行くべき者は、回りて行く勿かれ。城旦春の瓦器・鉄器・木器を毀折するもの、大車を爲りて輮を折るものは、輒ち之を笞せよ。値一錢ごとに、笞十とし、値廿錢以上は、之を孰笞し、其の器を出ださしめよ。輒ち笞せずんば、吏主者は其の半ばを負え。

司空

通釈

城旦春には赤い囚人服を着せ、赤色の厚い大きな布を被らせ、拘束具を装着せよ。杖城旦は監視しなくてもよい。

監視役として指名されている者は、城旦舂を監視せよ。城旦舂が徭役に出向くときは、市場に行ったり市の外門の近辺に留まったり宿泊してはならない。市中を通る道筋であっても、必ず迂回し、（市に）行ってはならない。城旦舂が素焼きの土器、鉄器、木器を破損した場合、大車を製作して車輪の輪が破損した場合は、すぐに城旦舂を鞭打て。（破損した製品の）価格一銭ごとに鞭打ち十回とし、価格が二十銭を越える場合は、強く鞭打ち、その製品を弁償させよ。すぐに鞭打たなかった場合、担当官吏がその半分を弁償せよ。　司空

○第二一七簡（第一五〇簡）

原　文

司寇勿以爲僕養守官府及除有爲殹有上令除之必復請之　司空

校訂文

司寇勿以爲僕・養、守官府及除有爲殹（也）〔一〕。有上令除之、必復請之〔二〕。　司空

注　釈

〔一〕除　【整理小組】除は、任用すること。司寇は「備守」に用いられるので、そのほかの職役に充当することはできない。「隷臣妾、城旦舂之司寇、居貲贖債繫城旦舂者」条（訳者注：前段司空律第二〇八・二〇九簡）の注〔一〕を参照。

〔二〕請之　【案】後段内史雜第一八八簡に「有事請殹（也）、必以書、毋口請、毋羈（羈）請。内史雜」とあるよ

うに、「請」は役所に対して文書で行なう正式な請求のこと。

書き下し文

司寇は以て僕・養と爲し、官府に守し及び除せられて爲すこと有る毋かれ。上の之を除せしむること有れば、必ず復た之を請え。　司空

通釈

司寇が僕や養になったり、官府を守衛したり、また任用されて（他の）職務に就いたりしてはならない。上級機関が司寇を（他の職務に）任用させる場合には、必ず二度請求せよ。　司空

○第二一八・二一九簡（第一五一〜一五二簡）

原文

百姓有母及同牲爲隸妾非適罪毆而欲爲冗邊五歲毋賞興日以免一人爲庶人許之●或　二一八
☒贖☒䙴欲入☒錢者日八錢☒　司空　二一九

校訂文

百姓有母及同牲（生）爲隸妾〔一〕、非適（謫）罪毆（也）〔二〕、而欲爲冗邊五歲〔三〕、毋賞（償）興日〔四〕、以免一人爲庶人〔五〕、許之。●或（有）贖䙴（遷）欲入錢者、日八錢。　司空〔六〕

注釈

〔一〕同性　〔整理小組〕同生は、すなわち同産のこと。『墨子』号令篇に、「諸有自罪死罪以上、皆逮父母・妻子・同産」とある。ここでは実の姉妹を指す。

〔二〕非適罪　〔整理小組〕適は、『漢書』巻三一陳勝項籍伝の顔師古注に、「適、読曰讁、謂罪罰而行也」とあり、意味は追放すること。〔案〕「適（讁）罪」とは、いわゆる七科讁のことであろう。『漢書』巻六武帝紀・天漢四年条「發天下七科讁及勇敢士」の顔師古注に引く張晏の言によると、前科のある官吏、亡命者、贅壻、商人、かつて市籍にあった者、父母が市籍にある者、祖父母が市籍にある者、の七者を指すという。もっとも、「為吏之道」に引く魏戸律・魏奔命律（第六九四～七〇六簡）では、「假門」・「逆旅」・「贅壻」・「後父」の土地所有や仕官などが禁止されており、「讁」と見なされる者の範囲は時代によって異なっていた可能性もある（堀一九九七、二一一～二二二頁）。

〔三〕冗邊五歳　〔整理小組〕冗辺は、簡文によると辺境を駐軍防備する類の人とするべきである。〔案〕「冗」は特定の職務に常に従事し続けることを指し、輪番交替を意味する「更」と対置される概念（廣瀬二〇一〇、三〇〇～三〇四頁）。これによれば、「冗邊五歳」とは輪番交替や休暇などによる中断を挟むことなく、辺境に五年間駐在し続けることと解される。

〔四〕毋賞興日　〔整理小組〕軍の防備に服した時間とは見なさないこと。

〔五〕庶人　〔整理小組〕庶人は、銭大昕『廿二史考異』巻十「光武帝紀下」に、「凡律言庶人、対奴婢及有罪者言」とある。〔案〕整理小組の引く『廿二史考異』の後段に「它處泛称庶民者、迥不同」とあり、銭大昕は奴婢や罪人から庶人になった者をいわゆる一般庶民とは異なる存在と見ているようである。「二年律令」戸律第三一〇～三一三簡などでは、無爵者として庶人の他に士伍・公卒が列せられ、しかも傅律第三六四・三六五簡では庶人が傅籍（兵役徭役負担者として認定する手続）の対象とされていない。これらを踏まえれば、銭大昕の述べるように、秦律・漢律中の庶人は一般庶民ではなく、彼らより国家や私家に対して従属的な存在を指すものと解される（椎名二〇〇六、曹二〇〇八、宮宅二〇一一、二〇六頁）。

〔六〕●或～司空　**〔整理小組〕**遷は、追放して辺境に移り住まわせることで、『漢書』巻一高帝紀上の顔師古注に引く如淳の言に、「秦法、有罪遷、徙之蜀漢」とある。**〔案〕**「●」以降の条文について、佐々木研太は前半の隷妾赦免に関する規定に関連し、後から添付されたものと推測する（佐々木二〇〇二）。図版によると、第二一九簡は複数の断簡から構成されており、しかも「～八銭」と「司空」の両簡の色は若干異なっているように見える。以上のことからすると、第二一八簡と第二一九簡の接続、および第二一九簡の接合には、なお検討の余地があるのかもしれない（林二〇〇二）。

「二年律令」具律第一一九簡によると、「贖遷」は黄金八両を納入する刑罰のこと。

書き下し文

百姓に母及び同生有りて隷妾と爲り、謫罪に非ざるや、而して冗邊五歳を爲し、興日を償う毋く、以て一人を免じて庶人と爲さんと欲せば、之を許せ。●贖遷たりて銭を入れんと欲する有らば、日ごとに八銭とせよ。　司空

通　釈

民に母および同母姉妹が隷妾となり、その者が謫罪に問われていない場合、辺境守備に五年間従軍し、それを正規

の従軍期間として計算せず、一人（の隷妾）を免じて庶人にしようとする者がいれば、これを許可せよ。●贖遷に処されてそれを（日割で）銭で納入しようとする者がいれば、一日ごとに八銭とせよ。　司空

軍　爵　律

原　文

○第二二〇・二二一簡（第一五三・一五四簡）

従軍當以勞論及賜未拜而死有辠灋耐䙴其後及灋耐䙴者不得受其爵及賜其已拜　二二〇
賜未受而死及灋耐䙴者鼠賜　　　　　　　　　　軍爵律　二二一

校訂文

從軍當以勞論及賜〔一〕、未拜（拜）而死〔二〕、有辠灋（廢）・耐・䙴（遷）其後〔三〕、及灋（廢）・耐・䙴（遷）者、不得受其爵及賜〔四〕。其已拜（拜）、賜未受而死及灋（廢）・耐・䙴（遷）者、鼠（予）賜〔五〕。　軍爵律〔六〕

注　釈

〔一〕從軍～及賜　【整理小組】勞とは、功労のこと。廐苑律「以四月・七月・十月・正月膚田牛」の注〔七〕（訳者注：第八〇・八一簡注〔六〕）を参照。論とは、功績を評定して爵位を授けること。賜とは、恩賞・財物のこと。【案】ここで言う「勞」について、古賀登は軍務に服した年数と解している（古賀一九八〇、三二九頁）。

「秦律雑抄」[九]第三四三・三四四簡では故意に「勞」の「歳數」を増加させた者に対する罰則が規定されているが、これによれば「勞」は年・月・日数によって計算され、それが従軍者の評価の対象とされていたことが分かる。『商君書』境内篇によると、「百將屯長」の率いる兵卒が三十三級以上の首を獲得し授爵の条件にかなうことを「盈論」と表現している（朱一九五六、七二頁）。本条の「當以勞論」も、兵卒が累積した「勞」の日数が授爵の条件に達したことを意味するのであろう。

境内篇によると、商鞅爵制では敵の首を一級獲得した者には相応の田宅が与えられていたとされている（守屋一九六八、二五～二七頁）。また、前漢末の軍法関係文書である上孫家寨漢簡では、斬首数が授爵の条件に達しなかった場合、その兵卒には銭が賜与されている（藤田一九九四）。以上を参考にすれば、本句の「賜」とは兵卒に報奨として与えられる爵位以外の賜与物のことと解される。

〔二〕捧〔整理小組〕拜とは、爵位を受けること。

〔三〕未捧～其後〔整理小組〕法については、『漢書』王温舒伝の注に「謂行法也」とある。一説に、廃と読み、罷免して永遠に任官させないことを言う。後とは、後子のこと。『荀子』正論の注に「後子、嗣子」とある。〔案〕「灋」について、線装本・平装本ではこれを「廢」と読み替えていたが、精装本では「灋」のままにしている。また、工藤元男は、「秦律雑抄」に見える「灋」がいずれも「廢」、すなわち官職追放の意味で用いられていることから、本条の「灋」もそれらと同様に解するべきことを指摘している（工藤二〇〇五）。「廢」が官職追放を意味することは、『漢書』巻四五息夫躬伝「躬同族親屬素所厚者、皆免、廢錮」の顔師古注に「終身不得任」とあることから分かる。栗勁は官吏が貲一盾以上の刑罰に処された場合、原則として「廢」に処されて二度と任官できなかったとする（栗一九八五、二九七頁）。

「法律答問」第四五四簡では、官府によって公認された男子の継承者のことを「爵後」と表現している。本条の「後」もこの「爵後」を意味するのであろう。ただし、「二年律令」置後律第三七六簡によると、漢律では「後」は「爵後」だけでなく、戸主の継承者、すなわち「戸後」を意味する場合もあった。

〔四〕従軍～及賜　**〔案〕**ここでは、「論」・「賜」の対象になった者が「廢」・「耐」・「遷」に処された場合、爵位や賜与物を受けることができないとされている。同様の規定は、「二年律令」爵律第三九二簡にも見えるが、そこでは「耐」に処された者のみが爵位を受けることができないとされている。

〔五〕已拜～鼠賜　**〔案〕**本条によれば、秦では死亡した者に対しても賜与物が与えられていたごとくであるが、『漢書』巻一高帝紀下・八年条の顔師古注引臣瓚注に引く「金布令」には、「不幸死」した者の遺体を棺に納めて本籍地へ送還する規定が見える。また、「二年律令」賜律第二八九簡では、有爵者に賜与される棺銭・椁銭の額がその爵級に応じて規定されている。

〔六〕軍爵律　**〔整理小組〕**軍爵律とは、軍功爵に関する法律規定のこと。軍爵の語は『商君書』境内に見える。**〔案〕**「二年律令」に爵律が見え、そこには「秦律十八種」軍爵律と類似する律文が含まれているが、両者の関係は不明。

書き下し文

軍に従いて勞を以て論じ及び賜うに當たるも、未だ拜せずして死し、辠有りて其の後を廢・耐・遷せられしもの、及び廢・耐・遷せられし者は、其の爵及び賜を受くるを得ず。其れ已に拜するも、賜、未だ受けずして死せしもの及

び廢・耐・遷せられし者には、賜を予う。　軍爵律

通釈

従軍日数を累積して爵位や賜与物を受ける条件を満たしたが、（爵位を）受ける前に死亡し、（死亡者の）爵位の継承者が罪を犯して廃・耐・遷の刑罰に処された者、（従軍日数を累積して爵位や賜与物を受ける条件を満たしたが）廃・耐・遷の刑罰に処された者は、いずれも爵位・賜与物を受けることができない。すでに（爵位を）受けたが、賜与物を受け取らずに死亡した者、廃・耐・遷の刑罰に処された者には、賜与物を与える。　軍爵律

○第二二二・二二三簡（第一五五・一五六簡）

原文

欲歸爵二級以免親父母爲隸臣妾一人及隸臣斬首爲公士謁歸公士而免故妻隸妾一　二二二
人者許之免以爲庶人工隸臣斬首及人爲斬首以免者皆令爲工其不完者以爲隱官工　軍爵　二二三

校訂文

欲歸爵二級以免親父母爲隸臣妾一人〔一〕、及隸臣斬首爲公士〔二〕、謁歸公士而免故妻隸妾一人者〔三〕、許之、免以爲庶人。工隸臣斬首及人爲斬首以免者〔四〕、皆令爲工〔五〕。其不完者〔六〕、以爲隱官工〔七〕。　軍爵

注釈

〔一〕欲歸～一人　〔案〕本条によれば、秦律では二級分の爵位を返還することで、隷臣妾の父母一人を庶人にすることができたことになるが、「二年律令」銭律第二〇四・二〇五簡では、盗鋳銭を行った犯人一人を捕らえることで隷臣妾三人を庶人にできることが規定されている。

〔二〕斬首　〔整理小組〕斬首とは、陣前で敵を斬って首を獲ることを指す。『韓非子』定法に「商君之法曰、斬一首者、爵一級。欲爲官者、爲五十石之官」、『墨子』号令に「其不欲爲吏、而欲以受賜爵祿、若贖出親戚・所知罪人者、以令許之」とあり、本条と互いに参照する必要がある。

〔三〕故妻隷妾　〔整理小組〕故については、『荀子』正悪の注に「猶本也」とある。故妻隷妾とは、自身の妻で隷妾になっている者のこと。〔案〕「故」は本条の他、『商君書』境内篇に「故爵公士也、就爲上造」、「二年律令」置後律に「〼及爵、與死事者之爵等、各加其故爵一級、盈大夫者食之」（第三七三簡）、『漢書』高帝紀下・五年条に「故大夫以上賜爵各一級」などとあるように、有爵者が昇級する場合、もとの爵位に冠されて用いられている。本条では、公士の爵位を得た者がその公士の爵位を返還して「故妻隷妾」（＝隷妾となった妻）を庶人に復帰させることが規定されているが、ここに見える「故」も、庶人に復帰する以前に妻が隷妾であったことを示すために用いられているのであろう。

〔四〕工隷～免者　〔整理小組〕工隷臣とは、工匠の仕事をしている隷臣のこと。秦高奴権と兵器の銘文に見える。〔案〕整理小組が指摘するように、一九六四年に陝西省西安市高窰村で出土した「秦高奴銅石権」や（陝西一九六四）、一九八九年に山西省高平市で出土した銅戈など（郎一九九八）、戦国秦の金文には「工隷臣」の語が散見する。「秦律十八種」均工律第一八〇簡には、技巧にすぐれた隷臣に工匠の仕事をさせるとする規定が見えるが、「工隷臣」とはそのようにして選定された隷臣のことであろう。また、「秦律十八種」工人程第一七五簡によれば、隷臣だけでなく、城旦も工匠の仕事をすることがあったごとくである。実際、一九八四年に山西省屯留県で出土した銅戈や（山西・陶一九八七）、上海博物館に所蔵されている出土地不明の銅戈などには（社科院一九九二、第一七冊四四九頁。社科院二〇〇一、第六巻五三二頁）、「工鬼薪」・「工城旦」の語が散見する。

〔五〕令爲工　**〔整理小組〕**令為工とは、工匠にすること。自由身分の者である。

〔六〕不完　**〔整理小組〕**不完とは、肉刑を施されたことにより身体に障害があること。

〔七〕隱官工　**〔整理小組〕**隠官工とは、簡文によれば人に見られにくいところで作業をする工匠のこと。「法律答問」「將司人而亡」条（訳者注：第四九五・四九六簡）参照。『史記』秦始皇本紀および蒙恬列伝に「隠官《ママ》」（訳者注：「隠宮」の誤り）が見え、『正義』は宮刑のことと解しており、これはおそらく本簡とは関係がないと思われる。**〔案〕**「隠官」とは、肉刑を加えられた刑徒が赦免された後に与えられる身分呼称（松崎一九九八）。本条でも、「工隷臣」が戦場で敵の首を獲得して庶人に復帰する場合、その「工隷臣」がかつて肉刑を受けていれば、「隠官工」にすることが規定されている。また、里耶秦簡や「二年律令」によると、「隠官」が「徒隷」などとともに土木工事に駆り出されることもあったこと、その身分が世襲されなかったことなどが分かる（鈴木二〇一二、一九七～二〇〇頁）。

書き下し文

爵二級を歸して以て親父母の隷臣妾爲るもの一人を免ぜんと欲するもの、及び隷臣の斬首して公士と爲り、公士を歸して故妻の隷妾一人を免ぜんと謁むる者は、之を許し、免じて以て庶人と爲す。工隷臣の斬首し及び人の爲に斬首して以て免ぜんとする者は、皆な工と爲さしむ。其の完たらざる者は、以て隱官工と爲す。　軍爵

通釈

二級分の爵位を返還することで隷臣妾の父母一人を庶人にしようと願う者、隷臣が敵の首を獲得して公士の爵位を受け、その公士の爵位を返還することで隷妾である故妻一人を庶人にすることを求める者については、いずれも許可し、（父母や妻を）庶人とする。工隷臣が敵の首を獲得したり、ある者が工隷臣のために敵の首を獲得して彼を庶人にしようとした場合、いずれも工とする。その中で身体に障害のある者は、隠官工とする。　軍爵

置吏律

○第二二四・二二五簡（第一五七・一五八簡）

原文

縣都官十二郡免除吏及佐羣官屬以十二月朔日免除盡三月而止之其有死亡及故有夬者爲補　二二四
之毋須時　置吏律　二二五

校訂文

縣・都官・十二郡免・除吏及佐・羣官屬〔一〕、以十二月朔日免・除〔二〕、盡三月而止之〔三〕。其有死・亡及故有夬（缺）

者〔四〕、爲補之、毋須時〔五〕。置吏律〔六〕

注釈

〔一〕縣都～官屬　〔整理小組〕秦が設置した郡の数はしだいに増加した。『史記』によれば、秦がわずかに十二の郡を設置していた時期は、少なくとも秦始皇五年以前に当たる。免除とは、任命・免官すること。群官属とは、各官府の属吏を指す。〔案〕黄盛璋は、本条の「十二郡」を、河西郡（恵文君八年）、上郡（恵文君一〇年）、漢中郡（恵文王後一三年）、巴郡（恵文王後一一年）、蜀郡（恵文王後一四年）、河東郡（昭襄王二一年）、隴西郡（昭襄王二七年）、北地郡（昭襄王二七年）、南郡（昭襄王二九年）、黔中郡（昭襄王三〇年）、南陽郡（昭襄王三五年）、陶郡（昭王四二年）とし、これより睡虎地秦簡「秦律十八種」の年代を昭襄王晩期に比定している（黄一九八二、三～五頁）。大庭脩は、戦国末に秦によって設置された郡として、上郡（恵文王一〇年）、巴郡（恵文王一四年）、蜀郡（恵文王後九）、漢中郡（恵文王後一三年）、河東郡（昭王二一年）、南郡（昭襄王二九年）、黔中郡（昭襄王三〇年）、南陽郡（昭襄王三五年）、隴西郡（昭襄王末期）、北地郡（昭襄王末期）、三川郡（荘襄王元年）、太原郡（荘襄王四年）、上党郡（荘襄王四年）を挙げ、ここから「十二郡」の時期を荘襄王期に比定している（大庭一九八二、七七～七八頁）。栗勁は楊寛の整理に基づき（楊二〇〇三、六八〇～六八四頁）、秦が「十二郡」を置いていた時期を荘襄王元年から秦始皇二年までの間に比定している（栗一九八五、三四八頁）。また、工藤元男は、「十二郡」が実数ではなく、秦の聖数である「十二」と関係がある可能性を指摘している（工藤一九九八、五一頁）。

本条では県・都官・郡が官吏を任用する期間について規定されているが、「二年律令」置吏律第二一八簡にも都官が官吏を任用する際の規定が見える。

〔二〕以　【整理小組】以は、ここでは従・自と同義。

〔三〕以十～止之　【案】周家台秦簡「暦譜」に秦始皇三十四年（前二一三）十二月のこととして「守丞登・史堅、除」（第一九簡）、同年正月のこととして「史除」（第四九簡）とあり、統一秦における官吏任用の記録が見えるが、その時期は本条で十二月～三月と規定されている官吏任用の期間と一致する。劉海年は、官吏の任免を十二月～三月とするのは、農業生産と関係があるとする（劉一九八六）。

〔四〕故有夬　【整理小組】故有欠とは、ある理由によって欠員ができること。

〔五〕其有～須時　【案】本条では、何らかの理由で官吏に欠員が出た場合、十二月～三月という時期に関わらずその欠員を補充すべきことが定められているが、「秦律十八種」内史雜第二五六簡によると、嗇夫の欠員補充は二ヶ月のうちに行われなくてはならなかったことが分かる。

〔六〕置吏律　【整理小組】置吏律とは、官吏任用に関する法律のこと。【案】置吏律という律名は文献史料中に見えず、睡虎地秦簡で初めて現れる。「二年律令」にも置吏律が見える。また、「秦律雜抄」には「除吏律」と題する条文が一条見え（〔二〕第三二九～三三二簡）、そこには軍吏の任用に関する規定が見えるが、置吏律との関係は必ずしも明らかではない。

書き下し文

縣・都官・十二郡は吏及び佐・羣官屬を免・除するに、十二月朔日以《よ》り免・除し、三月を盡くして之を止めよ。其し死・亡する有り及び故もて缺有らば、爲に之を補うに、時を須つこと毋かれ。　置吏律

通釈

県・都官・十二郡が吏や佐、諸々の官属を免官・任命する場合、十二月一日から免官・任命を開始し、三月末日までに終了せよ。もし（官吏が）死亡・逃亡したり、あるいは何らかの理由で欠員が生じたりした場合、（その欠員を）補充する際には、（十二月から三月までの）期間を待つには及ばない。　置吏律

原文

○第二二六・二二七簡（第一五九・一六〇簡）

除吏尉已除之乃令視事及遣之所不當除而敢先見事及相聽以遣之以律論之嗇夫之送　二二六
見它官者不得除其故官佐吏以之新官置吏律　二二七

校訂文

除吏・尉〔一〕、已除之、乃令視事及遣之〔二〕。所不當除而敢先見（視）事〔三〕、及相聽以遣之〔四〕、以律論之。嗇夫之送〈徙〉見（視）它官者〔五〕、不得除其故官佐・吏以之新官〔六〕。　置吏律

注釈

〔一〕尉　【整理小組】尉とは、ここでは県尉を指す。県内の軍務を管掌する官で、『漢書』百官表に見える。〔案〕整理小組は本句の「尉」を県尉とするが、フルスウェは中央から任命されるはずの県尉が地方で任命される

とは考えられないとし、本条には何らかの誤りがあると推測している（フルスウェ一九八五、七七頁）。「二年律令」置吏律（第二一三簡）・伝食律（第二三二簡）に「屬尉」が見え、同秩律に「縣有塞・城尉者、秩各減其郡尉百石」（第四六九簡）とあるように、前漢初期には県に県尉以外の「尉」がいたことが窺える。これらのことを踏まえれば、本条の「尉」が県に属する下級軍吏を指す可能性もある。

〔二〕視事及遣之　**〔整理小組〕**視事とは、任地に赴いて職権を行使すること。『漢書』王尊伝に「今太守視事已一月矣」とある。**〔案〕**周家台秦簡「曆譜」によると、秦始皇三十四年（前二一三）十二月に「除」された守丞登・史堅は、同月に任地に「到」り、翌正月から「視事」したことが分かる。また、居延漢簡に「●右除遣視事書」（六七・一一）とあり、漢代における辺境の官吏任用にあたって「除→遣→視事」の手続が採られたことが窺える。これらを参考にすれば、本条の「遣之」とは任命した官吏を任地へ派遣すること、「視事」とは任地で実際に職務に就くことと解される。

〔三〕所不〜見事　**〔整理小組〕**見事とは、簡文によれば視事と同義。**〔案〕**「秦律十八種」内史雜第一九〇簡では、「士伍新傅」を「佐」に任用してはならないことが定められている。また、「秦律雜抄」〔一〕第三二九・三三〇簡では、「守嗇夫」・「假佐」を守官として任用する場合、上造以上の有爵者を充てるべきことが規定されている。本条の「所不當除而敢先見（視）事」とは、以上のような官吏任用の資格に反した者を職務に就かせることを意味するのであろう。

〔四〕相聽　**〔整理小組〕**聽については、『広雅』釈詁四に「謀也」とある。相聽とは、互いに画策すること。

〔五〕送　**〔整理小組〕**送とは、徙字の誤りであろう。徙とは、転任すること。

〔六〕嗇夫〜新官　**〔案〕**後段效律第二二九・二三〇簡によると、転任した官吏が新任の官吏に引き継ぎせずに何らかの不備が発生した場合、転任した官吏とともに留任した官吏がその責任を負うべきことが規定されている。本条では、転任する嗇夫が「佐・吏」を転任先へ引き連れていくことが禁止されているが、それは職務の引き継ぎの過程で不備が発生した場合、その責任を負う者がいなくなることを防ぐためかもしれない。

書き下し文

吏・尉を除するに、已に之を除せば、乃ち視事せしめ及び之を遣わせ。所《も》し除するに當たらずして敢えて先に視事せしめ、及び相聽《はか》りて以て之を遣わさば、律を以て之を論ず。嗇夫の徙りて它官を視る者は、其の故官の佐・吏を除して以て新官に之くを得ず。　置吏律

通　釈

吏・尉を任命する際、任命し終わったならば、そこで職務に就かせ、任地へ派遣せよ。もし（吏・尉に）任命すべきではないのに先にその職務に就かせたり、（派遣先の官署と）互いに画策して（吏・尉を）任地へ派遣した場合、律の規定に基づいて論じる。転任して他官の職務に就く嗇夫は、もとの官署の佐・吏を（転任先の官署に）任命して転任先に行くことはできない。　置吏律

221　置吏律

○第二二八簡（第一六一簡）

原　文

官嗇夫節不存令君子毋害者若令史守官毋令官佐史守置吏律

校訂文

官嗇夫節（即）不存、令君子毋害者若令史守官〔一〕、毋令官佐・史守。　置吏律

注釈

〔一〕君子毋害　**〔整理小組〕**君子については、『左伝』襄公十三年の注に「在位者」とある。ここでは爵位を所有する者を指すのであろう。「秦律雑抄」除吏律「有興」条（訳者注：〔一〕第三二九〜三三二簡）参照。無害とは、秦漢時代の文書の慣用語である。例えば、『墨子』号令に「擧吏貞廉・忠信・無害・可任事者」、『史記』蕭相国世家に「以文無害爲沛主吏掾」とあり、職務の遂行に欠点がないという意味である。楊樹達『漢書窺管』巻四参照。**〔案〕**飯島和俊は、「毋（無）害」について何ら障害なく実務に従事し得る官吏に冠される語のことと解し、この評価を下された郡県の属吏は抜擢昇進の対象となったとしている（飯島一九七九）。また、張家山漢簡「二年律令」興律第三九六・三九七簡や『続漢書』百官志五によると、漢代では「毋害都吏」や「無害吏」が県で行われた裁判の監察を行っていたことが分かるが、「毋（無）害」という評価が官吏の昇進だけでなく、裁判の監察を担うために必要な資質の一つであったことが窺える。

書き下し文

官嗇夫、即し存せずんば、君子の毋害なる者、若しくは令史をして官に守たらしめ、官の佐・史をして守たらしむる毋かれ。　置吏律

通釈

官嗇夫が不在の場合は、君子で「毋害」と評価された者、もしくは令史を官嗇夫の守官として任用し、佐・史を（官嗇夫の守官として）任用してはならない。　置吏律

效律

原文

○第二二九・二三〇簡（第一六二・一六三簡）

實官佐史柀免徙官嗇夫必與去者效代者節官嗇夫免而效不備代者居吏坐之故吏弗效新吏 二二九
居之未盈歲去者與居吏坐之新吏弗坐其盈歲雖弗效新吏與居吏坐之去者弗坐它如律　效 二三〇

校訂文

實官佐・史柀（罷）免・徙〔一〕、官嗇夫必與去者效代者〔二〕。節（即）官嗇夫免而效〔三〕、不備、代者【與】居吏坐之〔四〕。故吏弗效、新吏居之未盈歲、去者與居吏坐之、新吏弗坐。其盈歲、雖弗效、新吏與居吏坐之、去者弗坐〔五〕。

它如律。　效〔六〕

注釈

〔一〕實官〜免徙　〔整理小組〕實について、『国語』晋語の韋昭注に「穀也」とある。〔案〕「實官」について、「秦

律十八種」内史雑第二六二簡では、「實官」のかきねを高くすべきこと、マグサが貯蔵された「廥」や「倉」の屋根を隣接する建物のかきねより高くすべきことが定められている。また、「法律答問」第五二〇簡には、「實官」の扉や仕切りが完全に閉まっていなかったため、そこに貯蔵されていた穀物が流出してしまった場合の罰則が見える。以上より、「實官」は穀物が貯蔵された倉庫のことと解される。一方、陳偉は『左伝』文公十八年の杜預注に「實、財也」などとあることから、「實官」は穀物に限らず、財物を収蔵する倉庫の総称とする（陳二〇一三a）。

「被」について、整理小組はこれを「分別（それぞれ）」と訳すが、整理小組がいかなる理由でそのように解釈したのかは不明。本条と同内容と考えられる「二年律令」效律に「實官史免徙、必效☒」（第三四九簡）とあり、ここには「被」に対応する字がないので、この字に本条の内容を左右するような意味があったとは考えられない。秋非は「被」を「罷」に読み替え、本句を「實官佐・史被（罷）免・徙、…（下略）…」と断句するが（秋一九八九）、ここではこれに従う。

〔二〕效代者　**〔整理小組〕**效代者とは、物資を調査・点検して新任の官吏に申し送ること。

〔三〕節官～而效　**〔案〕**「效律」［一八］第二八五・二八六簡によると、官嗇夫免官後の監査が県令によって行われていたことが分かる。前句では「實官佐・史」が免官・異動させられた後、官嗇夫が監査を行うべきことが定められ、秦律では官吏が免官・異動になった後、免官・異動になった官吏の直属の長が必ず監査を行うべきものとされていたごとくである。「二年律令」效律第三四七・三四八簡でも、県吏が免官・異動になった後、「二千石官」（＝郡守）が都吏を派遣して監査を行うことが規定されている。

〔四〕節官～坐之　**〔整理小組〕**居について、『漢書』巻六三燕刺王旦伝の顔師古注に「處也」とある。居吏とは、もとの官職に留まっている吏のこと。〔案〕「效律」〔二六〕第三一九～三二一簡では、官嗇夫の貲刑が県令・県丞のみならず、倉や庫の官吏にまで及び得ることが規定されている。本句では、官嗇夫免官後の監査によって物資の不足が発覚した場合、新任の官嗇夫（＝代者）が留任した他の官吏（＝居吏）とともにその責任を負うことが定められているが、この「效律」によれば、「居吏」とは県令・県丞や「冗吏」・令史、倉嗇夫・庫嗇夫などを指すのであろう。

〔五〕故吏～弗坐　〔案〕「二年律令」效律第三四八簡にほぼ同内容の規定が見える。

〔六〕效　〔整理小組〕效は、ここでは律名である。官府の物資・財産の監査に関する法律のこと。〔案〕睡虎地秦簡には「秦律十八種」效律の他、「效律」と題された一まとまりの竹簡群が別に存在し、両者の間には内容のほぼ一致する条文が散見する。また、一九九三年三月に湖北省江陵県荊州鎮で発見された王家台秦簡に「效律」が見える他（荊州一九九五）、「二年律令」にも效律が含まれている。

書き下し文

實官の佐・史、罷免・徙せられれば、官嗇夫は必ず去者と與に代者を效せよ。即し官嗇夫、免ぜられて效し、不備あらば、代者は居吏と之に坐す。故吏、效せず、新吏、之に居ること未だ歳に盈たずんば、去者は居吏と之に坐し、新吏は坐せず。其し歳に盈たば、效せずと雖も、新吏は居吏と之に坐し、去者は坐せず。它は律の如くせよ。　效

通　釈

実官の佐・史が免官・異動させられた場合、官嗇夫は必ず（免官・異動させられた）前任者と一緒に新任者を監査

(して引き継ぎを)せよ。もし官嗇夫が免官させられて(県令によって)監査が行われ、物資の不足が発覚した場合、新任の官嗇夫は留任した他の官吏とともにその責任を負う。前任者が監査(して引き継ぎ)せず、新任者がその官に就任して一年経過していない場合、前任者は留任者とともに(物資を不足させた)責任を負い、新任者は責任を問われない。(新任者がその官に就任して)一年以上経過している場合、(前任者が)監査(=引き継ぎ)を行わなかったとしても、新任者は留任者とともに(物資を不足させた)責任を負い、前任者は責任を問われない。他の事項については律の通りとせよ。　效

○第二三一～二三三簡(第一六四～一六六簡)

原文

倉扁歺禾粟及積禾粟而敗之其不可食者不盈百石以下誶官嗇夫百石以上到千石貲官嗇夫　二三一
一甲過千石以上貲官嗇夫二甲令官嗇夫冗吏共賞敗禾＝粟＝雖敗而尚可食殹程之以其秏石數⧄　二三二
負之　效　二三三

校訂文

倉扁(漏)歺(朽)禾粟、及積禾粟而敗之、其不可食者不盈百石以下〔一〕、誶官嗇夫。百石以上到千石、貲官嗇夫一甲。過千石以上、貲官嗇夫二甲。令官嗇夫・冗吏共賞(償)敗禾粟〔二〕。禾粟雖敗而尚可食殹(也)、程之〔三〕、以其秏(耗)石數【論】負之〔四〕。　效

注釈

〔一〕百　〔案〕整理小組の釈文は「萬」に作るが、誤植である。

〔二〕冗吏　〔整理小組〕冗吏とは、群吏のこと。

〔三〕程　〔整理小組〕程は、ここでは推し量るという意味。

〔四〕以其～負之　〔案〕「耗」は目減りすること。「算数書」耗条（第一〇五～一〇八簡）には粟を舂いて米にするときの目減り分、同租耗条（第八六・八七簡）には「租」を乾燥させたときの目減り分を計算する方法がそれぞれ見える（大川二〇〇六、七一～七五頁）。

整理小組は「以其秏（耗）石數論負之」と釈するが、フルスウェも指摘するように（フルスウェ一九八五、七九頁）、図版を見ると第一三二簡の末尾は断絶しており、「數」の下に「論」字があったのかどうか確認できない。しかし、本条とほぼ同文の「效律」〔一〇〕第二九〇～二九二簡によると、当該部分に「論」字があったことが分かるので、補った。

書き下し文

倉、漏れて禾粟を朽ちらせ、及び禾粟を積みて之を敗り、其の食すべからざる者の百石に盈たざる以下は、官嗇夫を誶す。百石以上千石に到るまでは、官嗇夫に一甲を貲す。千石を過ぐる以上は、官嗇夫に二甲を貲す。官嗇夫・冗吏をして共に敗る禾粟を償わしめよ。禾粟の敗ると雖も尚お食すべきは、之を程り、其の耗する石數を以て論じて之を負わしめよ。　效

通釈

倉が漏れて穀物を腐らせたり、穀物を（倉内に）積んで痛めたりし、そのうち食べられなくなったものが百石未満であった場合、官嗇夫を誶とする。（食べられなくなった穀物が）百石以上千石以下であった場合、官嗇夫を貲一甲とする。（食べられなくなった穀物が）千石を超えた場合、官嗇夫を貲二甲とする。官嗇夫・冗吏に腐敗した穀物を賠償させよ。腐敗してもまだ食べられる穀物については、その量をはかり、目減りした穀物の容積に基づいて（官嗇夫・冗吏の罪を）論じ、（官嗇夫・冗吏に）賠償させよ。　效

○第二三四簡（第一六七簡）

原文

□禾芻藁而不備十分一以下令復其故數過十分以上先索以稾人而以律論其不備　效　二三四

校訂文

𢊁禾・芻・藁而不備十分一以下〔一〕、令復其故數〔二〕、過十分以上〔三〕、先索以稾人〔四〕、而以律論其不備〔五〕。　效

注釈

〔一〕□【案】整理小組は「度禾・芻　而不備十分一以下」と釈するが、図版を見ると第二三四簡の上端は断絶し、墨跡は確認できるものの、この字が「度」であるかどうか分からない。しかし、本条とほぼ同文の「效

律」〔一一〕第二九三～二九四簡によって当該部分に「度」字があったことが分かるので、補った。武漢本も同様の措置を採るが、注記はない。

〔二〕□禾～故數　〔案〕後段效律第二三九・二四〇簡では、倉吏（倉嗇夫・倉佐・倉史）が免官・異動になった場合、新任の倉吏が「廥籍」をもとに倉内の物資を「度」り、不明な点があれば県嗇夫に報告すべきとされている。これによれば、本条は、倉吏によって倉内の点検が行われ、物資の不足が発覚した場合、県嗇夫がいかに対処すべきかを定めたものと解される。

〔三〕十分　〔整理小組〕十分とは、十分の一のこと。

〔四〕先索以稟人　〔案〕前段倉律第九八簡では、何らかの「不備」があった場合に「故吏」が「新吏」とともに倉内の物資を搬出すべきことが定められている。また、同じく效律第二三九・二四〇簡によると、倉吏による点検によって発覚した物資の不足に対し、県嗇夫は再び物資を点検した上、倉内の物資を搬出させるとされている。以上を参考にすれば、本句は、物資の不足分が全体の十分の一を超えた場合、そのまま倉内の穀物を搬出させるべきことを規定したものと解される。

〔五〕而以～不備　〔案〕「效律」〔五〕第二七六～二七八簡および〔七〕第二八〇～二八四簡では、「縣料」によって物資の不足が発覚した場合、その不足分の全体に占める割合と不足分の銭の額に応じ、官嗇夫の科罰が定められている。これは、全体に占める不足分の割合が十分の一に達するか否かによって官嗇夫の科罰を区別している点で本条と一致するが、あるいは本句に見える「律」とはこの「效律」の条文を指すのかもしれない。

書き下し文

禾・芻・稾を度りて不備あること十分の一以下ならば、其の故の數に復せしめ、十分を過ぐる以上ならば、先ず索《つ》くすに人に稟するを以てし、而して律を以て其の不備を論ぜよ。　效

通　釈

（倉吏が）穀物・マグサ・ワラを点検し、その不足分が（全体の）十分の一以下であった場合、（県嗇夫は倉吏に）もとの量まで補填させ、（不足分が全体の）十分の一を超えた場合、まず（その倉内の物資を）人々に支給して空にし、その上で律に基づいて（物資を）不足させた（責任者の）罪を論じよ。　效

○第二三五～二三七簡（第一六八～一七〇簡）

原　文

入禾萬□□□□比黎之爲戸籍之曰其廥禾若干石倉嗇夫某佐某史某稟人某是縣入之縣　二三五
嗇夫若丞及倉郷相雜以封印之而遺倉嗇夫及離邑倉佐主稟者各一戸以氣人其出禾有　二三六
書其出者如入禾然　　　　效　二三七

校訂文

入禾、萬[石][一][積][而]比黎之爲戸、籍之曰、「其廥禾若干石、倉嗇夫某・佐某・史某・稟人某〔一〕。是縣入之」。縣嗇夫若丞及倉・郷相雜以封印之、而遺倉嗇夫及離邑倉佐主稟者各一戸、以氣（餼）人。其出禾、有（又）書其出者、如入

禾然〔二〕。　效

注釈

〔一〕稟人　**〔整理小組〕** 稟人とは、すなわち廩人で、穀物の収蔵・出納を管理する者のこと。『周礼』廩人に「掌九穀之數、以待國之匪（分）頒賙賜稍食」とあり、孫詒讓『正義』はその職務を「總計一年穀入之數爲簿書」としている。『儀礼』少牢饋食礼の注に「廩人、掌米入之藏者」とある。**〔案〕** 前段倉律第九一・九二簡では、廥に穀物を搬入した者の姓名・本貫などを「廥籍」に記入すべきことが規定されているが、本条の「稟人」とは倉内の物資を搬入・搬出した者のうち、倉嗇夫・倉佐・倉史以外の者のことを指すのかもしれない。武漢本は里耶秦簡に見える穀物搬出記録より（本簡注〔二〕参照）、稟人は隷臣妾から選任されたと推測する。

〔二〕入禾～禾然　**〔整理小組〕** 本条、および次の条文については、前段倉律「入禾倉」条（訳者注：第八八～九四簡）参照。**〔案〕** 里耶秦簡には、例えば「徑廥粟米一石二斗半斗。●卅一年十二月戊戌、倉妃・史感・稟人援出、稟大隷妾援。令史朝視平」（8-762）とあるように、廥から穀物を搬出したときの記録が散見する。

本条および「效律」〔一二〕第二九五～二九九簡と「秦律十八種」倉律第八八～九四簡の関係について、江村治樹は、「效律」が倉律の分かりにくい部分を補っているように見えること、倉律で重要視される倉の封印の規定が「效律」では省略されていることなどから、「效律」は倉律の条文に文字を補った上で、その内容を「效」中心に改めたものであるとしている（江村二〇〇〇、六八〇～六八四頁）。

書き下し文

禾を入るるに、萬石ごとに一積として之に比黎して戸を爲り、之に籍して曰く、「其の廥の禾若干石、倉嗇夫某・佐某・史某・稟人某。是れ縣、之を入る」と。縣嗇夫若くは丞及び倉・鄕、相雜えて以て之を封印し、而して倉嗇夫及び離邑の倉佐の稟を主る者に各〃一戸を遺《おく》り、以て人に饟《あた》えよ。其れ禾を出し、又た其の出だす者を書するには、禾を入るるが如く然れ。　效

通釈

（倉吏が）穀物を（廥に）搬入する場合、一万石ごとに一積とし、（廥に）竹や木で編んだまがきで扉を作るとともに、そこに「某廥の穀物は若干石、倉嗇夫某・倉佐某・倉史某・稟人某。県が納入」と記録せよ。県嗇夫もしくは県丞・倉吏・郷吏がともに廥の扉を封緘し、倉嗇夫、穀物の支給を担当する離邑の倉佐にそれぞれ戸を一つずつ割り当て、人々に（穀物を）支給（して使用）せよ。穀物を搬出する場合、あるいは搬出した穀物の量を記録する場合、（いずれも）穀物を搬入する時と同様にせよ。　效

○第二三八～二四〇簡（第一七一～一七三簡）

原文

嗇夫免而效＝者見其封及隄以效之勿度縣唯倉所自封印是度縣終歲而爲出凡曰某廥出禾若干　二三八
石其餘禾若干石倉嗇夫及佐史其有免去者新倉嗇夫新佐史主廥者必以廥籍度之其有所疑　二三九
謁縣＝嗇夫＝令＝人復度及與雜出之禾贏入之而以律論不備者　效　二四〇

校訂文

嗇夫免而效、效者見其封及隄（題）、以效之、勿度縣〔一〕。唯倉所自封印是度縣。終歳而爲出凡曰〔二〕、「某廥出禾若干石、其餘禾若干石」〔三〕。倉嗇夫及佐・史、其有免・去者、新倉嗇夫、新佐・史主廥者、必以廥籍度之。其有所疑、謁縣嗇夫〔四〕。縣嗇夫令人復度及與雜出之〔五〕。禾贏、入之、而以律論不備者。　效

注　釈

〔一〕度縣　【整理小組】度縣とは、計量すること。前段倉律「入禾倉」条注〔一〇〕（訳者注：第八八～九四簡注〔八〕）参照。

〔二〕凡　【整理小組】凡とは、すなわち凡数のこと。『墨子』雑守に「先舉縣官室居・官府不急者、材之大小・長短及凡數」とある。総数の意。

〔三〕某廥～干石　【案】「餘」について、整理小組の釈文では「余」に作るが、誤植である。

本句と類似する書式の簿籍は居延漢簡に散見する。永田英正によると、それらは「穀出入簿」と呼ばれ、倉ごとに作成された後に甲渠侯官に集められて全体の帳簿が作成されていた（永田一九八九、八〇頁、一四三～一四九頁）。本句の場合、「某廥」の語が見えるので、倉ごとに作成される簿籍の書式であろうが、あるいは後にこれが県でまとめられ、県全体の穀物に関する簿籍が作成されたのかもしれない。

本条とほぼ同文の「效律」では、第二三五～二三七簡から本句までにあたる文（〔一二〕第二九五～二九九簡）と、「倉嗇夫及佐・史」以下第二四一～二四三簡までにあたる文（〔一三〕第三〇〇～三〇四簡）がそれぞれ別個の条文になっている。

〔四〕其有～嗇夫　〔案〕「效律」〔六〕第二七九簡では物資を点検してその不足が発覚した場合、その量を記録しておくべきことが定められ、前段倉律第九六簡では穀物やマグサ・ワラを倉から出して点検する場合、その余剰分・不足分を県廷に報告すべきとされている。本条では新任の倉吏によって倉内が点検され、「所疑」があった場合は県嗇夫に報告すべきとされているが、「效律」や倉律の条文の内容からすると、「所疑」とは物資の不足・余剰があった場合を指すのであろう。

〔五〕謁縣～出之　〔整理小組〕簡文の「嗇」字にはもともと重文符号がついておらず、「令」字についている。誤って重文符号が付けられたことによるものであろう。

書き下し文

嗇夫、免ぜられて效するに、效する者は其の封及び題を見、以て之を效し、度縣すること勿かれ。唯だ倉の自ら封印せし所のみ是れ度縣せよ。終歳にして出凡を爲して曰く、「某廥の出禾若干石、其の餘の禾若干石」と。倉嗇夫及び佐・史、其し《も》免・去する者有らば、新倉嗇夫、新佐・史の廥を主る者は、必ず廥籍を以て之を度れ。其し疑わしき所有らば、縣嗇夫に謁げよ。縣嗇夫は人をして復た度り及び與に雜えて之を出ださしめよ。禾贏《あま》らば、之を入れ、而して律を以て不備とせし者を論ぜよ。　效

通　釈

嗇夫が免官されて監査する場合、監査する者は（廥の扉に付された）封泥と（廥内の物資の量が記録された）題を見て監査し、（廥内の物資の量を）計量してはならない。ただし、倉吏が封緘した廥に限っては（廥内の物資の量を）

計量せよ。一年経過した時点で（廥内の物資の）合計を求め、「某廥の搬出した穀物は若干石、残りの穀物は若干石」と記録せよ。倉嗇夫・倉佐・倉史の中でもし免官・異動になった者がいれば、新任の倉嗇夫、廥を管理する新任の倉佐・倉史は、必ず廥籍に基づいて廥内の物資の量を計量せよ。もし疑わしいところがあれば、県嗇夫に報告せよ。県嗇夫は人を派遣して（廥内の物資の量を）もう一度計量させ、かつ（倉吏と）ともに廥内の物資を搬出させよ。穀物が余っていた場合、それを（廥内に）搬入し、その上で律に基づいて（物資を）不足させた者の罪を論じよ。　效

○第二四一～二四三簡（第一七四～一七六簡）

原文

禾芻稾積廥有贏不備而匿弗謁∠及者移贏以賞不備羣它物當負賞而僞出之以彼賞皆與　二四一
盜同灋大嗇夫丞智而弗辠以平辠人律論之有與主廥者共賞不備至計而上廥籍內史入禾　二四二
發扇倉必令長吏相雜以見之芻稾如禾　效　二四三

校訂文

禾・芻・稾積廥、有贏・不備而匿弗謁〔一〕、及者（諸）移贏以賞（償）不備、羣它物當負賞（償）、而僞出之以彼（貱）賞（償）〔二〕、皆與盜同灋〔三〕。大嗇夫・丞智（知）而弗辠、以平辠人律論之〔四〕、有（又）與主廥者共賞（償）不備。至計而上廥籍內史。入禾、發扇（漏）倉、必令長吏相雜以見之。芻・稾如禾。　效

注釈

〔一〕禾芻～弗謁　〔案〕效律前段第二三九・二四〇簡によると、倉吏が倉内を点検し、物資の不足や余剰の疑いがあった場合、県嗇夫に報告すべきとされている。これによれば、本句では、倉内に物資の不足・余剰があったにもかかわらず、それを隠匿して県嗇夫に報告しなかった場合について述べられているのであろう。

〔二〕及者～彼賞　〔整理小組〕賍について、『説文』に「移予也」とある。賍償とは、補填すること。

〔三〕與盗同灋　〔整理小組〕与盗同法とは、窃盗犯と同罪であるという意味で、法律用語である。「法律答問」参照。〔案〕秦律・漢律では窃盗罪について、盗品の金銭的価値に基づいてその刑罰が定められているが（水間二〇〇七、六九～七〇頁）、本条の場合、隠匿した物資の不足分・余剰分、あるいは賠償に流用した物資の金銭的価値に基づいて刑罰が定められたのであろう。

〔四〕大嗇～論之　〔整理小組〕平とは、等しいこと。〔案〕整理小組は本句を「大嗇夫・丞が実情を知っているにもかかわらず罰しなかった場合、彼らが（窃盗）罪を犯したものとしてその罪を論じる」と訳している。しかし、例えば張家山漢簡「二年律令」亡律に「其真罪重、以匿罪人律論」（第一六九簡）とあり、ここに見える「匿罪人律」は「二年律令」亡律第一六七簡のことを指すと考えられるように、秦律・漢律において「以〇〇律論（之）」とは、「〇〇」という他の規定によって論じることを意味する用語と解される。すると、本句も「平皐人律」なる他の規定を適用して大嗇夫や丞の罪を論じることを意味するのであろう。ただし、「平皐人律」なる規定の内容については判然としない。

書き下し文

禾・芻・稾を廥に積むに、贏・不備有るも匿して謁げず、及び諸そ贏を移して以て不備を償い、羣它物の償を負うに當たるに、而して僞りて之を出して以て賍償せば、皆な盗と同灋とす。大嗇夫・丞、知りて辠せずんば、平辠人律を以て之を論じ、又た廥を主る者と共に不備を償わしむ。計に至りては廥籍を内史に上れ。禾を入れ、漏倉を發するには、必ず長吏をして相雜えて以て之を見しめよ。芻・稾は禾の如くせよ。　效

通　釈

穀物・マグサ・ワラを廥に貯蔵し、余剰・不足が出たにもかかわらず（倉吏がそれを）隠匿して（県嗇夫に）報告しなかった場合、あるいはおよそ（他の廥の）余剰分を搬出して（自分の管轄する廥の）不足分を補填したり、他の物資で賠償しなければならない場合に、（理由を）偽って物資（＝穀物・マグサ・ワラ）を搬出して（賠償に）流用した場合、いずれも窃盗罪と同じ規定を適用する。大嗇夫や丞が（これらの犯罪を）知っていたにもかかわらず処罰しなかった場合、「平辠人律」を適用してその罪を論じ、さらに廥の管理者とともに不足分を賠償させる。上計時には廥籍を内史に提出せよ。穀物を（廥に）搬入したり、（穀物が）漏れている倉を開けたりする際には、必ず長吏を派遣して（倉吏と）ともに（その様子を）確認させよ。マグサ・ワラについても穀物と同様にせよ。　效

原　文

○第二四四簡（第一七七簡）

效公器贏不備以齎律論及賞毋齎者乃直之　　效

校訂文

效公器贏・不備、以齎律論及賞（償）、毋齎者乃直（値）之〔一〕。　效

注　釈

〔一〕毋齎者　【整理小組】毋齎者とは、簡文によれば、齎律に規定されていない価格を指すのであろう。値とは、見積もること。

書き下し文

公器を效するに贏・不備あらば、齎律を以て論じ及び償い、齎毋き者は乃ち之を値せよ。　效

通　釈

官有の器物を監査して余剰・不足が出た場合、齎律に基づいて（不足分の罪を）論じて賠償させ、齎律にない器物については（その価格を）値踏みせよ。　效

〇第二四五簡（第一七八簡）

原　文

公器不久刻者官嗇夫貲一盾　　效

校訂文

公器不久刻者〔一〕、官嗇夫貲一盾。　效

注釈

〔一〕公器～刻者　【案】前段工律第一六九・一七〇簡によると、官有の武具には必ず「官名」を「久刻」（＝刻み入れる）するよう規定されている。本条の「公器不久刻者」とは、官名の刻み入れられていない器物のことを指すのであろう。

書き下し文

公器の久刻せざる者あらば、官嗇夫は貲一盾とす。　效

通釈

官有の器物の中に（官名の）刻み入れられていないものがあった場合、官嗇夫を貲一盾に処する。　效

伝食律

○第二四六・二四七簡（第一七九・一八〇簡）

原文

御史∠卒人使者食粺米半斗醤駟分升一采羹給之韭葱其有爵者自官士夫＝以上爵食之使者　二四六
之従者食糲米半斗僕少半斗　　傳食律　二四七

校訂文

御史〔一〕・卒人使者〔二〕、食粺米半斗〔三〕、醤駟（四）分升一〔四〕、采（菜）羹〔五〕、給之韭〔六〕・葱〔七〕。其有爵者自官士大夫以上〔八〕、爵食之。使者之従者、食糲（糲）米半斗〔九〕。僕、少半斗。　傳食律〔一〇〕

注釈

〔一〕御史　**〔整理小組〕**御史は、ここではおそらく郡を監察する御史のことであろう。『漢書』巻一高帝紀上・顔師古注引文穎注に「秦時御史監郡、若今刺史」とある。**〔案〕**整理小組は本条の「御史」を郡を観察する監御史のこととするが、監御史が本格的に全国に置かれたのが統一秦以後と考えられること（『史記』巻六秦始皇本紀・二八年条）、文献史料において監御史は「御史」ではなく「監」と呼称されていること（『史記』巻九五樊噲列伝など）より、整理小組の説には従い難い。桜井芳朗が指摘しているように、戦国時代の各国には監御史とは別に王の側近くにあって書記を管掌する御史が置かれ、王・皇帝の使者として全国に派遣されることもあった（桜井一九三六）。本条の「御史」はこの御史を指すのであろう。『史記』巻八八蒙恬列伝には「御史曲宮」が二世皇帝の命で「傳」に乗って代へ向かったという記述が見え、秦代に御史が実際に「傳」を利用した事例として注目される。

〔一二〕御史～使者　**〔整理小組〕**卒人とは、ある官の部下を指す。『論衡』謝短に「兩郡移書曰敢告卒人、兩縣不言」とある。ただし、漢簡によれば、この語は二郡間の文書に限定されない。王国維『流沙墜簡』考釈参照。**〔案〕**卒人は、整理小組の引用する『論衡』謝短篇の他、出土文字資料中では特に官府間を往来する文書に散見する。その意味については、①「陛下」・「閣下」などと同様、郡の長官に敬意を示すための婉曲表現・脇付とする説（陳二〇〇九、一三六頁、鷹取二〇一五、一一一～一一三頁、陶安二〇一六）、②郡太守級の高級官が発した檄書の中で、中間の統率者を越えて個々の兵卒に語りかける時に用いられる語とする説（大庭一九九二、一一三頁）がある。ただし法律規定たる本条の「卒人」に関しては、①・②いずれの説に従っても解釈が困難である。この点、陶安あんどは「御史（使者）」が中央政府からの使者を指すのに対し、「卒人使者」は郡からの使者を指すとする（陶安二〇一六）。

　張家山漢簡「二年律令」伝食律第二三二～二三七簡では本条の「御史・卒人使者」に対応する語として「車大夫」が見えるが、その整理小組はこれを伝食律前段に見える「丞相・御史及諸二千石官使人、若遣吏、新爲官及屬尉・佐以上徴若遷徙者、及軍吏・縣道有尤急言變事」といった官吏のこととする。

〔一三〕粺米　**〔整理小組〕**粺米と下文の糲米については、前段倉律「粟一石六斗大半斗」などの条（訳者注：第一〇八・一〇九簡）を参照。

〔四〕食粺～升一　【整理小組】醬については、『急就篇』顔師古注に「以豆合面而爲之也」とある。【案】「醬」について、林巳奈夫は①豆・魚・肉などに塩・麹などを混ぜて発酵させた調味料の総称、②①に「醯」（酢）を混ぜた「醯醬」、③「醢」（マリネの類）や「醢」（塩辛）の総称、という三つの意味があったとする（林一九七五）。「二年律令」賜律第二九八簡では「醯」・「醬」が別個に示されているので、本条の「醬」は林説の①の意味で用いられていると解される。
本条に示された「御史・卒人使者」に対する「粺米」・「醬」の支給量は、「二年律令」伝食律第二三二～二三七簡に見える「車大夫」に対する支給量とほぼ一致するが、そこでは「粺米半斗」が三食分の食事の合計とされている。

〔五〕采羹　【整理小組】菜羹とは、塩・野菜を加えた肉入りスープのこと。【案】『礼記』内則篇の孔穎達疏によると、「食」（飯）・「羹」は身分に関係なく人々の主食であり、「醬」はそれに付随する一般的な調味料であったとされている。「二年律令」伝食律第二三三簡では、「車大夫」に対して「粺米」・「醬」以外に「草具」が支給されており、これが本条の「菜羹」に対応するものと解される。

〔六〕韭　【案】「韭」とはニラのことで、その播種・栽培方法は『斉民要術』種韭に詳しい（熊代・西山一九五九、上巻一四四～一四五頁、索引七頁）。

〔七〕食粺～韭葱　【案】「葱」とはネギのことで、その播種・栽培方法は『斉民要術』種葱に詳しい（熊代・西山一九五九、上巻一四二～一四三頁、索引六頁）。

〔八〕自官～以上　【整理小組】官士大夫とは、秦爵第五級大夫と第六級官大夫を指す。『漢旧儀』に「大夫、五爵、賜爵五級爲大夫、大夫主一車、屬三十六人。官大夫、六爵、賜爵六級爲官大夫、官大夫領車馬」、また「令曰、

秦時爵大夫以上、令與亢禮」とある。〔案〕フルスウェは「自官士大夫以上」を大夫・官大夫以上と解すると「士」字があることが説明できないとする（フルスウェ一九八五、八四頁）。「法律答問」第五六一簡では、「宦」や「智（知）於王」、「六百石吏以上」が「顯大夫」と呼称されているが、本条の「官士大夫」も「顯大夫」と同様、何らかの特別な意味を持った称号である可能性もある。

〔九〕使者〜半斗　〔案〕本条に示された「御史・卒人使者」の「從者」に対する食糧支給は、「二年律令」伝食律第二三二〜二三七簡に見える「車大夫」の「從者」に対する食糧支給と類似するが、そこでは「糲米」の他に「草具」・「鹽」が支給されている。

〔一〇〕傳食律　〔整理小組〕伝食律とは、駅伝施設において食糧を給付することに関する法律規定。〔案〕本条および第二四八簡・第二四九簡は、秦・漢代の駅伝施設である「傳舍」において、そこを通過する官吏に支給される食糧・飼料の種類・量を規定したものであろう。楊鴻年によると、「傳舍」は各県城の城外に設置され、そこを利用できたのは原則として通行証（＝「木傳信」）を所持した官吏に限られていたという（楊一九八五、四一四〜四一九頁）。

「二年律令」に伝食律が見えるが、秦律では食糧支給量が受給者の爵位や官職ごとに異なるのに対し、漢律では食糧支給量じたいは一定で、受給者の官秩や爵位は食糧支給を受けることのできる從者の数に反映されている。

書き下し文

御史・卒人の使者には、粺米半斗、醬四分の升一、菜羹を食らわしめ、之に韭・葱を給え。其の爵有る者の官士大夫自り以上には、爵もて之に食らわしめよ。使者の從者には、糲米半斗を食らわしめよ。僕には、少半斗とせよ。

傳食律

通　釈

御史・卒人の使者には、粺米二分の一斗（＝約一リットル）、醤四分の一升（＝約五〇ミリリットル）、野菜入りスープ、ニラ・ネギを支給せよ。（彼らのうちの）有爵者が「官士大夫」以上であれば、爵位に従って食事を支給せよ。使者の従者には、糲米二分の一斗（＝約一リットル）を支給せよ。（使者の）僕には（糲米）三分の一斗（＝約六七〇ミリリットル）を支給せよ。　伝食律

○第二四八簡（第一八一簡）

原　文

不更以下到謀人粺米一斗醬半升采羹芻稾各半石●宦奄如不更傳食律

校訂文

不更以下到謀人〔一〕、粺米一斗、醬半升、采（菜）羹、芻・稾各半石。●宦奄如不更〔二〕。傳食律

注　釈

〔一〕不更～謀人　**〔整理小組〕**不更とは、秦爵第四級。『漢旧儀』に「不更、四爵、賜爵四級爲不更、不更主一車

四馬」とある。謀人は、簡文によれば秦爵第三級簪裊の別称とすべきである。〔案〕整理小組は本条の「謀人」を秦爵「簪裊」の別称とするが、岳麓書院蔵秦簡「数」に「大夫・不更・走馬・上造・公士」（第一二二簡正）とあり、ここでも「簪裊」が「走馬」という別称で示されている。ただし伝食律では、「不更」・「上造」といった爵称の他に「御史卒人使者」や「官佐・史」などの官職名も混在しているので、本条の「謀人」も何らかの官職名である可能性もある。

〔二〕宦奄　〔整理小組〕奄とは、宦官のこと。〔案〕線装本は「宦・奄」と断句する。「宦」・「奄」ともに宦官を意味するが（『周礼』天官冢宰・鄭玄注）、線装本の断句に従えば、「宦」は「法律答問」第五六一簡に見える「宦及智（知）於王」を指す可能性もある（倉律第一一一簡注〔一〕参照）。

書き下し文

不更以下、謀人に到るまでは、粺米一斗、醬半升、菜羹、芻・藁は各〃半石とせよ。●宦奄は不更の如くせよ。

傳食律

通　釈

不更から「謀人」までの者には、粺米一斗（＝約二リットル）、醤二分の一升（＝約一〇〇ミリリットル）、野菜入りスープ、マグサ・ワラそれぞれ二分の一石を支給せよ。●「宦奄」（に食糧・飼料を支給する場合に）は不更と同じようにせよ。　伝食律

○第二四九簡（第一八二簡）

原文

上造以下到官佐史毋爵者及卜史司御寺府糲米一斗有采羹鹽廿二分升二傳食律　二四九

校訂文

上造以下到官佐・史毋（無）爵者〔一〕、及卜〔二〕・史・司御〔三〕・寺〔四〕・府〔五〕、糲（糲）米一斗、有采（菜）羹、鹽廿二分升二。　傳食律

注釈

〔一〕上造～爵者　**〔整理小組〕**上造とは、秦爵第二級。『漢旧儀』に「上造、二級、賜爵二級爲上造、上造、乘兵車也」とある。〔案〕本句には「(官)史」が見え、下句にも「史」が見えるが、整理小組は下句の「史」を「筮人」と解しており（注〔二〕）、本句の「(官)史」とは別物と見ているようである。しかし、「二年律令」史律第四七五・四七六簡では、「十五篇」（＝『史籀』）五千字を諳んじ書くことのできた学童は「史」になることができると規定され、さらに廣瀬薫雄は史・卜の中に、常勤の官吏となる者と、一年間に二・三カ月しか働かない非常勤の官吏がいたと指摘している（廣瀬二〇一〇、三〇八～三一一頁）。これらを参考にすると、本条の「(官)史」とは官府に常駐する常勤の官吏を指し、下句の「史」は非常勤の官吏を指すのかもしれない。

〔二〕卜　**〔整理小組〕**卜とは、卜人のこと。史については、『左伝』襄公二十五年疏に、「筮人也」とある。**〔案〕**

秦における「卜」の実例として、「秦右庶長歜封邑陶券」の背面に「卜蟄（蓺）」が見える他（郭一九八六）、『史記』巻六秦始皇本紀・二世皇帝三年条には二世皇帝が見た白虎の夢について占う「占夢」が見える。また、「法律答問」第五六四簡によると、秦律には「卜」が耐隷臣に相当する罪を犯した場合、彼らを「耐卜隷」とする規定があったが、これは後に省かれたようである。「二年律令」史律第四七七・四七八簡によると、「卜」の学童は一七歳で就学した後、三年で大卜令の下で試験を課され、そこで「史書」・「卜書」それぞれ三千字を書するとともに、占卜を九回中七回以上的中させることができれば、「卜」になることができた。

〔三〕司御　**〔整理小組〕**司御とは、車両を管理する者のことで、『漢書』夏侯嬰伝に見える。**〔案〕**「司御」は整理小組が指摘する『史記』巻九五滕公列伝の他、「秦右庶長歜封邑陶券」の正面に「右庶長歜」に対する冊命を読み上げる「司御」が見える（郭一九八七）。

〔四〕寺　**〔整理小組〕**寺は、侍と読む。**〔案〕**『詩経』秦風・車隣には国君への取り次ぎを行う「寺人」が見え、『周礼』天官冢宰では「寺人」が取り次ぎだけでなく宮中や後宮を取り締まっていたことが示されている。

〔五〕府　**〔整理小組〕**府とは、官府の倉庫を管理する者のことで、『周礼』天官に見える。**〔案〕**一九六六年に陝西省咸陽市塔児坡で発見された戦国魏のものとされる「安邑下官鍾」の銘文に「𢈔（府）嗇夫」が見えるが（咸陽一九七五）、嗇夫は佐・史より上位の官であったと考えられるので、本条で「官佐・史毋（無）爵者」と同列に扱われている「府」が「𢈔（府）嗇夫」のこととは考え難い。ただし、「秦律十八種」效律第二三八・二三九簡に見える「稟人」のように、嗇夫・佐・史よりさらに下位の小吏を指している可能性はある。一九八〇～一九八九年に陝西省西安市の未央宮遺址で発見された骨簽に「作府嗇夫」・「(作府)佐」が頻見する他（社科院一九九六）、前漢の半通印に「器府」・「泉府」・「金府」・「帑府」・「銭府」・「馬府」・「徒府」・「左府」

・「祠府」・「市府」などの名称が見えることからすると（羅一九八七、七四～八七頁）、本条の「府」は各種府に所属する小吏の総称かもしれない。

書き下し文

上造以下、官佐・史の爵無き者に到るまで、及び卜・史・司御・寺・府は、糲米一斗とし、菜羹、鹽廿二分の升二有らしめよ。　傳食律

通　釈

上造から官佐・史の無爵者まで、および卜・史・司御・寺・府には、糲米一斗（＝約二リットル）、野菜入りスープ、塩二十二分の二升（＝約二〇ミリリットル）を支給せよ。　伝食律

行　書　律

○第二五〇簡（第一八三簡）

原　文

行命書及書署急者輒行之不急者日觱勿敢留=以律論之　行書

校訂文

行命書及書署急者〔一〕、輒行之。不急者、日觱（畢）〔二〕、勿敢留。留者以律論之〔三〕。　行書〔四〕

注釈

〔一〕行命～急者　〔整理小組〕命書とは、制書。秦の始皇帝の統一後に改めて「命爲制」としたことが、『史記』秦始皇本紀に見える。集解引蔡邕の言に、「制書、帝者制度之命」とある。〔案〕「行」とは、郵・亭などの間で文書を次々と伝え渡していくこと（大庭一九八四、五二一～五三三頁）。秦漢代における文書伝達の方式について、エノ・ギーレは、文書の伝達距離が長距離の場合には複数人の走者が郵を中継地点とするリレー方式で伝達したが、近距離の場合には一人の走者が目的地まで伝達したとする（ギーレ二〇〇四）。陳偉は、郡と郡を結ぶ幹線道路上に設置された郵の間をリレー方式ですばやく伝達するものと、隣接する県・道の間をリレー方式でゆっくりと伝達するものを、秦～漢初における文書伝達の基本的な方式としている（陳二〇〇九Ａ）。これに対して鷹取祐司は、秦漢代では、郵を経由する伝達方式と、県を経由する伝達方式が郡と郡を結ぶ幹線道路上でともに行われ、さらにそれ以外の場所では亭を経由する伝達方式が行われたとし、これら三つを文書伝達の基本的な方式と解している（鷹取二〇一五、二七一～二八八頁）。彭浩によれば、制書と緊急の文書、ならびに重要な文書のうち伝達距離が五百里以上のものは郵を経由して伝達し、急を要さない文書と伝達距離が五百里以内の文書は県・道を経由して伝達した（彭二〇〇二）。この見解に基づくと、本条の「行命書及書署急者」は郵を、「不急者」は県・道を経由して伝達されたことになる。

命書（制書）は、皇帝の下した命令書で、そこには冊書に記された内容に次いで重大な事柄を記した（大庭

一九七九、一二五～一二六頁）。戦国秦において「命書」という呼称が用いられていたことは、「秦律雑抄」（〔一二〕第三三二簡、〔一二〕第三四六簡）から分かる。「署」とは、送信者が冊書に付した検に宛名や伝達方法を記すことで、緊急に伝達すべき文書の検には「行者走」・「吏馬馳行」などの伝達方法を記した（大庭一九八四、五一～五三頁）。

〔二〕 𩫖　〔案〕 整理小組は「𩫖」字を「畢」字に読み替えており、確かに両字は通仮する（高一九八九、五九三頁。王一九九三、七一五頁。王二〇〇八、六一〇頁）。

〔三〕 留者～論之　〔案〕 本条は伝達すべき文書を留め置いた者を「律」に基づいて処罰するよう記しているが、睡虎地秦簡からは実際に如何なる刑罰が科されたのかは不明。しかし、岳麓書院蔵秦簡「秦律令（壹）」（第一九二簡）に「●行書律曰、傳行書、署急輒行、不輒行、貲二甲。不急者、日𩫖（畢）。留三日、貲一盾。四日上、貲一甲。二千石官書」とあり、「急」と検署されている文書を留め置いた場合には貲二甲、急を要さない文書を三日留め置いた場合には貲一盾、それを四日以上留め置いた場合には貲一甲を科すとしている。ちなみに、漢律では、「二年律令」行書律（第二七三～二七四簡）に「郵吏居界過書、弗過而留之半日以上、罰金一兩」とあるように、文書を伝達せずに半日以上留め置いた者には罰金一両が科された。

〔四〕 行書　〔整理小組〕 行書とは、律名。文書の伝達に関する法律規定。〔案〕「行書律」の律名は岳麓書院蔵秦簡「秦律令（壹）」（第一九二～一九七簡）にも見える。また、「二年律令」（第二七七簡）にも「行書律」の律名が見え、同（第二六四～二七六簡）に文書伝達に関する規定が記されている。

書き下し文

命書及び書の「急」と署する者を行《や》れば、輒ち之を行れ。急がざる者も、日畢くれば、敢て留むる勿かれ。留むる者は律を以て之を論ぜよ。　行書

通釈

命書および「急」と検署されている文書を郵を経由して伝達する場合には、すみやかにそれらを伝達せよ。急を要さない文書も、日が暮れたら、いたずらに留め置くことのないようにせよ。（文書をしかるべき理由も無く）留め置く者は律の規定に基づいてその罪を論ぜよ。　行書

○第二五一～二五二簡（第一八四～一八五簡）

原文

行傳書受書必書其起及到日月夙莫以輒相報殹書有亡者亟告官隸臣妾老弱及不可誠仁者勿　二五一

令書廷辟有曰報宜到不來者追之　行書　二五二

校訂文

行・傳書受書、必書其起及到日月・夙莫（暮）、以輒相報殹（也）〔一〕。書有亡者、亟告官。隸臣妾老弱及不可誠仁者勿令〔二〕。書廷辟有「曰報」〔三〕、宜到不來者、追之〔四〕。　行書

注　釈

〔一〕行傳～報殹　〔整理小組〕夙暮とは、朝夕。〔案〕「夙莫」は、岳麓書院蔵秦簡「秦律令（壹）」（第二二三簡）に見える。また、「封診式」（第八二簡）に「夙莫」と類似する「蚤莫」が見える。陳偉は、ここでの「報」字を返信の意とした上で、「輒相報」とは、甲県が文書を乙県を経由して丙県に送信した後、乙県に対して当該の文書の受信日月時とそれを丙県に転送した送信日月時を返信するよう求めたことを示すものとする（曹二〇〇五、一五五～一五六頁。陳二〇〇九A）。返信としての「報」が実際に行われていたことは、里耶秦簡（8-156）に「四月丙午朔癸丑、遷陵守丞色下少内。謹案致之。書到言、署金布發。它如律令。欣手。四月癸丑水十一刻刻下五、守府快行少内」とあるように、遷陵守丞色が送信日月時を添えて少内に文書を下すと同時に、文書を受信した後に返信するよう少内に求めていることから分かる。張家山漢簡に本簡と同様の規定は見えないが、居延漢簡に「書到言」の句が散見することから明らかなように、漢代においても文書を受信・転送した者は、送信者に対して返信していた（大庭一九七九、一四六～一四七頁）。

〔二〕隸臣～勿令　〔整理小組〕不可誠仁とは、信頼が乏しいこと。〔案〕「老弱」は「為吏之道」（第七二八簡）にも見える。『史記』巻七項羽本紀の『集解』引如淳注に「律、年二十三傅之疇官、各從其父疇內學之。……今、老弱未嘗傅者皆發之。未二十三爲弱、過五十六爲老」とあるように、「弱」とは二三歳未満の者で、「老」とは五六歳以上の者。

「誠仁」は、『大戴礼記』文王官人篇に「誠仁必有可尊之色」とあるように、儒家が尊崇する徳目の一つ。『後漢書』巻五二崔駰列伝所載の掾吏の言に「朝廷初政、州牧峻刻。宥過申枉、誠仁者之心。然獨爲君子、將有悔乎」とあり、漢代では寛容な者を「誠仁」と評していた。ちなみに、秦律には「誠仁」に類似する「不仁」が見え、前段金布律（第一六一～一六三簡）・「法律答問」（第四三三簡）によると、「不仁」と判定された者は隷臣妾と同等に扱われたり、刑徒として護送された。これを参考にすると、本簡の「不可誠仁者」は「誠仁」ではないと判定されることによって、待遇上の差別を受けたと考えられる。

「勿令」について整理小組・栗勁・曹旅寧は、文書の伝達を命じない意に解する（栗一九八五、三六〇・三九三頁。曹二〇〇五、一五九頁）。李学勤は、里耶秦簡（8-157）に「正月戊戌日中、守府快行。正月丁酉、旦食時、隷妾冉以來。欣發」、同（16-5）に「丙辰水下四刻、隷臣尚行」とあることから、秦代では緊急性のない文書の伝達を隷臣妾が行う場合があったとする（李二〇〇三）。この見解に基づくと、本条において文書の伝達を禁止された「隷臣妾老弱及不可誠仁者」は、「隷臣妾のうち五六歳以上の者と一三歳未満の者、および誠仁ではないと判定された者」の意に解することができる。

〔三〕書廷～曰報　〔整理小組〕廷辟とは、おそらく郡県の役所からの召喚に関する文書であろう。報は、おそらく赴と読み、迅速に至るの意。〔案〕「秦律十八種」には県廷としての「廷」が散見するが、「奏讞書」中には法廷としての「廷」が見える（宮宅一九九八）。曹旅寧は、「二年律令」行書律（第二七六簡）に「諸獄辟書五百里以上、及郡縣官相付受財務當校計者書、皆以郵行」と見える「獄辟書」と本簡の「廷辟」をともに「司法文書」と解しており（曹二〇〇五、一五五～一五六頁）、それに基づくと、「廷辟」は法廷からの召喚状と解することができる。

整理小組は「報」字を「赴」字に読み替えており、確かに両字は通仮する（高一九八九、三六四頁）。しかし、本条には返信を意味する「報」字も見え、両者に異なる解釈をほどこすことには疑問が残る。ここではひとまず返信の意に解しておく。

〔四〕宜到～追之　【案】「追」字について、整理小組、フルスウェは、追跡調査の意に解している（フルスウェ一九八五、八六頁）。本条に見える「追」（追跡調査）が実際に運用されていたことは、里耶秦簡（9-4）に「卅四年八月癸巳朔甲午、陽陵守丞欣、敢言之。至今未報。謁追。敢言之。堪手」とあり、陽陵守丞欣が返信の遅れに対して「追」していることから分かる。

嶽麓書院蔵秦簡「秦律令（壹）」（第二二三簡）に「□律曰、傳書受及行之、必書其起及到日月・夙莫、以相報。宜到不來者、追之。書有亡者、亟告其縣」とあり、本条との関連に注目される。

書き下し文

書を行・傳し、書を受ければ、必ず其の起こる及び到るの日月・夙暮を書し、以て輒ち相報ぜよ。書に亡有らば、亟かに官に告げよ。隸臣妾の老弱なるもの及び不可誠仁者は令する勿かれ。廷辟に書するに「報を曰え」と有り、宜しく到るべくも來たらずんば、之を追え。　行書

通　釈

郵または県・道を経由して文書を伝達し、その文書を受信した場合には、必ず文書の送信日月時と受信日月時を記して返信せよ。当該の文書を紛失した場合には、すみやかに官府に報告せよ。隷臣妾のうち五六歳以上の者と二三歳未満の者および誠仁ではないと判定された者には（文書の伝達を）命じるな。法廷からの召喚状に「（文書の受信後に到着日月時を記して）返信せよ」と記してあり、（本来であればすでに法廷に返信が）到着しているべきであるにも関わらず未着の場合には、追跡調査せよ。　行書

内史雑

○第二五三簡（第一八六簡）

原文

縣各告都官在其縣者寫其官之用律　　内史雜

校訂文

縣各告都官在其縣者〔一〕、寫其官之用律〔二〕。　内史雜〔三〕

注釈

〔一〕縣各～縣者　【整理小組】県は、ここでは内史所轄の各県を指す。『漢書』地理志によると、漢の三輔はみな「故秦内史」に属していた。告は、『爾雅』釈言に「請也」とある。【案】本箇所の「告」を「請」と同義とするのは正確ではない。県と都官は上下関係にはないので（前段廏苑律第八六簡注〔一九〕）、県が都官に何らかの業務を行わせることは命令でもなく請求でもない。ゆえに「告」というのである。秦漢時代の官文書において、発信者と受信者の身分差が大きい場合には「謂」を用い、身分が近い場合には「告」を使うことが参考になる（大庭一九七九、一五六頁。鷹取二〇一五、九八～一〇七頁）。

〔二〕寫其～用律　【整理小組】写は書き写すこと。都官にはそれぞれ遵守する法律があるので、都官のある県は書き写しに行かなければならない。〔案〕『商君書』定分篇に「諸官吏及民有問法令之所謂於主法令之吏、皆各以其故所欲問之法令明告之」とある。すなわち官吏や民が「法令を主どるの吏」に法令の内容について問い合わせをした場合、「法令を主どるの吏」はその質問された法令を明確に告げなければならないという。その意味は本条と合致している。

〔三〕内史雜　〔整理小組〕内史雜とは、京師を治める内史の職務に関する各種法律規定である。

書き下し文

縣は各〃都官の其の縣に在る者に告げ、其の官の用いる律を寫さしめよ。　内史雜

通　釈

県はそれぞれその県にある都官に告げて、その都官が用いる律を書き写させよ。　内史雜

○第二五四簡（第一八七簡）

原　文

都官歲上出器求補者數上會九月内史☐　☐雜

校訂文

都官歲上出器求補者數、上會九月内史〔一〕。【内史】雜〔二〕

注釈

〔一〕上會~内史　〔整理小組〕上会とは、決算報告すること。〔案〕整理小組が「上會」を一語と解するのは誤り。武漢本は里耶秦簡「上眞見兵會九月朔日守府」（8-653）、「上人奴笞者、會七月廷」（8-1379）を参考に、「會」を集まることと解する。「上」は上級官庁に報告する意で、上句の「上出器求補者數」と対応する。「會」は下につなげて「九月に内史に會せ」と読むのであろう。ただし「會」は単に集まるという意味ではなく、「期会」の意味、すなわち上級庁が指定した期日に下級庁の官吏が上級庁に出頭すること（裘二〇一二、六〇頁）。なお九月に報告するのは、九月が年度末だからである。『続漢書』百官志五・郡国条「歳盡遣吏上計」の劉昭注に「盧植禮注曰、計斷九月、因秦以十月爲正故」とあるように、秦では十月を歳首としたことから九月が会計上の年度末とされていた（鎌田一九六二、三七七頁）。

〔二〕☐雜　〔案〕「雜」は小さな竹簡の残片に書かれており、上部の「都官~内史」と同じ簡なのかどうかは甚だ疑わしい。フルスウェはこの残簡が上部の簡に属することは認めるが、律名は律文の終わりから五、六センチ下のところに書くこと、また上部の簡の下端に文字の一部が残っていることを根拠として、残簡の置き方には誤りがあるとする（フルスウェ一九八五、九〇頁）。林清源は、「秦律十八種」の他の律文の標題の形式を参考にして、本条の標題は中央の編縄の下あたりにあっただろうと言う。そしてこの残片の下端が平らで、「雜」字の下に編縄の跡があることから、これが簡の下端であることが確認でき、ゆえにこの残片は上部の簡とは同じ簡ではないとする（林二〇〇二）。

書き下し文

都官は歳ごとに器を出し補を求むる者の数を上《たてまつ》り、上るものは九月に内史に會せよ。　内史雜

通　釈

都官は放出して補充を求める器の数量を毎年報告し、その報告は九月に内史に出頭して提出せよ。　内史雜

○第二五五簡（第一八八簡）

原　文

有吏請毆必以書毋口請毋羈請　　内史雜　　二五五

校訂文

有吏（事）請毆（也）〔一〕、必以書、毋口請、毋羈（寄）請〔二〕。　内史雜

注　釈

〔一〕有吏請毆　【案】吏は、整理小組・武漢本とも直接「事」に作っているが、字形は明らかに「吏」である。「請」の手続きについては「二年律令」置吏律（第二一九簡）にも規定があり、「縣道官有請而當爲律令者、各請屬所二千石官、二千石官上相國・御史、相國・御史案致、當請、請之。毋得徑請」という。これによれば、「請」とは単なる請求ではなく、皇帝（統一前は王）に請求することを意味する。

〔二一〕羈〔整理小組〕覊は、寄に読み、請託するの意。〔案〕羈は覊の異体字。「馬」の前に「糸」を加え、「覊繫」の意を表す。覊には「覉」という異体字があることからも分かるように（「奇」が声符として用いられている）、覊を寄に読むことには問題がない。また覊を「寄也」とする訓詁もあり（『広雅』釈詁三など）、「羈」字によって「寄」の意味を表すことに違和感もない。ただし「寄」の意味で用いられている覊字の用例を見てみると、みな「寄居」の意味であって（例えば『左伝』荘公二十二年「覉旅之臣…（中略）…敢辱高位」、杜預注「覉、寄。旅、客也」）、請託の意味ではないことには注意する必要がある。

書き下し文

事の請う有らば、必ず書を以てし、口請する毋く、寄請する毋かれ。　内史雜

通釈

請求することがある場合には、必ず書面をもって請求し、口頭で請求してはならず、人にたのんで請求してもらってはならない。　内史雜

259　内史雜

○第二五六簡（第一八九簡）

原文

官嗇夫免□□□□□□□□其官亟置嗇夫過二月弗置嗇夫〳令〳丞爲不從令　内史雜

校訂文

官嗇夫免〔一〕、□□□□□□□其官亟置嗇夫。過二月弗置嗇夫、令・丞爲不從令〔二〕。　內史雜

注　釈

〔一〕官嗇夫免　〔案〕官吏全般（「吏及佐・群官屬」）の免官・除官については前段置吏律（第二二四・二二五簡）に「以十二月朔日免・除、盡三月而止之。其有死・亡及故有夬（缺）者、爲補之、毋須時」とある。そうすると、本条は官嗇夫の免官・除官に関する特別規定と理解できるかもしれない。

〔二〕令丞～從令　〔整理小組〕簡文から推測するに、ここの令・丞は県の令・丞を指すにちがいない。官嗇夫は、県に属する機構の主管官吏である。〔案〕「不從令」はフルスウェが指摘するとおり（フルスウェ一九八五、八七頁）、「廢令」と同義。その定義は「法律答問」（第五一二簡）に見え、律に違反する行為をすることを「犯令」といい、律の規定を実施しないことを「廢令」という。本条では二ヶ月以内に新たな嗇夫を任命しないと「不從令」になると定めている。すなわち本律の規定を実施しないことを「不從令」としているわけだから、「不從令」は「廢令」と同義である。

書き下し文

官嗇夫免ぜられれば、□□□□□□□其の官は亟やかに嗇夫を置け。二月を過ぐるも嗇夫を置かずんば、令・丞は不從令と爲せ。　內史雜

通　釈

官嗇夫が職務を免ぜられた場合には、□□□□□□□その官はすみやかに嗇夫を置くこと。二ヶ月を過ぎても嗇夫を置かない場合には、県令・丞は不従令と見なせ。　内史雜

○第二五七簡（第一九〇簡）

原　文

除佐必當壯以上毋除士五新傅苑嗇夫不存縣爲置守如廏律　内史雜

校訂文

除佐必當壯以上〔一〕、毋除士五（伍）新傅〔二〕。苑嗇夫不存、縣爲置守〔三〕、如廏律〔四〕。　内史雜

注　釈

〔一〕壯　**〔整理小組〕**壯は壯年のこと、いにしえ一般には三十歳を指す。**〔案〕**『史記』巻八高祖本紀に「及壯、試爲吏、爲泗水亭長」とあり、秦において「壯」であることが官吏になるための一つの条件となっていたことが知られる。「壯」を三十歳とする整理小組の説は『礼記』曲礼上篇「三十曰壯」、射義篇「幼壯孝弟」鄭玄注「三十曰壯」、『釈名』釈長幼「三十曰壯、言丁壯也」などによるものだろう。しかし秦代に三十歳を「壯」としたという記述は見られない。しかも「編年記」によれば睡虎地十一号墓の墓主である喜は数え年で十九歳のときに史になっており、「壯」が三十歳を指すと考えると、この事実を説明することができない。秦代にいか

なる基準で「壯」を認定していたのかは現時点では未詳とせざるを得ない。

〔二〕毋除～新傅　〔整理小組〕士伍は、『漢旧儀』に「無爵爲士伍」とある。すなわち爵位のない成年男子のこと。傅は、『編年記』注〔四五〕参照。〔案〕傅とは、傅籍、すなわち成年となって労役に服する者の名簿に名を登録すること。張家山漢簡「二年律令」に傅律があり、傅籍の年齢について「不更以下子年廿歳、大夫以上至五大夫子及小爵不更以下至上造年廿二歳、卿以上子及小爵大夫以上年廿四歳、皆傅之。公士・公卒及士五（伍）・司寇・隱官子、皆爲士五（伍）」と定めている（第三六四・三六五簡）。これによると無爵者の士伍の子ですら二〇歳で傅されるというのに、「編年記」によると睡虎地十一号墓の墓主喜は数え年で一七歳のときに傅されている。秦代の傅籍の年齢は「二年律令」傅律の規定とは異なっていたようである。

〔三〕縣爲置守　〔案〕「爲置守」は「爲之置守」（之が爲めに守を置け）の意。類例は多いが、例えば『後漢書』卓茂列伝に、卓茂が密県の令に就任したばかりのとき、官吏からも民衆からも無能者扱いされ、「河南郡爲置守令」（河南郡は彼のために県令代理を置いた）とある。

〔四〕廏律　〔整理小組〕廏律とは、廏苑律のこと。〔案〕廏苑律は第八〇～八七簡に見えるが、苑守嗇夫の設置の仕方についての規定は含まれていない。なお官嗇夫不在の場合の守官の置き方については前段置吏律（第二二八簡）に「官嗇夫節（即）不存、令君子毋害者若令史守官、毋令官佐・史守」とある。

書き下し文

佐を除するには必ず當に壯以上たるべく、士伍の新傅を除する毋かれ。苑嗇夫存せずんば、縣の爲めに守を置くこと、廏律の如くせよ。　内史雜

通釈

佐を任命する場合には必ず壮年以上の者でなければならず、成人になったばかりの士伍を任命してはならない。苑嗇夫が不在の場合、県は廐律の規定にもとづいてその者のために代理を置け。　内史雜。

○第二五八簡（第一九一簡）

原文

令敖史毋從吏官府非史子殹毋敢學=室犯令者有辠　　内史雜　　二五八

校訂文

令敖史毋從吏（事）官府〔一〕。非史子殹（也）、毋敢學學室〔二〕。犯令者有辠。　内史雜

注釈

〔一〕令敖～官府　【整理小組】敫の字は未詳。「赦」字の誤りではないか。従事官府とは、官府で働くこと。「法律答問」「大夫甲堅鬼薪」条（訳者注：第四九七・四九八簡）参照。【案】整理小組が「敫」と釈した字は「敖」である。この字は秦封宗邑瓦書にも見え、陳直が「大田佐敖童」と釈して以来（陳一九五七）、まったく異論のないところである。賈誼『新書』春秋篇に「傲童」が見え、また「秦律雜抄」第三六〇簡、「法律答問」第五三五簡にも「敖童」が見える。董珊は、本条の「敖史」を史になるための学習をしている敖童の意味であるとし、敖史に官府で仕事をさせてはならないという規定は、前条第二五七簡「除佐必當壯以上」と同じ趣旨で、

見習い中の未成年者を佐や史として働かせてはならないということだという（董二〇〇四）。この解釈に従うべきである。「二年律令」史律（第四七四簡）に「史・卜子年十七歳學。史・卜・祝學童學三歳…（中略）…皆會八月朔日試之」とあり、正式に史になる試験を受ける前の見習いの史を史学童と呼んでいる。「敖史」とは具体的にはこの史学童のことを指すのだろう。

〔二〕學室　**〔整理小組〕**学室とは、簡文からすると学校の一種である。いにしえ文書を職務とする史は代々世襲され、幼いときから文字の読み書きの教育を受けなければならなかった。『編年記』注〔四七〕参照。**〔案〕**「二年律令」傅律（第三六五簡）に「疇官各從其父疇、有學師者學之」とあり、世襲の官職は代々父親か学師から学ばなければならなかった。おそらく本条の学室とは、後者の学師が教える学校のことを指すのだろう。

書き下し文

敖史をして官府に從事すること毋からしめよ。史の子に非ずんば、敢えて學室に學ぶ毋かれ。令を犯す者は辠有り。

内史雜

通　釈

敖史が官府で仕事をすることのないようにせよ。史の子でなければ、学室で学んではならない。この令に違反する者は処罰する。　内史雜

○第二五九簡（第一九二簡）

原　文

下吏能書者毋敢従史之吏　　内史雜

校訂文

下吏能書者〔一〕、毋敢従史之吏（事）。　内史雜

注　釈

〔一〕下吏　【整理小組】下吏は、前段工人程「隷臣・下吏・城旦與工従事者冬作」条の注〔二〕（訳者注：第一七五簡注〔二〕）参照。次の一条を参考にすると、ここでの下吏はやはり一種の犯罪者であることが分かる。

書き下し文

下吏の書を能くする者、敢えて史の事に従う毋かれ。　内史雜

通　釈

下吏は、文書を書くことができる者でも、史の業務に従事してはならない。　内史雜

○第二六〇簡（第一九三簡）

原文

侯司寇及羣下吏毋敢爲官府佐吏及禁苑憲盜　内史雜　二六〇

校訂文

侯（候）〔一〕・司寇及羣下吏毋敢爲官府佐・吏（史）〔二〕及禁苑憲盜〔三〕。　内史雜

注釈

〔一〕侯　**〔整理小組〕**候の原義はうかがう。ここでは敵情をさぐる刑徒として用いられている。「秦律雜抄」・「法律答問」参照。**〔案〕**候は『説文』人部に「伺望也」とあるが、なぜ刑徒としての「候」の任務が「敵情をさぐる」ことに特定できるのか、その根拠は不明。広く見張りの任務にあたる刑徒と解する方が自然ではないか。なお整理小組が引用する「秦律雜抄」、「法律答問」とは第三三二簡・第三三四簡・第四八七簡のことで、句例はみな「耐爲侯（候）」である。睡虎地秦簡に見える刑徒としての候の用例は、本条以外にはこの三条ですべてである。

〔二〕佐吏　**〔案〕**吏は、整理小組は「史」に作る。武漢本は「吏」に作り、「史」には読まない。按ずるに、字は確かに「吏」であるが、「史」に読むべきである。第二五七簡から本条までの四条はいずれも佐あるいは史として働くことができる者の資格についての規定である。佐と史はしばしば並んで現れる最下層の官吏であり、だからこそ未成年者や刑徒に務めさせてもよいかどうかということが問題になるのである。

〔三〕憲盜　【整理小組】憲盜は、簡文からすると、「盜」を捕らえる職名であり、「法律答問」（第三七一・三七二簡）では「害盜」に作る。「憲」字は『說文』に「害の省声」とあり、ゆえに「害」字と通仮する。

書き下し文

侯・司寇及び羣下吏は敢えて官府の佐・史及び禁苑の憲盜と爲る毋かれ。　内史雜

通　釈

侯・司寇および諸々の下吏は、官府の佐・史および禁苑の憲盜となってはならない。　内史雜

○第二六一簡（第一九四簡）

原　文

有實官縣料者各有衡石贏斗甬期踐計其官毋叚百姓不用者正之如用者　内史雜　二六一

校訂文

有實官縣料者〔一〕、各有衡石贏（纍）・斗甬（桶）、期踐（足）。計其官、毋叚（假）百姓。不用者、正之如用者〔二〕。

内史雜

注　釈

〔一〕縣料　**〔整理小組〕**料は、『説文』に「量なり」とある。県料とは計量の意。**〔案〕**県料は、「県」と「料」の字義と下文を合わせて考えるに、「県」ははかり（衡石）で重さを測ること、「料」はます（斗桶）で容量を測ることと区別できるだろう。

〔二〕正之～用者　**〔案〕**整理小組は「正」を「校正準確」と訳す。おもりやますを正確に調整しておくという意味。「效律」〔三〕第二七一～二七二簡、〔四〕第二七三～二七五簡に「衡石不正、十六兩以上、貲官嗇夫一甲」、「甬（桶）不正、二升以上、貲一甲」、「斗不正、半升以上、貲一甲」などとあり、正確に調整していない場合の処罰が定められている。

書き下し文

實官の縣料する有らば、各〻衡石の纍・斗桶有りて、足るを期せよ。其の官に計り、百姓に假す毋かれ。用いざる者は、之を正すこと用いる者の如くせよ。　内史雜

通　釈

計量を行う実官がある場合には、それぞれはかりのおもり・ますを足りるように準備しておくこと。計量はその官府で行い、民衆に貸してはならない。用いない計量器具であっても、用いるときと同じように正確に調整せよ。　内史雜

○第二六二・二六三簡（第一九五・一九六簡）

原文

有實官高其垣牆它垣屬焉者獨高其置芻廥及倉茅蓋者令人勿紤舍∠非其官人殹毋敢舍焉　二六二

善宿衛閉門輒靡其旁火慎守唯敬有不從令而亡有敗失火官吏有重辠大嗇夫丞任之内　二六三

校訂文

有實官高其垣牆。它垣屬焉者〔一〕、獨高其置芻廥及倉茅蓋者〔二〕。令人勿紤（近）舍。非其官人殹（也）、毋敢舍焉。

善宿衛、閉門輒靡其旁火〔三〕、慎守唯敬〔四〕。有不從令而亡、有敗〔五〕、失火〔六〕、官吏有重辠、大嗇夫・丞任之。

内〔七〕

注釈

〔一〕屬　**〔整理小組〕**属は、つながる。

〔二〕獨高～茅蓋　**〔案〕**廥は『説文』广部に「芻藁之藏」とある。本句は、実官の壁を高くするときに、それとつながっている他の壁もそれに合わせて高くするかどうかということを問題にしているが、芻を置いている廥と茅葺きの倉の壁のみ高くせよというのは、実官の壁のみ高くせよという意味だろう。ということは、こうした廥や倉をまとめて表す語が「実官」ということになる。

〔三〕靡　**〔整理小組〕**靡は、消す。

〔四〕慎守唯敬　**〔案〕**整理小組は敬を儆（警戒する）に読むが、他の字に読みかえる必要はないだろう。例えば

『左伝』宣公十七年「爾従二三子唯敬」、『国語』晋語五「爾勉従二三子以承君命唯敬」とあるように、「～唯敬」とは「～をつつしんでおこなうように」という意である。

〔五〕有敗　【案】敗について、整理小組は「損壊する」と訳す。銀雀山漢簡「守法守令等十三篇」庫法篇に「恐處瓶（藏）之空扇（漏）、室屋毀敗。而吏嗇夫弗知、大罪也」（第八四六簡）とあり、庫を管理する官吏は建物が損壊しないように気をつけねばならないということが述べられている。

〔六〕失火　【案】失火とはあやまって火事を起こしてしまうこと。「賊燔」（悪意を持って火をつけること）の対義語。「二年律令」賊律（第四・五簡）に「賊燔城・官府及縣官積冣（聚）、棄市。賊燔寺舎・民室屋廬舎積冣（聚）、黥爲城旦舂。其失火延燔之、罰金四兩、責（債）所燔」とある。

〔七〕内　【案】林清源は、この字が「内」であるかどうかは定かではない、「秦律十八種」に「内史雜」を「内」と略称する例は他にはない、「秦律十八種」はみな律本文と標題の間にある程度の空白を置くがこの「内」字の前には空白がない、という三点を根拠として、この字は律名ではなく、もとはこの後ろにまだ別の文章が続いていた可能性が極めて高いという（林二〇〇二）。按ずるに、残筆から判断するに、この字は確かに「内」であるように見える。またこの「内」が絶対に律名ではないという確証もない。しばらく整理小組の処理に従う。

書き下し文

實官有らば其の垣牆を高くせよ。它垣の焉れに屬《つ》く者あらば、獨り其の芻を置く廥及び倉の茅もて蓋する者のみ高くせよ。人をして近づきて舍すること勿からしめよ。其の官の人に非ずんば、敢えて焉れに舍する毋かれ。善く宿衞し、門を閉ずれば輒ち其の旁火を靡《け》し、愼みて守るを唯れ敬め。令に従わずして亡う有り、敗有り、失火あれば、官吏に重辠有り、大嗇夫・丞之を任ぜよ。　内

通　釈

実官がある場合には、実官の壁を高くせよ。他の壁がそれとつながっている場合には、まぐさを置いている廥と茅葺きの倉（の壁）のみ高くせよ。外部の者に近づかせたり宿泊させてはならない。その官署の者でなければ官署に宿泊してはならない。よく宿衛し、門を閉じるとすぐに周囲の火を消し、慎重に守衛することをこころがけよ。本律に従わないで何かをなくしたり、壊したり、あやまって火事を起こしたりした場合には、その官吏は重く処罰する。大嗇夫と丞は（官吏の失敗に対して）保証責任を負え。　内

○第二六四・二六五簡（第一九七・一九八簡）

原　文

毋敢以火入臧府書府中吏已收臧官嗇夫及吏夜更行官毋火乃閉門戸令=史循其廷府節新爲　二六四
吏舍毋依臧府書府　内史雜　二六五

校訂文

毋敢以火入臧（藏）府・書府中〔一〕。吏（事）已、收臧（藏）〔二〕。官嗇夫及吏（史）夜更行官〔三〕。毋火、乃閉門戸。令令史循其廷府〔四〕。節（即）新爲吏舍、毋依臧（藏）府・書府〔五〕。　内史雜

注釈

〔一〕毋敢～府中　〔整理小組〕蔵府は、器物を収蔵する倉庫。書府は文書を収蔵する倉庫。〔案〕「二年律令」戸律（第三三一～三三二簡）に「民宅圖・戸籍・年紬籍・田比地籍・田合籍・田租籍、謹副上縣廷、皆以篋若匣匱盛、緘閉、以令若丞・官嗇夫印封、獨別爲府、封府戸」とある（本律の釈文・断句は陳二〇一一参照）。ここには人民に関する様々な簿籍を保管するために別個に「府」を作るとあり、この「府」が書府であろう。井上亘は、甲渠候官遺址（破城子、Ａ８）のＦ22と名付けられた部屋を漢代書府の実例とし、そこから出土した文書を検討することにより、書府とは「案件ごとに付け札をつけてファイルされた案巻を、書架にずらりとならべた文書庫」であるとしている（井上二〇〇五）。

〔二〕吏已収臧　〔案〕整理小組はこの四字を「官吏が物品を収蔵しおえたら」と訳している。陳偉は「吏」を「事」に読み、この四字を「吏（事）已、收臧（藏）」と断句して、「火を使い終えたら、ちゃんと拾って保存しておく」と解釈する（陳二〇一三ａ）。按ずるに、陳偉氏の「吏」を「事」に読むこととこの四字の断句は従うべきであるが、文意の解釈は検討の余地がある。「事已、收藏」とは、器物・文書を使う用事が済んだら、それらを藏府・書府に収蔵するようにという意味だろう。

〔三〕官嗇～行官　〔案〕「官嗇夫及吏」の「吏」は、字のとおりに理解しては具体的にいかなる官吏を指しているのか分からない。ここは「史」に読み、官嗇夫の属吏である官史のことと理解すべきである。行は巡視するの意。例えば『管子』立政篇に「行郷里、視宮室、觀樹藝、簡六畜」とある。「官」は「官府」のことで、官嗇夫の職場の総称（仲山二〇〇一）。

〔四〕令令～廷府　〔案〕この句は上文の「官嗇夫及吏夜更行官」と対応している。すなわち、官嗇夫と官史は「官

（府）」を見回り、令史は「廷府」を見回るということだろう。「廷府」の「廷」とは「県廷」のことで、令史は県令・県丞に直属し、県廷で勤務していた（仲山二〇〇一）。「府」は上文の藏府・書府のことだろう。

〔五〕依　【整理小組】依は、近づく。

書き下し文

敢えて火を以て藏府・書府中に入る毋かれ。事已めば、収藏せよ。官嗇夫及び史は夜〃更〃官を行《めぐ》れ。火毋くば、乃ち門戸を閉じよ。令史をして其の廷府を循らしめよ。即し新たに吏舎を爲らば、藏府・書府に依る毋かれ。　内史雑

通釈

火を携帯して藏府・書府の中に入ってはならない。用事が済んだら、（器物・文書を）収藏せよ。官嗇夫と官史は毎夜交代で官府を見回れ。火がないことを確認してから、門と戸を閉じよ。令史に廷府を見回らせよ。新たに吏の宿舎を建てる場合には、藏府・書府に近いところに建ててはならない。　内史雑

尉雑

○第二六六簡（第一九九簡）

原文

歲讎辟律于御史　　　　　　尉雜

校訂文

歲讎辟律于御史〔一〕。　尉雜〔二〕

注釈

〔一〕辟律　【整理小組】辟律は、刑律のこと。御史については、『史記』張蒼列伝に「蒼……好書律曆、秦時爲御史、主柱下方書」とある。『商君書』定分篇には、法令はすべて副本をとっておいて、文字の変改を防ぐとある。本条は廷尉が御史のところへ行って法律の条文を照合することを述べているのだろう。【案】御史は御史大夫のこと。『史記』巻五三蕭相国世家に「沛公至咸陽、諸將皆爭走金帛財物之府分之、何獨先入收秦丞相・御史律令圖書藏之」とあり、律令は御史大夫のところに保管されていた。なお、整理小組がこの律文の主語を廷尉とするのは、本律が尉雑律であることによるが、この「尉」を廷尉と解するのは妥当ではない。下注参照。

〔二〕尉雜　【整理小組】尉は、ここでは廷尉を指す。『漢書』百官公卿表に「廷尉、秦官、掌刑辟」とあり、司法官である。尉雑とは、廷尉の職務に関する各種法律規定である。〔案〕本律名の「尉」を廷尉とする整理小組の説はおそらく誤り。廷尉を「廷」と略称している例は確認できるが（廣瀬二〇一〇、二四一～二四三頁）、「尉」と略称している例はない。また岳麓書院蔵秦簡「秦律令（壹）」には「尉卒律」という律があり、その内容は廷尉の職務と関係がない（周二〇一五A、周二〇一五B）。さらに『説文』叙に尉律という律名が見え、その内容も廷尉の職務と関係がない。これら律名中の「尉」が具体的にどの尉を指しているのか、すべて同じ官を指しているのか、現時点では詳らかにしがたい。

書き下し文

歳ごとに辟律を御史に讎せよ。　尉雑

通　釈

毎年御史のところで刑律の校正を行え。　尉雑

○第二六七簡（第二〇〇簡）

原　文

□其官之吏□□□□□□□□□□灋律程籍勿敢行=者有辠　尉雜

校訂文

□其官之吏□□□□□□□□□□□灋律程籍、勿敢行、行者有辠〔一〕。　尉雜

注釈

〔一〕□～有辠　【整理小組】本条は欠字がはなはだ多く、解釈できない。

※書き下し文・通釈は省略

屬邦律

○第二六八簡（第二〇一簡）

原文

道官相輸隷臣妾收人必署其已稟年日月受衣未受有妻毋有受者以律續食衣之　屬邦

二六八

校訂文

道官相輸隷臣妾・收人〔一〕、必署其已稟年日月、受衣未受、有妻毋有〔二〕。受者以律續食衣之〔三〕。　屬邦〔四〕

注釈

〔一〕道官～收人　〔整理小組〕道は、少数民族が集居している県。『語書』第一段注〔二〕参照。收人は収捕された人。〔案〕道は『漢書』巻一九百官公卿表上・県条に「有蠻夷曰道」とある。「道官」は「縣官」と対になる語。「縣道官」という語が漢代の文献に散見するが（例えば『漢書』巻二三刑法志「縣道官獄疑者、各讞所屬二千石官」）、これは県官と道官の意と理解できる。石岡浩は、「二年律令」において隷臣妾と収人がつねに並記され、法律上同じ処置を受けることを示す条文が散見することを指摘する（石岡二〇〇五）。本条が刑徒の中で隷臣妾と収人のみを対象にしているのは、隷臣妾・収人と他の労役刑徒との間にこうした違いが存在していたからであろう。

〔二〕有妻毋有　〔案〕ここで妻の有無が問題となるのは、妻がいる場合には衣服は自弁となるからである。前段司空律（第二〇八・二〇九簡）に「隷臣妾・城旦舂之司寇・居貲贖責（債）毄（繫）城旦舂者、勿責衣食。…（中略）…隷臣有妻、妻更及有外妻者、責衣」とある。

〔三〕受者～衣之　〔案〕「受者」について、整理小組は「もし受給者であれば」と訳す。それに対し武漢本は、「道官相輸」時の隷臣妾・収人を受け取った側であるとする。按ずるに、武漢本の説に従うべきである。この句は、隷臣妾・収人を受け取った道官は、彼等がもと所属していた道官にひきつづいて、彼等に衣食を支給せよという意味である（引渡時に隷臣妾の衣食の支給状況について書類を作成するのはそのためである）。なお隷臣妾の食料支給に関しては倉律第一一六～一一九簡等に規定があり、衣服の支給に関しては金布律第一六一～一六三簡等に規定がある。「以律續食衣之」の律とは具体的にはこれらの律を指すと思われる。

〔四〕属邦　〔整理小組〕属邦は、少数民族を管理する機構であり、秦兵器の銘文に見える。漢代では高祖劉邦の諱を避けて、属国・典属国と改めた。『漢書』百官公卿表に見える。本条は属邦の職務に関する法律である。〔案〕属邦とは、異民族の住む行政単位の一つ。道が県と対応するのに対して、属邦は郡と対応する。工藤元男は、「秦は隣接する異民族居住地を征服すると、そこに郡を開置したが、しかしそれは内郡と異なって法制的には臣邦（属邦）として位置づけられた」と指摘している（工藤一九九八、一一〇頁）。

書き下し文

道官の隷臣妾・收人を相輸《おく》るに、必ず其の已に稟する年日月、衣を受くるか未だ受けざるか、妻有るや有る毋きやを署《しる》せ。受くる者は律を以て續けて之を食衣せしめよ。　屬邦

通　釈

道官の間で隷臣妾・収人を送りあう場合、それらの隷臣妾・収人がすでに食料を受けとった年日月、衣を受けとったかどうか、妻がいるかどうかを必ず記載せよ。（隷臣妾・収人を）受けとった側は律にもとづいて継続して彼等に食料・衣服を支給せよ。　属邦

「效律」訳注

○〔一背〕第二六九簡背面（第一簡背面）

二六九背

原文

效

校訂文

效〔一〕

注釈

〔一〕效【整理小組】この字は簡の背面の律名である。【案】效律は、簡長約二七センチの竹簡六〇枚からなり、官府の物品管理に関する律文三〇条を収載する。整理小組の效律冒頭の説明では、簡の書写の様態から「效律」と「秦律雜抄」を同一人物の書写と見なす。確かに「效律」と「秦律雜抄」は、簡長二七センチの簡に三〇字前後の文字を記し、広い字間で文字がゆったりと記されている。これに対し、「秦律十八種」は簡のサイズこそ同じものの四六字前後を小さな文字でつめて記しており、「法律答問」は簡長が約二五センチとより短く、四六字前後が緊密に記されている。「封診式」も簡長は二五センチで四〇字前後が記されている。こうした差異は書写者の違いによるものである可能性もあるが、参照したもとの簡と書写した簡との長さの違いによるものである可能性もある。すなわち、「效律」・「秦律雜抄」はほぼ同じ長さの簡に書き写したために字間を広くとることができたが、「秦律十八種」・「法律答問」・「封診式」に関してはより短い簡に文字を詰めて書き写したため、両者の間で書写の様態に差異が生じてしまった可能性も考えられる。

「秦律十八種」效律と「效律」の関係について、整理小組は「效律」の内容を抜粋して作られたのが「秦律十八種」效律であるとする。対して江村治樹は、「效律」中に「秦律十八種」倉律（第八八～九〇簡）・「秦律雑抄」臧律（［一〇］第三四簡）とほぼ同内容の条文があることに注目し、それらが倉律・臧律を手直しして「效律」中に取り込んだためと考えられることから、「效律」は他の律をもとにして後に編纂されたとする（江村二〇〇〇、六八二～六八五頁）。佐々木研太は、「效律」が倉律の条文をほぼそのまま取り込んでいるのに対し、「秦律十八種」效律は律文を分断していることに注目し、「效律」をさらに分断して書写したものが「秦律十八種」效律であるとする（佐々木二〇〇二）。

※書き下し文・通釈は省略

○［一正］第二六九簡正面（第一簡正面）

原　文

爲都官及縣效律其有贏不備物直之以其賈多者辠之勿贏

二六九正

校訂文

爲都官及縣效律〔一〕。其有贏・不備、物直（値）之、以其賈（價）多者辠（罪）之、勿贏（纍）〔二〕。

注釈

〔一〕爲都～效律　**〔案〕**「爲～律」で始まる書式は、青川木牘に「更修爲田律」と見える（四川一九八二）。林剣鳴は、本句が「效律」を発布したときの詔文の一部であった可能性を指摘している（林一九八二）。なお、王家台秦簡「效律」に本条とほぼ同内容の律文が見える（荊州一九九五）。

〔二〕其有～勿羸　**〔整理小組〕**累は、累計すること。**〔案〕**後段第二七七・二七八簡や第二八〇～二八四簡では、物品の不足・超過分を銭に換算し、その額に基づいて責任者の処罰を規定している。「以其賈（價）多者辠（罪）之、勿羸（纍）」とは、複数の物品で不足・超過分が出た場合、最も高額な物品の金銭的価値に基づいて処罰を定め、総計に基づいて処罰してはならない、という意味であろう。これは、被疑者が複数の罪を犯した場合、最も重い罪に基づいて処罰するという、いわゆる二罪従重の原則と通底する。

書き下し文

都官及び縣の效律を爲る。其《も》し羸・不備有らば、物ごとに之を値し、其の價の多き者を以て之を罪し、纍《かさ》ぬる勿かれ。

通釈

都官及び県の効律を制定する。（管理する物品に）超過・不足がある場合、物品ごとに（超過・不足分を）銭に換算し、最も高額の物品の額に基づいて処罰し、（物品ごとの超過・不足分をすべて）累計して（処罰して）はならない。

○〔二〕第二七〇簡（第二簡）

原文

官嗇夫冗吏皆共賞不備之貨而入贏

校訂文

官嗇夫・冗吏皆共賞（償）不備之貨而入贏〔一〕。

注釈

〔一〕官嗇～入贏　【整理小組】貨は財貨のこと。【案】精装本の釈文は「冗吏」を「冗長」に作るが、誤り。

書き下し文

官嗇夫・冗吏は皆共に不備の貨を償いて贏を入れよ。

通釈

官嗇夫と冗吏は共に不足分の財物を弁償し、超過分はそのまま（倉庫に）納入せよ。

○〔三〕第二七一・二七二簡（第二・三簡）

原　文

衡石不正十六兩以上貲官嗇夫一甲不盈十六兩到八兩貲一盾⊿甬不正二　二七一
升以上貲一甲不盈二升到一升貲一盾　二七二

校訂文

衡石不正〔一〕、十六兩以上、貲官嗇夫一甲。不盈十六兩到八兩、貲一盾。甬（桶）不正、二升以上、貲一甲。不盈二升到一升、貲一盾。

注　釈

〔一〕衡石不正　【整理小組】衡石とは、ここでは重量制の単位である石を指す。不正とは、不正確なこと。本条および下条の中にはみな重量制と容量制が含まれている。

書き下し文

衡石の正しからざること、十六兩以上ならば、官嗇夫に一甲を貲せよ。十六兩に盈たざるより八兩に到るまでならば、貲一盾。桶の正しからざること、二升以上ならば、貲一甲。二升に盈たざるより一升に到るまでならば、貲一盾。

通釈

衡石（の精度）が正しくない場合、（一石あたり）十六両以上（の誤差）であれば、官嗇夫を貲一甲に処する。（一石あたり）十六両未満から八両まで（の誤差）であれば、（官嗇夫を）貲一盾に処する。桶の精度が正しくない場合、二升以上の誤差であれば、（官嗇夫を）貲一甲に処する。二升未満から一升まで（の誤差）であれば、（官嗇夫を）貲一盾に処する。

○［四］第二七三～二七五簡（第四～六簡）

原文

斗不正半升以上貲一甲不盈半升到少半升貲一盾∠半石不正八兩以　二七三
上鈞不正四兩以上∠斤不正三朱以上∠半斗不正少半升以上∠參不正六　二七四
分升一以上∠升不正廿分升一以上∠黄金衡羸不正半朱上貲各一盾　二七五

校訂文

斗不正、半升以上、貲一甲。不盈半升到少半升、貲一盾。半石不正、八兩以上、鈞不正〔一〕、四兩以上、斤不正〔二〕、三朱（銖）以上、半斗不正、少半升以上、參不正〔三〕、六分升一以上、升不正、廿分升一以上、黄金衡羸（纍）不正、半朱（銖）【以】上〔四〕、貲各一盾〔五〕。

注釈

〔一〕鈞　〔整理小組〕鈞は、重量制の単位であり、三〇斤である。

〔二〕斤　〔整理小組〕銖は、重量制の単位であり、二十四分の一両である。

〔三〕參　〔整理小組〕參は、三分の一斗。「秦律十八種」倉律「城旦之垣及它事而勞與垣等者」条（訳者注：第一二二・一二三簡）注〔四〕参照。

〔四〕黄金～朱上　〔整理小組〕黄金衡纍は、黄金の重さをはかるのに用いる天秤の分銅。「以」字はもとは抜けていた。

〔五〕斗不～一盾　〔案〕本条では貲刑に処される対象が明記されていないが、前条（第二七一・二七二簡）と同様、官嗇夫であろう。丘光明らは、出土銅権の重量の誤差が約二～五パーセントであるのに対し、「效律」の要求する誤差の範囲が約〇・八パーセントであることから、秦律が標準器にかなりの精度を要求していたことを指摘する（丘二〇〇一、一九〇～一九一頁）。なお、整理小組は本条に見える重量制と容量制の数値を表として示しているが、ここでは省略する。

書き下し文

斗の正しからざること、半升以上ならば、貲一甲。半升に盈たざるより少半升に到るまでならば、貲一盾。半石の正しからざること、八兩以上、鈞の正しからざること、四兩以上、斤の正しからざること、三銖以上、半斗の正しからざること、少半升以上、參の正しからざること、六分升一以上、升の正しからざること、廿分升一以上、黄金衡纍の正しからざること、半銖以上ならば、各〃貲一盾。

通釈

斗（の精度）が正しくない場合、半升以上（の誤差）であれば、（官嗇夫を）貲一甲に処する。二分の一升未満から三分の一升まで（の誤差）であれば、（官嗇夫を）貲一盾に処する。二分の一石（のおもりの精度）が正しくなく、（その誤差が）八両以上である場合。一鈞（のおもりの精度）が正しくなく、（その誤差が）四両以上である場合、一斤（のおもりの精度）が正しくなく、（その誤差が）三銖以上である場合、二分の一斗（のますの精度）が正しくなく、（その誤差が）三分の一升以上である場合、三分の一斗（のますの精度）が正しくなく、（その誤差が）六分の一升以上である場合、一升（のますの精度）が正しくなく、（その誤差が）二十分の一升以上である場合、黄金専用のはかり（のおもりの精度）が正しくなく、（その誤差が）二分の一銖以上である場合、いずれも（官嗇夫を）貲一盾に処する。

○［五］第二七六～二七八簡（第七～一〇簡）

原文

數而贏不備直百一十錢以到二百廿錢誶官嗇夫過二百廿錢以到千一百　二七六
錢貲嗇夫一盾過千一百錢以到二千二百錢貲官嗇夫一甲過二千二百錢　二七七
以上貲官嗇夫二甲　二七八

校訂文

數而贏不備〔一〕、直（値）百一十錢以到二百廿錢、誶官嗇夫。過二百廿錢以到千一百錢、貲嗇夫一盾〔二〕。過千一百錢以到二千二百錢、貲官嗇夫一甲。過二千二百錢以上、貲官嗇夫二甲。

注釈

〔一〕數而贏不備　〔整理小組〕数は、物品の数をかぞえること。〔案〕「數而贏不備」の「數」が何の数かは不明。後掲效律（第二七九～二八四簡）の「縣料」との違いをふまえると、本条の「數」は物品の体積・重量でなく個数であろう。すると本条は、官有器物等の余剰や不足が何個かを調べた上で、それを金銭価値に換算し、価格に応じて官嗇夫を処罰する規定と解される。「秦律十八種」金布律（第一四四～一四六簡）によると、官有の器物（公器）や家畜を失った場合には最終的に官嗇夫と吏主者が賠償責任を負うので、官嗇夫は官有の器物や家畜を失った場合まず賠償した上で叱責を受けるか貲刑に処されたのであろう。余剰を出した場合は賠償せず、叱責か貲刑の対象となったとみられる。「秦律十八種」金布律（第一四七～一四八簡）によれば官嗇夫の納めた賠償金は小内に納入された。

〔二〕直（値）～一盾　〔案〕本句末尾に「貲嗇夫一盾」とあり、「嗇夫」への科刑が規定されているが、前後の句に「官嗇夫」に対する科刑が規定されているので、この「嗇夫」も「官嗇夫」の省略であろう。

書き下し文

數えて贏・不備あり、値百一十錢より以て二百廿錢に到らば、官嗇夫を誶せ。二百廿錢を過ぐるより以て千一百錢に到らば、嗇夫に貲すること一盾とせよ。千一百錢を過ぎて以て二千二百錢に到らば、官嗇夫に貲すること一甲とせよ。二千二百錢以上を過ぎば、官嗇夫に貲すること二甲とせよ。

通　釈

（物品を）数えて余り・不足があった場合、その価格が一一〇銭～二二〇銭であれば官嗇夫を叱責せよ。二二〇銭超～一一〇〇銭であれば官嗇夫に貲一盾を科せ。一一〇〇銭～二二〇〇銭であれば官嗇夫に貲一甲を科せ。二二〇〇銭以上であれば官嗇夫に貲二甲を科せ。

○［六］第二七九簡（第一一簡）

原　文

縣料而不備者欽書其縣料殹之數

校訂文

縣料而不備者、欽書其縣料殹之數〔一〕。

注釈

〔一〕縣料～之數 〔**整理小組**〕欽は咸と読む。長沙馬王堆漢墓帛書『周易』の「咸」卦はみな「欽」に作る。咸書は、すべて明記すること。〔**案**〕「縣料」は、体積や重量を計量すること（「秦律十八種」内史雑第二六一簡参照）。対象物の個体数を数える前掲效律（第二七六～二七八簡）とは異なる。官有の穀物や塩等の「不備」に適用されたのであろう。

「欽」を整理小組は「咸」に読み替え、フルスウェは読み替えずに「慎重に」と解する可能性を指摘（フルスウェ一九八五、九四～九五頁）。とりあえず前説に従う。本条の「殹」は意味不明とされる（フルスウェ一九八五、九五頁）。だが『経伝釈詞』巻四「也、有起下文者」によれば、「殹」字の前後が原因と結果の関係にあることを意味する助辞とも解せなくはない。後掲效律（〔八〕第二八五～二八六簡）所見の「殹」も全て同義に解釈可能。「殹」は「也」の秦語（大西二〇〇三）。

書き下し文

縣料して不備あらば、欽《み》な其の縣料の數を書せよ。

通釈

体積・重量を計量して不足があった場合、一律にその計量結果の体積・重量を記せ。

○［七］第二八〇～二八四簡（第一二～一六簡）

原文

縣料而不備其見數五分一以上直其賈其貲誶如數者然十分一以到不盈 二八〇
五分一直過二百廿錢以到千一百錢誶官嗇夫過千一百錢以到二千二百錢 二八一
貲官嗇夫一盾過二千二百錢以上貲官嗇夫一甲∠百分一以到不盈十分一 二八二
直過千一百錢以到二千二百錢誶官嗇夫過二千二百錢以上貲官嗇夫 二八三
一盾 二八四

校訂文

縣料而不備、其見（現）數五分一以上、直（値）其賈（價）、其貲誶如數者然。十分一以到不盈五分一、直（値）過二百廿錢以到千一百錢、誶官嗇夫。過千一百錢以到二千二百錢、貲官嗇夫一盾。過二千二百錢以上、貲官嗇夫一甲。百分一以到不盈十分一、直（値）過千一百錢以到二千二百錢、誶官嗇夫。過二千二百錢以上、貲官嗇夫一盾〔一〕。

注釈

〔一〕縣料～一盾　**【整理小組】**本句の意味は、いかなる貲・誶と「數」に関する規定とが同じであるべきか、つまり上文「數而贏不備」（訳者注：［五］第二七六～二七八簡）の原則に基づいて仕事をすることを説いたものである。**【案】**本条は、「二年律令」效律「效案官及縣料而不備者、負之」（第三五一簡）に継受されたか。

書き下し文

縣料して不備ありて、其の現數の五分一以上ならば、其の價を値《ねぶみ》し、其の貲・誶は數者の如く然り。十分の一より以て五分の一に盈たざるに到らば、値して二百廿錢を過ぐるより以て千一百錢に到らば官嗇夫を誶せよ。千一百錢を過ぐるより以て二千二百錢に到らば、官嗇夫に貲すること一盾とせよ。二千二百錢以上を過ぎば、官嗇夫を貲すること一甲とせよ。百分の一より以て十分の一に盈たざるに到らば、値して千一百錢を過ぐるより以て二千二百錢に到らば、官嗇夫を誶せよ。二千二百錢以上を過ぎば、官嗇夫を貲すること一盾とせよ。

通釈

（物品の容積・重量を）計量して不足分があり、それが現存する（はずの）量の五分の一以上であれば、不足分を金銭に換算し、「數而贏不備」（前掲效律第二七六～二七八簡）の場合と同じように責任者に貲刑を科するか、叱責せよ。不足分が十分の一以上～五分の一未満で、二二〇銭以上～一一〇〇銭以下に相当すれば、官嗇夫を叱責せよ。一一〇一銭以上～二二〇〇銭以下に相当すれば、官嗇夫に貲一盾を科せ。二二〇一銭以上に相当すれば、官嗇夫に貲一甲を科せ。百分の一以上～十分の一未満で、一一〇一銭以上～二二〇〇銭以下に相当すれば、官嗇夫を叱責せよ。二二〇一銭以上に相当すれば、官嗇夫に貲一盾を科せ。

○［八］第二八五・二八六簡（第一七・一八簡）

原文

同官而各有主殹各坐其所主官嗇夫免縣令〻人效其官〻嗇夫坐效以　二八五
貲大嗇夫及丞除縣令免新嗇夫自效殹故嗇夫及丞皆不得除　二八六

校訂文

同官而各有主殹（也）〔一〕、各坐其所主。官嗇夫免、縣令令人效其官。官嗇夫坐效以貲、大嗇夫及丞除〔二〕。縣令免、新嗇夫自效殹（也）、故嗇夫及丞皆不得除〔三〕。

注釈

〔一〕同官～主殹　**【整理小組】**各有主は、各々管掌することがある意。**【案】**「殹」は前掲效律（［六］第二七九簡）注〔一〕で指摘したように因果関係をしめす助辞と解せる。すると「同官而各有主殹」の「同官」と「而各有主殹」は切れずに一つの条件節を構成し、「殹」以下はその結果となる。

〔二〕各坐～丞除　**【整理小組】**ここでの大嗇夫と下文の新嗇夫・故嗇夫はみな県令をさしていう。除は免罪の意。『墨子』号令篇「歸敵者、父母・妻子・同産皆車裂。先覺之、除」の「除」はこれと同義。

〔三〕縣令～得除　**【案】**本句の「新嗇夫」は一般に新任の大嗇夫とされる。だが前半の「官嗇夫免ぜらるるや、縣令、人をして其の官を効せしめ」と、後半の「縣令免ぜられ、新嗇夫、自ら効するや」は対応関係にあり、すると「新嗇夫」は新任の官嗇夫か。つまり本条全体は、官嗇夫の業務引継ぎ時に前任者にミスがあった場合の規定で、その際に全ての官嗇夫（同官）が連坐するのではなく、各業務内容に関連する官嗇夫のみが連坐することを規定したものか。また後文は、引継ぎ時に県令がいる場合には県令が引継ぎを指揮すること、県令も罷免された場合には新任の官嗇夫が自ら引き継ぎをすること、その場合には県令と官嗇夫の中間に位置づけられる「故嗇夫及丞（＝官嗇夫の元の上司にあたる大嗇夫と丞）」も罪に問われたことをしめすか。

書き下し文

官を同じうして而るに各〃主ること有るや、各〃其の主る所に坐せよ。官嗇夫免ぜらるるや、縣令、人をして其の官を効せしめよ。官嗇夫、效に坐するに貲を以てするも、大嗇夫及び丞は除せよ。縣令も免ぜられ、新嗇夫、自ら効するや、故の嗇夫及び丞は皆な除するを得しめず。

通釈

同一の官であったとしても、それぞれ別々の業務に従事した場合には、自らの業務内容に対してのみ罪を負え。官嗇夫が免職された場合、県令は人を派遣してその（＝免職となった官嗇夫の）業務履歴をチェックさせせよ。もし履歴に問題があり、（免職となった）官嗇夫にさらに貲刑が科されることになったとしても、大嗇夫と丞は（連坐せずに）免責とせよ。県令も免職されており、新任の嗇夫（＝官嗇夫）が自ら前任者（＝官嗇夫）の業務内容をチェックする場合、（問題があれば）元の嗇夫（免職された官嗇夫の大嗇夫）と丞は、いずれも免責としてはならない。

○［九］第二八七～二八九簡（第一九～二一簡）

原文

實官佐史柀免徙官嗇夫必與去者效代者節官嗇夫免而效不備代者與 二八七
居吏坐之故吏弗效新吏居之未盈歲去者與居吏坐之新吏弗坐∠其 二八八
盈歲雖弗效新吏與居吏坐之去者弗坐它如律 二八九

校訂文

實官佐・史柀（罷）免・徙〔一〕、官嗇夫必與去者效代者。節（即）官嗇夫免而效、不備、代者與居吏坐之〔二〕。故吏弗效、新吏居之未盈歲、去者與居吏坐之、新吏弗坐。其盈歲、雖弗效、新吏與居吏坐之、去者弗坐。它如律。

注釈

〔一〕實官～免徙　**〔整理小組〕**これより「公器不久刻者」条（訳者注：［一七］第三〇八簡）までは、大体「秦律十八種」中の「效」と重複している。ここでは再び注釈をつけることはしないので、そちらを参照されたい。

〔案〕本条以下、第三〇八簡までの案語では、「秦律十八種」效律（以下、「十八種」。第二二九～二四五簡。ただし第三〇六簡のみ倉律と対応）との異同を指摘するに留める。

〔二〕與　**〔案〕**「十八種」（第二二九簡）にこの字は見えない。

書き下し文

實官の佐・史、罷免・徙せられれば、官嗇夫は必ず去者と與に代者を效せよ。即し官嗇夫、免ぜられて效し、不備あらば、代者は居吏と之に坐す。故吏、效せず、新吏、之に居ること未だ歳に盈たずんば、去者は居吏と之に坐し、新吏は坐せず。其し歳に盈たば、效せずと雖も、新吏は居吏と之に坐し、去者は坐せず。它は律の如くせよ。

通釈

実官の佐・史が免官・異動させられた場合、官嗇夫は必ず（免官・異動させられた）前任者と一緒に新任者を監査（して引き継ぎを）せよ。もし官嗇夫が免官させられて（県令によって）監査が行われ、物資の不足が発覚した場合、新任の官嗇夫は留任した他の官吏とともにその責任を負う。前任者が監査（して引き継ぎ）せず、新任者がその官に就任して一年経過していない場合、前任者は留任者とともに（物資を不足させた）責任を負い、新任者は責任を問われない。（新任者がその官に就任して）一年以上経過している場合、（前任者が）監査（＝引き継ぎ）を行わなかったとしても、新任者は留任者とともに（物資を不足させた）責任を負い、前任者は責任を問われない。他の事項については律の通りとせよ。

○［一〇］第二九〇～二九二簡（第二二～二四簡）

原文

倉屚朽禾粟及積禾粟而敗之其不可飤者不盈百石以下誶官嗇夫 二九〇
百石以到千石貲官嗇夫一甲過千石以上貲官嗇夫二甲令官嗇夫冗 二九一

吏共賞敗禾=粟=雖敗而尚可飤殹程之以其秏石數論𧸘之

校訂文

倉扇（漏）死（朽）禾粟、及積禾粟而敗之、其不可飤（食）者〔一〕、不盈百石以下、誶官嗇夫。百石以到千石〔二〕、貲官嗇夫一甲。過千石以上、貲官嗇夫二甲。令官嗇夫・冗吏共賞（償）敗禾粟。禾粟雖敗而尚可飤（食）殹（也）、程之、以其秏（耗）石數論𧸘（負）之〔三〕。

注　釈

〔一〕飤　【案】「十八種」（第二三一簡）は「食」に作る。

〔二〕百石～千石　【案】「十八種」（第二三一簡）は「百石以上到千石」に作るが、ここでは原文を生かして「上」字は補わない。

〔三〕𧸘　【案】「十八種」（第二三三簡）は「負」に作る。「𧸘」の字義は不明。

書き下し文

倉、漏れて禾粟を朽ちらせ、及び禾粟を積みて之を敗り、其の食すべからざる者の、百石に盈たざる以下は、官嗇夫を誶す。百石より以て千石に到るまでは、官嗇夫に一甲を貲す。千石を過ぐる以上は、官嗇夫に二甲を貲す。官嗇夫・冗吏をして共に敗る禾粟を償わしめよ。禾粟の敗ると雖も尚お食すべきは、之を程り、其の耗する石數を以て論じて之を負わしめよ。

通釈

倉が漏れて穀物を腐らせたり、穀物を（倉内に）積んで痛めたりし、そのうち食べられなくなったものが百石未満であった場合、官嗇夫を誶とする。（食べられなくなった穀物が）百石以上千石以下であった場合、官嗇夫を貲一甲とする。（食べられなくなった穀物が）千石を超えた場合、官嗇夫を貲二甲とする。官嗇夫・冗吏に腐敗した穀物を賠償させよ。腐敗してもまだ食べられる穀物については、その量をはかり、目減りした穀物の容積に基づいて（官嗇夫・冗吏の罪を）論じ、（官嗇夫・冗吏に）賠償させよ。

○［一一］第二九三・二九四簡（第二五・二六簡）

原文

度禾芻藁而不備十分一以下令復其故數過十分以上先索以稟人而 二九三

以律論其不備 二九四

校訂文

度禾・芻・藁而不備、十分一以下、令復其故數、過十分以上、先索（索）以稟人〔一〕、而以律論其不備。

注釈

〔一〕先索以稟人 **【案】**「十八種」は「索」を「索」に作る。精装本の釈文は「稟」を「稟」に誤る。

書き下し文

禾・芻・稾を度りて不備あること、十分の一以下ならば、其の故の數に復せしめ、十分を過ぐる以上ならば、先ず索《つ》くすに人に稾するを以てし、而して律を以て其の不備を論ぜよ。

通　釈

（倉吏が）穀物・マグサ・ワラを点検し、その不足分が（全体の）十分の一以下であった場合、（県嗇夫は倉吏に）もとの量まで補填させ、（不足分が全体の）十分の一を超えた場合、まず（その倉内の物資を）人々に支給して空にし、その上で律に基づいて（物資を）不足させた（責任者の）罪を論じよ。

○［一二］第二九五～二九九簡（第二七～三一簡）

原　文

入禾萬石一積而比黎之爲戶及籍之曰某廥禾若干石倉嗇夫某佐某史　二九五
某稾人某是縣入之縣嗇夫若丞及倉鄉相雜以封印之而遺倉嗇夫及離　二九六
邑倉佐主稟者各一戶以氣人其出禾有書其出者如入禾然嗇夫免而效=者　二九七
見其封及隄以效之勿度縣唯倉所自封印是度縣終歲而爲出凡曰某廥　二九八
出禾若干石其餘禾若干石　二九九

校訂文

入禾、萬石一積而比黎之爲戸、及籍之曰〔一〕、「某廥禾若干石、倉嗇夫某・佐某・史某・稟人某。是縣入之」。縣嗇夫若丞及倉・郷相雜以封印之、而遺倉嗇夫及離邑倉佐主稟者各一戸、以氣（餼）人。其出禾、有（又）書其出者、如入禾然〔二〕。嗇夫免而效、效者見其封及隄（題）、以效之、勿度縣。唯倉所自封印是度縣。終歲而爲出凡曰、「某廥出禾若干石、其餘禾若干石」〔三〕。

注　釈

〔一〕及　〔案〕「十八種」（第一三五簡）にこの字はない。

〔二〕入禾～禾然　〔案〕「十八種」（第一三五～一三七簡）では「入禾」～「如入禾然」が一つの条文とされ、「嗇夫免而效」以降を別の条文としている。

〔三〕嗇夫～干石　〔案〕「十八種」（第一三八～一四〇簡）では、本条「嗇夫免而效」～「其餘禾若干石」、及び次条「倉嗇夫及佐・史」～「而以律論不備者」を一つの条文としている。

書き下し文

禾を入るるに、萬石ごとに一積として之に比黎して戸を爲り、及び之に籍して曰く、「某の廥の禾若干石、倉嗇夫某・佐某・史某・稟人某。是れ縣、之を入る」と。縣嗇夫若くは丞及び倉・郷、相雜えて以て之を封印し、而して倉嗇夫及び離邑の倉佐の稟を主る者に各〃一戸を遺《おく》り、以て人に餼《あた》えよ。其れ禾を出し、又た其の出だす者を書するには、禾を入るるが如く然れ。嗇夫、免ぜられて效するに、效する者は其の封及び題を見、以て之を效し、度縣すること勿かれ。唯だ倉の自ら封印せし所のみ是れ度縣せよ。終歳にして出凡を爲して曰く、「某廥の出禾若干石、其の餘の禾若干石」と。

通釈

（倉吏が）穀物を（廥に）搬入する場合、一万石ごとに一積とし、（廥に）竹や木で編んだまがきで扉を作るとともに、そこに「某廥の穀物は若干石、倉嗇夫某・倉佐某・倉史某・稟人某。県が納入」と記録せよ。県嗇夫もしくは県丞・倉吏・郷吏がともに廥の扉を封緘し、倉嗇夫、穀物の支給を担当する離邑の倉佐にそれぞれ戸を一つずつ割り当て、人々に（穀物を）支給（して使用）せよ。穀物を搬出する場合、あるいは搬出した穀物の量を記録する場合、（いずれも）穀物を搬入する時と同様にせよ。嗇夫が免官されて監査する場合、監査する者は（廥の扉に付された）封泥と（廥内の物資の量が記録された）題を見て監査し、（廥内の物資の量を）計量してはならない。ただし、倉吏が封緘した廥に限っては（廥内の物資の量を）計量せよ。一年経過した時点で（廥内の物資の）合計を求め、「某廥の搬出した穀物は若干石、残りの穀物は若干石」と記録せよ。

原文

○［一三］第三〇〇～三〇四簡（第三二～三六簡）

倉嗇夫及佐史其有免去者新倉嗇夫新佐史主廥者必以廥籍度之其有　三〇〇
所疑謁縣=嗇=夫=令人復度及與雜出之禾贏入之而以律論不備者禾芻稾　三〇一
積廥有贏不備而匿弗謁及者移贏以賞不備羣它物當負賞而僞出之以　三〇二

彼賞皆與盜同灋大嗇夫丞智而弗辠以平辠人律論之有與主廥者共 三〇三
賞不備 三〇四

校訂文

倉嗇夫及佐・史、其有免・去者、新倉嗇夫・新佐・史主廥者、必以廥籍度之。其有所疑、謁縣嗇夫。縣嗇夫令人復度及與雜出之。禾贏、入之、而以律論不備者〔一〕。禾・芻・稾積廥、有贏・不備而匿弗謁、及者（諸）移贏以賞（償）不備、羣它物當負賞（償）、而僞出之以彼（貱）賞（償）、皆與盜同灋。大嗇夫・丞智（知）而弗辠、以平辠人律論之、有（又）與主廥者共賞（償）不備〔二〕。

注釈

〔一〕倉嗇～備者 【案】「十八種」（第二三八～二四〇簡、第二四一～二四三簡）では、前条「嗇夫免而效」から「其餘禾若干石」、及び本条「倉嗇夫及佐・史」から「而以律論不備者」までを一つの条文とし、「禾・芻・稾積廥」以降を別の条文としている。

〔二〕禾芻～不備 【案】「十八種」（第二四一～二四三簡）では、本条「禾・芻・稾積廥」から「有（又）與主廥者共賞（償）不備」、及び次条「入禾及發扇（漏）倉、必令長吏相雜以見之。芻・稾如禾」をまとめて一つの条文としているが、そこでは両者の間に「效律」には見えない「至計而上廥籍內史」の句が見える。

書き下し文

倉嗇夫及び佐・史、其《も》し免・去する者有らば、新倉嗇夫・新佐・史の廥を主る者は、必ず廥籍を以て之を度れ。其《も》し疑わしき所有らば、縣嗇夫に謁げよ。縣嗇夫は人をして復た度り及び與に雜えて之を出さしめよ。禾贏《あま》らば、之を入れ、而して律を以て不備とせし者を論ぜよ。禾・芻・藁を廥に積むに、贏・不備有るも匿して謁げず、及び諸そ贏を移して以て不備を償い、羣它物の償を負うに當たるに、而して僞りて之を出して以て貱償せば、皆な盜と同灋とす。大嗇夫・丞、知りて辠せずんば、平辠人律を以て之を論じ、又た廥を主る者と共に不備を償わしむ。

通釈

倉嗇夫・倉佐・倉史の中でもし免官・異動になった者がいれば、新任の倉嗇夫、倉を管理する新任の倉佐・倉史は、必ず廥籍に基づいて廥内の物資の量を計量せよ。もし疑わしいところがあれば、県嗇夫に報告せよ。県嗇夫は人を派遣して（廥内の物資の量を）もう一度計量させ、かつ（倉吏と）ともに廥内の物資を搬出させよ。穀物が余っていた場合、それを（廥内に）搬入し、その上で律に基づいて（物資を）不足させた者を論じよ。穀物・マグサ・ワラを廥に貯蔵し、余剰・不足が出たにもかかわらず（倉吏がそれを）隠匿して（県嗇夫に）報告しなかった場合、あるいはおよそ（他の廥の）余剰分を搬出して（自分の管轄する廥の）不足分を補填したり、他の物資で賠償しなければならない場合に、（理由を）偽って物資（＝穀物・マグサ・ワラ）を搬出して（賠償に）流用した場合、いずれも窃盗罪と同じ規定を適用する。大嗇夫や丞が（これらの犯罪を）知っていたにもかかわらず処罰しなかった場合、「平辠人律」を適用してその罪を論じ、さらに廥の管理者とともに不足分を賠償させる。

○〔一四〕第三〇五簡（第三七簡）

原　文

入禾及發屚倉必令長吏相雜以見之芻稾如禾

校訂文

入禾及發屚（漏）倉〔一〕、必令長吏相雜以見之。芻・稾如禾〔二〕。

注　釈

〔一〕及　【案】「十八種」（第二四三簡）にこの字は見えない。

〔二〕入禾〜如禾　【案】「十八種」（第二四一〜二四三簡）では、本条に対応する句が前条「禾・芻・稾積廥」から「有（又）與主廥者共賞（償）不備」とともに一つの条文とされている。

書き下し文

禾を入れ、及び漏倉を發するには、必ず長吏をして相雜えて以て之を見しめよ。芻・稾は禾の如くせよ。

通　釈

穀物を（廥に）搬入したり、（穀物が）漏れている倉を開けたりする際には、必ず長吏を派遣して（倉吏と）ともに（その様子を）確認させせよ。マグサ・ワラについても穀物と同様にせよ。

○［一五］第三〇六簡（第三八簡）

原　文

櫟陽二萬石一積咸陽十萬石一積

校訂文

櫟陽二萬石一積、咸陽十萬石一積〔一〕。

注　釈

〔一〕櫟陽～一積　【案】本条は「秦律十八種」田律（第九三簡）と同文である。

書き下し文

櫟陽は二萬石もて一積とし、咸陽は十萬石もて一積とす。

通　釈

櫟陽は二万石を一積とし、咸陽は十万石を一積とする。

○〔一六〕第三〇七簡（第三九簡）

原　文

效公器贏不備以齎律論及賞者乃直之

校訂文

效公器贏・不備、以齎律論及賞（償）、【毋齎】者乃直（値）之〔一〕。

注　釈

〔一〕者乃直之　〔案〕原文に「毋齎」は見えないが、整理小組は「十八種」（第二四四簡）によってこの句を補ったのであろう。

書き下し文

公器を效するに贏・不備あらば、齎律を以て論じ及び償い、齎毋き者は乃ち之を値せよ。

通　釈

官有の器物を監査して余剰・不足が出た場合、齎律に基づいて（不足分の罪を）論じて賠償させ、齎律にない器物については（その価格を）値踏みせよ。

○［一七］第三〇八簡（第四〇簡）

原文

公器不久刻者官嗇夫貲一盾　三〇八

校訂文

公器不久刻者、官嗇夫貲一盾。

書き下し文

公器の久刻せざる者あらば、官嗇夫は貲一盾とす。

通釈

官有の器物の中に（官名が）刻み入れられていないものがあった場合、官嗇夫を貲一盾に処する。

○［一八］第三〇九簡（第四一簡）

原文

甲旅札贏其籍及不備者入其贏旅＝札而責其不備旅＝札　三〇九

校訂文

甲旅札贏其籍及不備者〔一〕、入其贏旅衣札〔二〕、而責其不備旅衣札〔三〕。

注釈

〔一〕甲旅～備者　**〔整理小組〕**古代の鎧は、上半身に着用するものを上旅といい、下半身に着用するものを下旅といい、鎧のさねを札といった。『周礼』考工記・函人の注及び正義参照。**〔案〕**『周礼』考工記・函人および鄭玄注によると、鎧を構成する「札」（さね）の数は鎧の型や部位によって異なっていたという。

〔二〕入其～衣札　**〔整理小組〕**簡文では「旅」字を「旅」に作る。ここでの「旅」は、「旅衣」二字の合文。**〔案〕**整理小組は「入」を「上納」と訳すが、フルスウェは帳簿に登録することと解する（フルスウェ一九八五、九六頁）。ここではフルスウェの説に従う。

〔三〕甲旅～旅札　**〔案〕**本条には処罰の対象者が明記されていない。フルスウェは武器庫に直接関係する役人が処罰対象となったと推測する（フルスウェ一九八五、九六頁）。效律では官嗇夫が処罰の対象となっている例が多いので、本条の処罰対象者も官嗇夫かもしれない。

書き下し文

甲の旅札の其の籍より贏《えい》あり及び不備あらば、其の贏ある旅衣札を入れ、其の不備ある旅衣札を責めよ。

通　釈

鎧のさねの数が帳簿より多かったり不足していた場合、その超過分のさねについては帳簿に登記し、不足分のさねについては（官嗇夫に）賠償させせよ。

○〔一九〕第三一〇簡（第四二簡）

原　文

官府臧皮革數穋風之有蠹突者貲官嗇夫一甲

校訂文

官府臧（藏）皮革、數穋（煬）風之〔一〕、有蠹突者〔二〕、貲官嗇夫一甲〔三〕。

注　釈

〔一〕穋風　【整理小組】煬は、野晒しにすること。風は、風が吹くこと。【案】整理小組は本句を「官府が皮革を収蔵する場合には、常にそれらを野晒しにして風に当てよ」と訳す。しかし、岳麓書院蔵秦簡「為吏治官及黔首」に「穋（煬）風必謹」（第七九簡正）とあり、「穋（煬）風」の際には十分注意を払うべきとされている。よってここでは本句を下句につなげ、「皮革を野晒しにして風に当てた結果、虫食いによって破損させせたならば…」と解した。

〔二〕蠹突　【整理小組】突は、穿。蠹突とは、虫に食われて破損すること。

〔三〕有蠹～一甲　【案】「秦律雑抄」に「藏皮革橐（蠹）突、貲嗇夫一甲、令・丞一盾。●藏律」（〔一〇〕第三四四簡）とあり、似たような条文が見える。

書き下し文

官府、皮革を藏するに、數〃之を煬風し、蠹突有らば、官嗇夫に貲すること一甲とせよ。

通　釈

官府が皮革を収蔵し、それらを野晒しにして風に当てた結果、虫食いによって破損させたならば、官嗇夫を貲一甲とせよ。

○〔二〇〕第三一一簡（第四三簡）

原　文

器職耳不當籍者大者貲官嗇夫一盾小者除

校訂文

器職（識）耳不當籍者〔一〕、大者貲官嗇夫一盾、小者除。

注　釈

〔一〕職耳　【整理小組】耳は、おそらく佴と読むのであろう。『廣雅』釈詁に「次也」とある。識佴とは、番号をふること。【案】「識」は『釈名』釈言語に「識、幟」とあり、印・記号のこと。秦始皇帝陵より出土した銅製の弩には数字が刻印されており、整理者はこれを通し番号（編号数字）としているが（陝西一九八八、二九三～二九六頁）、これが本条の言う「職（識）耳」であろう。官有の器物に通し番号を刻み、それを帳簿と照会したか。

書き下し文

器の識耳の籍に當らざる者は、大ならば官嗇夫に貲すること一盾とし、小ならば除け。

通　釈

（官有）器物の通し番号が帳簿と一致しない場合、大きな物であれば官嗇夫に貲一盾を科し、小さい物であれば処罰しない。

○［二一］第三一二簡（第四四簡）

原　文

馬牛誤職耳及物之不能相易者貲官嗇夫一盾

校訂文

馬・牛誤職（識）耳〔一〕、及物之不能相易者〔二〕、貲官嗇夫一盾。

注 釈

〔一〕馬牛誤職耳 **〔整理小組〕** 古代、牛や馬には常に烙印などで印をつけていた。例えば居延漢簡甲篇二〇七一に「牛一、黒牡、左斬、歯三歳、久在右」（訳者注：510:28）とある。この「久」も印をつけたという意味。

〔二〕物之〜易者 **〔案〕** 整理小組は「馬・牛および交換不可能な器物に誤って印をつけた場合」と訳出するが、ここでの「誤職（識）」（誤って印をつける）という語は「馬牛」にしかかっていないので、そのようには解し得ない。もっとも、フルスウェが指摘するように（フルスウェ一九八五、九七頁）、本句には「物之不能相易者」に対応する述語が存在しない。「相易」は後段第三一三簡では「印をつけ直すこと」を意味するので、ここではひとまず「（誤って印をつけ）その印をつけ直すことができない場合」と解しておく。

書き下し文

馬・牛の誤りて識耳し、及び物の相易うること能わざる者あらば、官嗇夫に貲すること一盾とせよ。

通 釈

馬や牛に誤って印をつけたり、（誤って印をつけ）その印をつけ直すことができない場合、官嗇夫を貲一盾とせよ。

○［三一三］第三一三簡（第四五簡）

原　文

殳戟弩髤汧相易毆勿以爲贏不備以職耳不當之律論之

校訂文

殳〔一〕・戟〔二〕・弩〔三〕・髤・汧（丹）相易毆（也）、勿以爲贏・不備。以職（識）耳不當之律論之〔四〕。

注　釈

〔一〕殳　【整理小組】殳は、竹を束ねた長い棒状の武器。【案】「殳《しゅ》」は、竹製の八角形の棍棒。戦車戦などで武器として用いられるとともに、車馬行列の先払いの兵士も所持していた（林一九七二、二三七～二四一頁）。徳山楚墓（湖南省常徳市徳山鎮。一九五八～一九五九年発掘）からは「殳」とみられる竹製の武器が出土し（湖南一九六三）、また沂南漢墓（山東省沂南県北寨村。一九五四年発掘）の中室北壁の車馬出行図には、「殳」のような棒状の武器を携帯する先払いの兵士が描かれている（南京一九五六）。

〔二〕戟　【案】「戟」は、戈と矛を組み合わせた武器（林一九七二、一〇～九六頁）。秦始皇帝陵兵馬俑坑一号坑から、相国呂不韋が寺工に製造させた銅製の戟が出土しており、その矛の部分には製造官府名（「寺工」）が、戈の内側の部分には製造年（「三年」など）・製造監督者名（「相邦呂不韋」）・製造者名（「寺工周」など）が刻記されている（陝西一九八八、二五八～二六〇頁）。ただし、本条に見える戟は官府名が書き直されていることから（後掲注〔四〕）、それは戈や矛の部分にではなく、柄の部分に記されたものかもしれない。

〔三〕弩　**〔案〕**「弩」は、機械仕掛けの射撃用の武器（林一九七二、三〇一～三二〇頁）。秦始皇帝陵兵馬俑坑一号坑から銅製の弩が多数出土しており、それらの「機」（仕掛け部分）には通し番号が刻記されている（陝西一九八八、二八一～二九六頁）。本条では弩に官府名を書き直しているが（後掲注〔四〕）、それは「機」以外の部分に記されたものであろうか。

〔四〕髹汧～論之　**〔整理小組〕** 汧は、おそらく「彤」字であろう。『説文』によると「丹」字の古文の書法の一つでも「彤」に作る。古書には「彤漆」・「丹漆」が常に見え、ともに赤と黒の二種類の塗料を指す。『淮南子』説山に「工人下漆而上丹則可。下丹而上漆則不可」とあるのを参照。**〔案〕**「髹」は、『説文』丹部に「然則或赤、或黒、或赤黒兼、或赤多黒少、皆得云髹」とあり、赤色あるいは黒色、または赤黒色の顔料。「汧」（丹）は、同丹部に「丹、巴・越之赤石也」とあり、巴・越産の赤色の顔料。

武漢本は、「職（識）耳不當之律」を「效律」（〔二二〕第三一簡）の「器職（識）耳不當籍者、大者貲官嗇夫一盾、小者除」に該当するとする。「秦律十八種」工律（第一六九簡）によると、秦律では官有の武器にはそれを所有する官府名を刻記し、刻記が不可能な物については、顔料を用いて官府名を記すことが定められていた。これに対して本条は、顔料が擦れた時などに官府名を書き直した後、官府の所有する武器の総数を帳簿に照らし合わせた結果、余りや不足が生じた場合の罰則規定と考えられる。

書き下し文

殳・戟・弩の髼・丹の相易うるや、以て贏・不備を爲す勿かれ。識耳不當の律を以て之を論ぜよ。

通　釈

（官有の）殳・戟・弩の髼と丹（を用いて記された官府名）を書き直す場合、（所有する武器を帳簿に照らして）余りや不足の無いようにせよ。（その武器の数が帳簿の記載と異なる場合には）識耳不当の律に基づいて論罪せよ。

○［一二三］第三一四～三一六簡（第四六～四八簡）

原　文

工稟髼它縣到官試之飲水＝減二百斗以上貲工及吏將者各二甲不盈 三一四
二百斗以下到百斗貲各一甲不盈百斗以下到十斗貲各一盾不盈十斗以下 三一五
及稟髼縣中而負者負之如故 三一六

校訂文

工稟髼它縣到官、試之〔一〕。飲水、水減二百斗以上、貲工及吏將者各二甲〔二〕。不盈二百斗以下到百斗、貲各一甲。不盈百斗以下到十斗、貲各一盾。不盈十斗以下及稟髼縣中而負者〔三〕、負之如故〔四〕。

注　釈

〔一〕工稟～試之　〔案〕秦律中に見える「工」字には、①工官、②工人、の意があるが（「秦律十八種」金布律第一三七～一三八簡注〔三〕、同工人程第一〇八簡注〔一〕）、整理小組の訳出するように、ここでは工人の意であろう。「稟」字には、①支給、②領収、の意があるが（「秦律十八種」田律第一一簡注〔二〕）、整理小組の訳出するように、ここでは領収の意であろう。

本条における「試」の対象は、工人らが官府に搬入した漆の質量。官府はその検査結果に基づいて、工人らが漆を適切に管理して輸送したか否かを判定したと考えられる（後掲注〔四〕）。

〔二〕到官～二甲　〔整理小組〕飲水は、漆の質量を測定することと関係がある。『呂覧』別類参照。〔案〕「飲水」とは、漆の質量検査法である「飲漆」の一過程。『呂氏春秋』似順論・別類に「漆淖水淖。合兩淖則爲蹇、溼之則爲乾」とあるように、漆の溶液は水を混ぜ合わせると凝固する。このような漆の性質を利用したものが「飲漆」で、具体的には漆の溶液が飽和状態になり、粘着力を失ってゼリー状に固まるまで加水し、この時に加えた水の量から漆の質量を計算する方法。この過程において漆に加水することを「飲水」という。また、本条の「水減」は、官府に納入された漆に「飲水」した結果、官府の用意しておいた水の総量がどれくらい減少したのかを意味する（大川・田村二〇〇七）。ちなみに、「飲漆」を用いた算題が「算数書」（第六六～六七簡）に見える。

〔三〕不盈～負者　〔整理小組〕負とは、不足。〔案〕「負」には賠償の意があるが（「秦律十八種」倉律第八八～九四簡注〔一二〕、『後漢書』巻二八馮衍列伝上の李賢注に「負、猶失也」とあるように失うの意もある。ここでは漆を県内で支給する際にそれを失くしたことを意味するのであろう。「稟」字には、①支給、②領収、の意があるが（前掲注〔一〕）、ここでは漆を輸送して「官に到」った後にその「縣中」に対して行う行為であるので、支給の意であろう。

〔四〕負之如故　【整理小組】負之如故とは、賠償して本来の数量を満たさせる意。【案】本条について、大川俊隆・田村誠は、漆を飽和に近い状態を保ちつつ輸送することが求められていたにも関わらず、工とその引率者の吏が輸送中に漆への加水を怠った場合の罰則規定で、その処罰の軽重は、漆を納入した官府において漆が飽和状態になるまで「飲水」した結果、減った水の量に基づいて論定された、としている（大川・田村二〇〇七）。

書き下し文

工、髹を它縣より稟して官に到らば、之を試せよ。飲水して、水の減ずること二百斗以上ならば、工及び吏の將いし者に貲すること各〃二甲。二百斗に盈たざる以下百斗に到らば、貲各〃一甲。百斗に盈たざる以下十斗に到らば、貲各〃一盾。十斗に盈たざる以下及び髹を縣中に稟して負する者は、之を負うこと故の如くせよ。

通　釈

工人が漆を他県から受領して官府に到着したならば、その漆（の質量）を検査せよ。加水して、（その結果）水が二百斗（四〇〇リットル）以上減少したならば、工人およびそれを引率する吏をそれぞれ貲二甲とせよ。二百斗未満から百斗（二〇〇リットル）までであれば、それぞれ貲一甲とせよ。百斗未満から十斗（二〇リットル）までであれば、それぞれ貲一盾とせよ。十斗未満の場合および漆を当該の県内に支給する際にそれを失くした者は、不足分を賠償して元通りとせよ。

○［二四］第三一七簡（第四九簡）

原文

上節發委輸百姓或之縣就及移輸者以律論之

校訂文

上節（即）發委輸〔一〕、百姓或之縣就（僦）及移輸者〔二〕、以律論之。

注釈

〔一〕上節發委輸　**〔整理小組〕**委輸とは、車を用いて輸送すること。『史記』平準書に「置平準于京師、都受天下委輸」とある。**〔案〕**「上」は、秦律中においてしばしば上級機関の意に解される。「委輸」について、渡辺信一郎は算賦や田租など地方に蓄積された銭だての財物を中央に輸送することで、それらの財物は中央に輸送された後、中央政府の経費に組み込まれたり、地方に転送されたとし（渡辺二〇一〇、五六頁）、山田勝芳は算賦の上供とする（山田一九九三、五二四頁）。ただし、里耶秦簡（16-5）に「傳送委輸」が見え、それについて黄展岳は、同簡は洞庭郡の属県が城旦舂・隷臣妾などに「委輸」を担当させて、内史や南郡に兵器を輸送していることについて述べたものと解している（黄二〇〇九）。この解釈に基づくと、「委輸」には兵器の輸送も含まれていたことになる。

〔二一〕百姓〜輸者　〔整理小組〕僦は、『史記』平準書の索隠引服虔の言に「雇載云僦」とある。『商君書』墾令の「令送糧無得取僦」は本条の内容と符合する。移は、『広雅』釈詁四に「轉也」とある。移輸とは、自分が輸送すべき物品を他人に回すこと。〔案〕本条では、「委輸」に徴発された民衆は県に赴いている。秦漢代の陸運が県と目的地の間で直接行われていたことからすると（大櫛一九八八）、本条の民衆も県において物資を受領した後、目的地に向けて出発したのであろう。この「委輸」を担った者たちの身分について、黄展岳は里耶秦簡（16-5）に基づき、乗城卒・県卒・隷臣妾・徒隷・城旦舂・鬼薪白粲・居貲贖債・司寇・隠官・践更県者であったとする（黄二〇〇九）。

「就」字と「僦」字は通仮する（王一九九三、三七四〜三七五頁）。「僦」は、僦人を雇用して物資を輸送させること。秦漢代を通じて官用物資の輸送などに広く用いられた。ただし、本条の規定や整理小組の引用する『商君書』墾令篇に見えるように、秦では物資輸送の徭役を課された者が僦人を雇うことは禁止されていた（山田一九八一）。

「移輸」は、秦律・漢律中に他の用例は見えない。整理小組の解釈に従うと、ここでの「移輸」は、他人に物資を手渡して、自分に課された物資輸送の徭役を肩代わりさせたことを示すものとなろう。

書き下し文

上、即《も》し委輸を發し、百姓、或いは縣に之きて僦し及び輸を移さば、律を以て之を論ぜよ。

通釈

もし、上級機関が中央政府への物資輸送の徭役を徴発し、（それを課された）民衆が（輸送の出発地点である）県に赴いて僦人を雇用したり、他人に物資を手渡して輸送を肩代わりさせたならば、その者を律に基づいて論罪せよ。

○［二五］第三一八簡（第五〇簡）

原文

計用律不審而贏不備以效贏不備之律貲之而勿令賞

校訂文

計用律、不審而贏・不備〔一〕、以效贏・不備之律貲之〔二〕、而勿令賞（償）〔三〕。

注釈

〔一〕計用～不備　【案】「計用律不審」について、整理小組はこれを「会計が法律の規定に合わず」と訳しているが、このような意味として解することはできない。「用律」とは文字通り律を用いること、つまり律の定める通りに行うことであろう。また、「不審」とは故意ではなく誤って不正確にすることを指す。よって、本訳注では「計用律不審」を「律の規定の通りに会計を行ったものの、不正確であるため」と訳した。

「羸・不備」は效律に散見し、例えば「數而羸・不備、直（値）百一十錢以到二百廿錢、誶官嗇夫」（〔五〕第二七六～二七八簡）とあるように、物資の実際の数量が余剰あるいは不足していることを指す。しかし、本条では冒頭に「計」とあるので、ここでいう「羸・不備」は会計上の数量が実際の数量よりも余剰あるいは不足していることを指すのであろう。逆にいえば、效律〔五〕などの「羸・不備」は、実際の数量が会計上の数量よりも余剰あるいは不足していることを指すと考えられる。

〔二〕以效～貲之　【案】「效羸・不備之律」とは效律のうち「爲都官及縣效律。其有羸・不備、物直（値）之、以其賈（價）多者辠之、勿羸（纍）」（第二六九簡）など、国家の管理する物資が会計上の数量よりも多かったり不足していたりする場合について定めた条文を指すのであろう。「以效羸・不備之律貲之」とは效律〔五〕（第二七六～二七八簡）及び〔七〕（第二八〇～二八四簡）などの規定により、余剰あるいは不足分の銭としての価値に応じ、貲刑を科すことを指すと解される。これらの条文は本来、実際の数量が会計上の数量よりも余剰あるいは不足している場合について定めたものであるが、本条によると、逆に会計上の数量が実際の数量よりも余剰あるいは不足している場合にも準用されることになる。

〔三〕而勿令賞　【案】例えば、效律に「官嗇夫・冗吏皆共賞（償）不備之貨而入羸」（〔二〕第二七〇簡）とあるように、「效贏・不備之律」にあたると見られる条文では、物資の管理責任者が物資の不足分を賠償するよう定められているものが散見する。しかし、本条では会計上の数量が実際の数量よりも余剰あるいは不足している場合について定められているのであって、実際の数量が不足している場合ではないので、「而勿令賞（償）」とあるように、賠償責任が課されていないのであろう。

書き下し文

計に律を用いるも、不審にして贏・不備あらば、贏・不備を效するの律を以て之に貲し、而して償わしむること勿かれ。

通釈

律の規定の通りに会計を行ったものの、会計処理が不正確であるため、会計上余剰・不足が生じた場合、余剰・不足の点検に関する律によって責任者に貲刑を科すが、賠償させてはならない。

○［二六］第三一九〜三二一簡（第五一〜五三簡）

原文

官嗇夫貲二甲令丞貲一甲官嗇夫貲一甲令丞貲一盾其吏主者坐以貲誶 三一九
如官嗇夫其它冗吏∠令史掾計者及都倉庫田亭嗇夫坐其離官 三二〇
屬于鄉者如令丞 三二一

校訂文

官嗇夫貲二甲、令・丞貲一甲。官嗇夫貲一甲、令・丞貲一盾〔一〕。其吏主者坐以貲・誶、如官嗇夫〔二〕。其它冗吏・令史掾計者〔三〕、及都倉・庫・田・亭嗇夫坐其離官屬于郷者〔四〕、如令・丞〔五〕。

注釈

〔一〕官嗇～一盾　〔整理小組〕本条は会計に関する規定であり、前条と連読すべきである。〔案〕本条は官吏の連坐について定めた条文であるが、整理小組の解釈によると、前条の場合にのみ適用されることになる。ただし、「秦律雑抄」では例えば「●臧（藏）皮革橐（蠹）突、貲嗇夫一甲。令・丞一盾。●臧（藏）律」（〔一〇〕第三四四簡）とあるように、官嗇夫が貲二甲にあたる罪を犯した場合、令・丞が貲一甲に処され、官嗇夫が貲一甲にあたる罪を犯した場合、令・丞が貲一盾に処される条文も散見するので、效律以外の律でもある程度共通する原則であったのかもしれない（水間二〇〇七、三六九・三七〇頁）。

〔二〕其吏～嗇夫　〔案〕整理小組は本句を「当該事務を管理する吏は当該官府の嗇夫と同様、罰金あるいは叱責を受ける」と訳している。この解釈によれば、例えば官嗇夫が貲一甲にあたる罪を犯した場合、吏主者も貲一甲に処されることになろう。ちなみに、「二年律令」では例えば賊律に「其失火延燔之、罰金四兩、責所燔。郷部・官嗇夫・吏主者弗得、罰金各二兩」（第四・五簡）とあるように、会計の場合ではないものの、官嗇夫と吏主者に対して同一の刑罰が定められている条文もいくつか見える。

〔三〕令史掾　〔整理小組〕掾は属吏の一種。令史掾は令史の掾。後に見える司馬令史掾は司馬令史の掾。〔案〕整理小組は「掾」を属吏の一種と解している。しかし王偉は、睡虎地秦簡・張家山漢簡に見える「掾」は属吏の一種ではなく、「審査する」という動詞として用いられているとする（王二〇〇三）。

〔四〕都倉～郷者 **〔線装本〕** 離官とは分支機構のこと。離は上の都字と対になっている。**〔整理小組〕** 都とは統べること。都田は西漢の封泥に見え、都亭は『漢書』趙広漢伝に見える。陳直『漢書新証』巻一参照。**〔案〕**「都倉・庫・田・亭嗇夫」について裘錫圭は、「都倉嗇夫・都庫嗇夫・都田嗇夫・都亭嗇夫」を省略した表現と解している（裘一九九二、四三七頁）。都倉嗇夫・都庫嗇夫・都田嗇夫・都亭嗇夫の他に倉嗇夫・庫嗇夫・田嗇夫・亭嗇夫が置かれていたとする説もあるが（朱一九八三、山田一九九三、四三・四四頁）、倉嗇夫以下の嗇夫は都倉嗇夫以下の「都」が省略されているのであろう（裘一九九二、四三八頁、羅一九八二）。都倉嗇夫以下の都について裘錫圭は、「都郷」・「都官」の都とは異なり、『漢書』巻一九・百官公卿表上に見える「都水」・「都船」・「都内」などの都と同じく、主管・総管の意として用いられているという解釈を挙げる一方、都倉・都庫・都田・都亭は都郷の倉・庫・田・亭であり、都倉嗇夫以下の各嗇夫は都倉・都庫・都田・都亭を直接管理するとともに、全県の倉・庫・田・亭をも管理したという解釈をも挙げている（裘一九九二、四三七頁）。

都倉嗇夫（倉嗇夫）については「秦律十八種」倉律（第八八～九四簡）注〔三〕、都田嗇夫（田嗇夫）については「秦律十八種」厩苑律（第七九簡）注〔三〕参照。都庫嗇夫は県の「庫」を管理する吏（裘一九九二、四六一～四六七頁）。また、都亭嗇夫をめぐっては、本条の「都倉・庫・田・亭嗇夫」の「亭嗇夫」を都亭嗇夫ではなく亭嗇夫と解し、亭に置かれた嗇夫とする説（高二〇〇〇、一四〇頁、一四三頁、二二一頁）、亭長の別名とする説（高二〇〇八、一一一頁）もあるが、裘錫圭は本条において、都亭嗇夫が郷に「離官」（後述）という分支機構を持っていることなどから、県内の全ての亭を管掌する吏とする（裘一九九二、四三七頁、四七三頁）。従うべきであろう。ちなみに、「二年律令」秩律には「都亭有秩」（第四七一・四七二簡）という吏が見える。「有秩」は「有秩嗇夫」の略称として用いられる例もあるので、都亭有秩は秦律でいう都亭嗇夫に相当するものと思われる（水間二〇〇九ａ）。

「離官」について裘錫圭は、都官が県に設置した分支機構を指すこともあるが、本条の都倉嗇夫・都庫嗇夫・都田嗇夫・都亭嗇夫は上下の文から見ると県の属吏であることは明らかなので、本条でいう離官は県の各属吏が郷に設置した分支機構を指すと解している。具体的には、郷に設けられた「離邑倉」などがこれにあたり、「倉佐」などの「佐」が置かれていたとする（裘一九九二、四三七・四三八頁）。また、都亭嗇夫にとっての離官は、具体的には「郷亭」（都郷以外の地域に設けられた亭）を指すと考えられる（水間二〇〇九ａ）。

「亍」は、精装本では「於」に作るが、図版によると亍であることは明らかである。

「其離官屬亍郷者」はあたかも離官が郷に所属することを意味するごとくであるが、離官は県の各嗇夫によって管轄されているので、「屬」といっても単に郷が管轄する地域の中に「含まれる」という程度の意味であろう。例えば、亭も従来の研究で明らかにされてきた通り、郷ではなく県に所属する機関である（水間二〇〇九ａ）。

〔五〕其它～令丞　〔案〕「其它冗吏・令史掾計者、及都倉・庫・田・亭嗇夫坐其離官屬亍郷者、如令・丞」とは官嗇夫が貲二甲あるいは貲一甲にあたる罪を犯した場合、令・丞が貲一甲あるいは貲一盾に処されるのと同様、吏主者以外の冗吏・令史のうち会計を審査した者も貲一甲あるいは貲一盾に処され、また郷に設けられた離官に属する吏が貲二甲あるいは貲一甲にあたる罪を犯した場合、その離官を管轄する都倉嗇夫・都庫嗇夫・都田嗇夫・都亭嗇夫は貲一甲あるいは貲一盾に処されるという意味であろう。それゆえ、例えば田佐が貲二甲にあたる罪を犯した場合、都田嗇夫は貲一甲に処され、校長（亭長）が貲一甲にあたる罪を犯した場合、都亭嗇夫は貲一盾に処されることになる。

書き下し文

官嗇夫貲二甲ならば、令・丞は貲一甲。官嗇夫貲一甲ならば、令・丞は貲一盾。其の吏主者の坐するに貲・誶を以てすること、官嗇夫の如くせよ。其の它の冗吏・令史の計を掾する者、及び都倉・庫・田・亭嗇夫の其の離官の郷に屬する者に坐すること、令・丞の如くせよ。

通　釈

官嗇夫が貲二甲にあたる罪を犯せば、令・丞は貲一甲に処する。官嗇夫が貲一甲にあたる罪を犯せば、令・丞は貲一盾に処する。その吏主者が貲刑・誶にあたる罪を犯せば、官嗇夫の場合と同様とせよ。その他の冗吏・令史のうち会計を審査した者、及び都倉嗇夫・都庫嗇夫・都田嗇夫・都亭嗇夫が郷に設けられた離官の罪に連坐する場合、令・丞の場合と同様とせよ。

○［二七］第三二二簡（第五四簡）

原　文

尉計及尉官吏節有劾其令丞坐之如它官然

校訂文

尉計及尉官吏節（即）有劾〔一〕、其令・丞坐之、如它官然〔二〕。

注釈

〔一〕尉　〔整理小組〕尉は、ここでは県尉を指す。有劾とは罪を犯したこと。〔案〕「計」についてフルスウェは、文脈からするとここでは人を指すと述べたうえで、"Accountant"（会計係）と訳している（フルスウェ一九八五、九九頁）。さらに、楊寛らはこれを官職の一種と解している（楊・呉二〇〇五、五一三頁）。しかし、周群はこれを官職名ではなく計簿の意とする（周二〇〇八）。

「劾」について徐世虹は、民が民、民が官、官が民を告発することを「告」と呼ぶのに対し、官僚系統内部で告発しあうことを「劾」と呼ぶと述べている（徐一九九六）。しかし、宮宅潔は民間人に対して劾がなされている例もあり、かつ劾を行う主体は官であることから、劾を官による告発と解している。さらに、氏は劾について、官が捜査や取調を踏まえ、罰すべき犯罪が確かに行われたことを宣言し、その概要を示す行為であり、これを承けて獄に身柄を拘束して詰問を繰り返すなど、本格的な取調が開始されたとする。ただし、氏は本条及び〔二七〕（第三三三簡）に見える劾について、上記の定義と厳密に同じ意味で用いられているのかは定かでないと述べている（宮宅二〇一一、二八三～三〇七頁）。

〔二〕如它官然　〔案〕「如它官然」とは、具体的には〔二六〕（第三一九～三二一簡）と同様に連坐刑を科すということか。もしその通りとすれば、尉の計簿及び尉官の吏について劾がなされ、その罪が貲二甲あるいは貲一甲にあたる場合、令・丞は貲一甲あるいは貲一盾に処されることになる。

書き下し文

尉の計及び尉官の吏に即し効有らば、其の令・丞の之に坐すること、它官の如く然れ。

通　釈

尉の計簿及び尉官の吏について効がなされた場合、その令・丞は他の官と同様に連坐させよ。

○［二八］第三二三簡（第五五簡）

原　文

司馬令史掾苑計=有効司馬令史坐之如令史坐官計効然

校訂文

司馬令史掾苑計〔一〕、計有効、司馬令史坐之、如令史坐官計効然〔二〕。

注　釈

〔一〕司馬~苑計【整理小組】司馬令史は、「秦律雑抄」「驀馬五尺八寸以上」条（訳者注：［六］第三三七・三三八簡）の県司馬のことで、軍馬をつかさどるのであろう。苑は、軍馬を牧養する苑囿を指す。【案】司馬令史は県司馬そのものではなく、おそらく県司馬づきの令史であろう。県司馬は「二年律令」秩律（第四七一簡）に秩百六十石の官として見える。掾は、整理小組は官名と解するが、動詞であろう（第三一九~三二一簡注

〔三〕）。王偉は他の官吏から送られてきた書類を審査することと解するが（王二〇〇三）、これによれば「苑の計を掾する」とは、苑から送られてきた会計簿を審査することと解される。なお、「秦律十八種」内史雜（第二五七簡）に苑嗇夫という官名が見え、これが苑を主管する官吏だろう。

〔二二〕如令～劾然　【案】「令史坐官計劾」とは、〔二六〕（第三一九～三二一簡）に見える「其它冗吏・令史掾計者……如令・丞」を指す。すなわち「如令史坐官計劾然」とは、令史が官の計を「掾」する場合に準じて処理せよの意。なおこの「官」は一般的な官府という意味ではなく、官嗇夫の「官」のこと。

書き下し文

司馬令史の苑の計を掾し、計に劾有らば、司馬令史の之に坐すること、令史の官の計の劾に坐するが如く然れ。

通　釈

司馬令史が苑の会計を審査し、その会計に関する劾がなされた場合には、司馬令史は連坐し、（その処罰は）令史が官の会計に関する劾に連坐する場合と同様にせよ。

○〔二九〕第三二四・三二五簡（第五六・五七簡）

原　文

計校相繆殹自二百廿錢以下誶官嗇夫過二百廿錢以到二千二百錢貲一盾　三二四
過二千二百錢以上貲一甲人戸馬牛一貲一盾自二以上貲一甲　三二五

校訂文

計校相繆（謬）殹（也）〔一〕、自二百廿錢以下、誶官嗇夫。過二百廿錢以到二千二百錢、貲一盾。過二千二百錢以上、貲一甲。人・戸・馬・牛一〔二〕、貲一盾。自二以上、貲一甲。

注釈

〔一〕計校相繆【案】岳麓書院蔵秦簡「為獄等状四種」案例六「暨過誤失坐官案」第九七簡に「與從事廿一年庫計、劾繆（謬）弩百」とあり、本条を考える上で参考になる（武漢本）。整理小組は「照合した結果、会計に誤りが見つかる」と訳すが、「計（会計）と校（監査）が食い違う」と訳す方がより原文に即している。

〔二〕人戸～牛一【案】整理小組は「人戸、馬牛」と断句し、「人口一戸あるいは牛馬一頭」と訳す。しかしこれはおそらく人・戸・馬・牛すべて並列で、人一人・戸一戸・馬一匹・牛一頭を誤った場合にはすべて処罰するという意味であろう。

書き下し文

計校相謬すること、二百廿錢自り以下ならば、官嗇夫を誶せよ。二百廿錢を過ぎて以て二千二百錢に到らば、貲一盾。二千二百錢を過ぐる以上ならば、貲一甲。人・戸・馬・牛一ならば、貲一盾。二自り以上は、貲一甲。

通釈

会計結果と監査結果に食い違いが生じた場合、（その食い違いが）二百二十銭以下であれば、官嗇夫を誶とせよ。

二百二十銭超より二千二百銭までであれば、貲一盾。二千二百銭より大きければ、貲一甲。人・戸・馬・牛をそれぞれ一誤ったならば、貲一盾。二以上であれば、貲一甲。

〇［三〇］第三二六～三二八簡（第五八～六〇簡）

原文

計脱實及出實多於律程及不當出而出之直其賈不盈廿二錢除廿　三二六
二錢以到六百六十錢貲官嗇夫一盾過六百六十錢以上貲官嗇夫一甲而復　三二七
責其出殹人戸馬牛一以上爲大誤〔二〕自重殹減辠一等　三二八

校訂文

計脱實、及出實多於律程〔一〕、及不當出而出之、直（値）其賈（價）、不盈廿二錢、除。廿二錢以到六百六十錢、貲官嗇夫一盾。過六百六十錢以上、貲官嗇夫一甲、而復責其出殹（也）。人・戸・馬・牛一以上爲大誤〔二〕。誤自重殹（也）、減辠一等〔三〕。

注釈

〔一〕計脱～律程　**〔整理小組〕**脱は、失の意。脱実とは、実際にある数よりも足りないことを指すのであろう。出実とは、実際にある数を超えることを指すのであろう。**〔案〕**「二年律令」效律（第三五二簡）に「出實多於律程、及不宜出而出、皆負之」とあり、ほぼ同じ規定が見える。「脱實」・「出實」の「實」は、フルスウェは

「實官」(「秦律十八種」效律等に見える)の「實」と同じと考え、穀物と解する。さらに「脱實」を"stores are ommited"(貯蔵物が見落とされる)、「出實」を"issuing stores"(貯蔵物を支給する)と訳す(フルスウェ一九八五、一〇〇頁)。ここではこの解釈に従う。「律程」について、整理小組は「法律規定の限度」(律の程)と訳すが、律と程は異なる種類の規定であるから、両者は並列の関係にあると解すべきであろう。「秦律十八種」の中に「工人程」があることを参考。秦漢時代においては、「程(呈とも書く)」は規定の中でも特に数量についての規定を指す。

〔二一〕人戸~大誤 **〔整理小組〕**「法律答問」「何如爲大誤」条(訳者注:第五七九簡)参照。大誤とは、重大な誤り。**〔案〕**岳麓書院蔵秦簡「為獄等状四種」案例六「暨過誤失坐官案」第一〇五簡に「鞫之、暨坐八劾、小犯令二、大誤一、坐官・小誤五」とある(武漢本)。上文で会計上の誤りが二十二銭未満・二十二銭~六百六十銭・六百六十銭超の三段階に分けられており、これを岳麓書院蔵秦簡の例と対照させると、二十二銭~六百六十銭が小誤で、六百六十銭超が大誤となると思われる(なお二十二銭未満は罪を構成しないので劾の対象とはならない)。そうであるならば、「大誤と爲す」とは、貲一甲の罰が官嗇夫に科されることになる。

〔二二〕誤自重 **〔整理小組〕**重は、踵に読み、足どりの意であろう。誤自踵とは、会計を行った者が自分で誤りを見つけ出す意。**〔案〕**整理小組の説は従いがたい。岳麓書院蔵秦簡「為獄等状四種」の案例六「暨過誤失坐官案」に「詰暨、羸(累)論有令。可(何)故曰羸(累)重」(第一〇二簡)、「此以曰羸(累)重」(第一〇三簡)とあり、罪を累加するのは重すぎると述べられている。これよりするに、「誤自重」とは、会計上の誤りが多くて、規定通りに適用すると処罰が重くなりすぎることを指すのだろう。「重」を同様に解し得る例として、「二年律令」盗律(第六〇簡)「受賕以枉法、及行賕者、皆坐其臧(贓)爲盜。罪重於盜者、以重者論之」などとある。

書き下し文

計して實を脱し、及び實を出すこと律程より多く、及び當に出すべからずして之を出さば、其の價を値し、廿二錢に盈たずんば、除け。廿二錢より以て六百六十錢に到らば、官嗇夫に貲すること一盾。六百六十錢を過ぐる以上ならば、官嗇夫に貲すること一甲として、復た其の出だすを責めよ。人・戸・馬・牛一以上ならば大誤と爲せ。誤自ら重ければ、辠一等を減ぜよ。

通　釈

会計の際に貯蔵物を書き漏らした場合、貯蔵物の支出が規定より多かった場合、貯蔵物を支出すべきでないのに支出した場合、その金額を換算し、二十二銭未満であれば、その罪を免除せよ。二十二銭から六百六十銭までであれば、官嗇夫を貲一盾に処せ。六百六十銭を超過すれば、官嗇夫を貲一甲に処し、さらに支出分を賠償させよ。人・戸・馬・牛を一以上誤った場合は大誤とせよ。誤りが多くて処罰が重くなりすぎる場合、罪一等を減ぜよ。

「秦律雑抄」訳注

○［一］第三二九～三三二簡（第一～四簡）

原文

任灋官者爲吏貲二甲●有興除守嗇夫叚佐居守者上造以上不從令貲二　三二九
甲●除士吏發弩嗇夫不如律及發弩射不中尉貲二甲●發弩嗇夫射不中　三三〇
貲二甲免嗇夫任之●駕騶除四歲不能駕御貲教者一盾免賞四歲繇戍　三三一
除吏律●爲聽命書灋弗行耐爲侯不辟席立貲二甲灋游士在亡符居縣貲　三三二

校訂文

任灋（廢）官者爲吏、貲二甲〔一〕。●有興〔二〕、除守嗇夫・叚（假）佐居守者〔三〕、上造以上。不從令、貲二甲〔四〕。●除士吏・發弩嗇夫不如律〔五〕、及發弩射不中、尉貲二甲〔六〕。●發弩嗇夫射不中、貲二甲、免。嗇夫任之〔七〕。●駕騶除四歲〔八〕、不能駕御、貲教者一盾、免、賞（償）四歲繇（傜）戍〔九〕。除吏律〔一〇〕

注釈

〔一〕任灋～爲吏　【整理小組】任は、『漢書』汲黯伝注引の蘇林の言に「保舉」とある。廃官は、職を免ぜられ永久に任用されない処分を受けた人のこと。【案】「任」は人を推薦して任用させる保任のこと（増淵一九九六、二四五～二四六頁）。「二年律令」置吏律第二一〇簡によると、漢律では任官者が「不廉」・「不勝任」という理由で免官となった場合、推薦者も罰せられる。本条でも廃官になった者を推薦した場合、推薦者が貲二甲に処されるとされている。

〔二〕輿　**〔整理小組〕**輿は、ここでは軍輿を指す。「編年記」注〔六一〕参照。

〔三〕除守～守者　**〔整理小組〕**守・仮はいずれも代理の意。漢代では、仮佐は低級官吏の名称。『漢書』王尊伝・『続漢書』百官志及び『急就篇』に見え、また居延漢簡にも見える。居守は、守。秦制では、戦時には地方官吏が軍役に服さなければならなかった。「編年記」注〔三九〕参照。**〔案〕**「守嗇夫」の「守」に関しては、これまでに①試用期間とする説（陳一九八五、高二〇〇八、三一～三二頁）、②代理・臨時の官とする説（張二〇〇四、陳二〇〇七）、③官職名とする説（陳二〇〇三、李二〇〇四、楊二〇〇四、鄒二〇〇六）、④郡守または県令の補佐官とする説（陳二〇〇四）などがある（武漢本）。

〔四〕有輿～二甲　**〔案〕**整理小組は本句を「有輿、除守嗇夫・叚（假）佐居守者、上造以上不従令、貲二甲」と断句するが、古賀登は「有輿、除守嗇夫・叚（假）佐居守者、上造以上。不従令、貲二甲」と断句し、守嗇夫・仮佐に任用するのは上造以上の者に限ると解する（古賀一九八〇、三六七頁）。

〔五〕除士～如律　**〔整理小組〕**士吏は、軍官で、居延漢簡に見える。その地位は尉の下、候長の上。『漢書』匈奴伝注引の漢律に「近塞郡皆置尉、百里一人。士史・尉史各二人、巡行徼塞也」とある。士史は士吏のこと。このほか『管子』五行篇にもまた士吏の一語があるが、語義はここと同じではない。発弩は、専門に弩を射ることを掌る兵種で、戦国から前漢に至るまでの爾印・封泥に見える。発弩嗇夫はこの種の射手の官長である。**〔案〕**士吏の地位に関する整理小組の説は、陳夢家の指摘に依拠するものであろう。陳夢家は居延漢簡において常に士吏が候長の前に書かれることから、士吏の地位は候長の上とする（陳一九八〇、四九頁）。ただし居延漢簡に「功令第卌五、候長・士吏皆試射」（45:23）とあるように、必ずしも士吏が候長の前に書かれるわけではないので、この説には疑問が残る。于豪亮は睡虎地秦簡より、秦代の士吏の地位は僕射・屯長の上、尉の下であり、漢代の軍隊や辺境防備施設に見える士吏の序列とほぼ同等とする（于一九八五、一〇七頁）。また居延漢簡によると、その職掌は漢代辺境では亭・燧からの見張り・狼煙の運用・盗賊の警戒などである（陳一九八〇、四九頁）。

発弩嗇夫は県の属官で、「發弩」と称される士卒を統括した（裘一九九二、四九四頁）。「二年律令」秩律に「中發弩」・「枸（勾）指發弩」・「郡發弩」（第四四五簡）が見え、漢初では県以外に中央・郡にも置かれていたようである。

〔六〕尉 〔整理小組〕尉は、ここでは県尉を指す。

〔七〕嗇夫 〔整理小組〕嗇夫は、ここでは県嗇夫を指し、県令・長のこと。

〔八〕駕騶 〔整理小組〕駕騶は、馬の御者のことで、官長のために車馬を御する人。当時の車戦はまだ一定の地位を占めていたので、駕騶に対しても厳格な要求があった。

〔九〕賞四歳繇戍 〔案〕本句について、胡大貴は駕騶に就任していた四年間は「徭戍」が免除されていたので、その免除されていた四年分の戍辺徭役に就かせることと解する（胡一九九一）。

〔一〇〕除吏律 〔整理小組〕除吏律は、官吏任用に関する法律。「秦律十八種」中の「置吏律」と近似している。ただし両者に同じ律文はない。本書の小標題は多くが律文末に続けて書かれており、「秦律十八種」で律文と標題の間に一定の空間があるのとは異なる。〔案〕「秦律雑抄」除吏律（本条）、除弟子律（第三三四・三三五簡）及び「為吏之道」内の魏奔命律（第七〇〇～七〇六簡）は律文の次簡に標題が記されているが、そのうち本条の除吏律のみは律文の下（第三二一簡末尾）に二字分の空格がある（フルスウェ一九八五、一〇三頁）。「秦律十八種」置吏律と本条の除吏律との関係について、高恒は、前者を行政・財務部門の官吏の任用規定、後者を軍事官の任用規定とする（高二〇〇八、三〇頁）。

書き下し文

廢官者を任じて吏と爲さば、貲二甲とす。●興有り、守嗇夫・假佐を除して居守する者には、上造以上もてせよ。令に從わずんば、貲二甲とす。●士吏・發弩嗇夫を除して律の如くせず、及び發弩、射るも中らずんば、尉は貲二甲とす。●發弩嗇夫、射るも中らずんば、貲二甲とし、免ず。嗇夫、之を任ぜよ。●駕騶、除せらるること四歲にして、駕御すること能わずんば、敎うる者に貲すること一盾とし、免じ、四歲の徭戍を償わしむ。　除吏律

通釈

廃官とされた者を推薦して吏とした場合、貲二甲とする。●軍事行動があり、守嗇夫・仮佐を任用して（県の）守備に置く場合、上造以上の者を用いよ。令に従わなかった場合、貲二甲とする。●士吏・発弩嗇夫を任用するのに律の通りにしなかった場合、及び発弩が射撃訓練をして的に当たらなかった場合、尉は貲二甲とする。発弩嗇夫が射撃訓練をして的に当たらなかった場合、貲二甲とし、免官とする。（県）嗇夫が（後任の）発弩嗇夫を推薦せよ。●駕騶が任用されて四年が経過しても、車馬を御することができなかった場合、（その駕騶に操馬術を）教えた者は貲一盾とし、（駕騶は）免官とし、（任官中免除されていた）四年間の戍辺徭役に就かせる。　除吏律

○［二］第三三二簡（第四簡）

原文

除吏律●爲聽命書灋弗行耐爲侯不辟席立貲二甲灋游士在亡符居縣貲

校訂文

●爲（僞）聽命書〔一〕、灋（廢）弗行〔二〕、耐爲侯（候）。不辟（避）席立〔三〕、貲二甲、灋（廢）。

注釈

〔一〕爲聽命書　【整理小組】偽は、ふりをすること。命書は、制書のことで、「秦律十八種」行書律に「行命書及書署急者」（訳者注：第二五〇簡）と見える。

〔二〕灋弗行　【整理小組】廃弗行は、捨て置いて実施しないこと。【案】「行」について、整理小組は実施することと解するが、「秦律十八種」行書律によれば、郵・亭などの間で文書を次々と伝え渡していくことと解するべきであろう（「秦律十八種」行書律第二五〇簡注〔一〕参照）。

〔三〕不辟席立　【整理小組】避席は、『呂氏春秋』直諫の注に「下席也」とある。古において、集会の場で座しているとき、席を外して立つことは敬意を表すこと。

書き下し文

●命書を聽くと僞わり、廢して行せずんば、耐して候と爲せ。席を避けて立たずんば、貲二甲とし、廢とせよ。

通　釈

●命書を聞いたふりをし、捨て置いて伝達しない場合、耐して候とする。（命書を聞くとき）席をはずさないで立ったままの場合、貲二甲とし、廃官とする。

原　文

○［三］第三三二～三三三簡（第四～五簡）

除吏律●爲聽命書灋弗行耐爲侯不辟席立貲二甲灋游士在亡符居縣貲　三三二
一甲卒歲責之●有爲故秦人出削籍上造以上爲鬼薪公士以下刑爲城旦●游士律　三三三

校訂文

游士在〔一〕、亡符〔二〕、居縣貲一甲。卒歲、責之〔三〕。●有爲故秦人出〔四〕、削籍〔五〕、上造以上爲鬼薪、公士以下刑爲城旦。●游士律

注　釈

〔一〕游士　**〔整理小組〕**游士は、専門に遊説を行う人のこと。『商君書』農戦に「夫民之不可用也、見言談游士事君之可以尊身也」、算地に「故事詩書游説之士、則民游而輕其君」（訳者注：蒋礼鴻『商君書錐指』は「故事詩書談説之士、則民游而輕其上」に作る）とある。これらは全て游士に対して厳しい制限を加えることを主張する。在は、居留のこと。**〔案〕**游士については、これを遊説の士と解する整理小組の説の他、秦以外の国から

やってきた者と解する説もある（裘一九九三）。

〔二〕符 【整理小組】符は、一種の証明書のこと。『説文』に「信也。漢制以竹長六寸、分而相合」とある。〔案〕符が六寸であったことは、竜崗秦簡「六寸皆傳□□□□□□□〼」（第一四簡。武漢本参照）、居延漢簡「始元七年閏月甲辰、居延與金關爲出入六寸符券」（65:7）からも分かる。「二年律令」盗律（第七四簡）・津関令（第四八九簡）などによると、漢代では津・関・徼に出入りする場合に「符」が必要であった。また賊律に「亡書、𥰡〈符〉券、入門衛〈衞〉木久、搴〈塞〉門、城門之蘥（鑰）、罰金各二兩」（第五二簡）とあるように、符を紛失した場合には罰金二両に処された。

〔三〕居縣〜責之 【整理小組】責は、誅責のことで、一種の懲罰。

〔四〕故秦人 【整理小組】故秦人は、『商君書』徠民の「故秦民」（訳者注：『商君書錐指』では「故」字がない）で、秦国のもとの居住していた民で、がんらい六国に属していた「新民」と対称をなす語。出は、国境を出ること。

〔五〕削籍 【整理小組】『商君書』境内に「四境之内、丈夫女子皆有名於上、生者著、死者削」とある。削籍は、帳簿上から除名し、当該人を秦政府の管理から外すこと。

書き下し文

游士在りて、符を亡わば、居縣、貲一甲とす。卒歳せば、之を責めよ。●故秦人の爲に出だし、籍を削る有らば、上造以上は鬼薪と爲し、公士以下は刑して城旦と爲す。●游士律

通釈

游士が（県に）居留していて、符を紛失した場合、居留地の県は、貲一甲とせよ。（游士が符を失った状態で）一年間居留していた場合に、游士に請求せよ。●もとの秦人を国外へ脱出させ、戸籍を抹消した者に対しては、上造以上は鬼薪とし、公士以下は刑城旦とする。●游士律

原文

○［四］第三三四～三三五簡（第六～七簡）

當除弟子籍不得置任不審皆耐爲侯使其弟子贏律及治之貲一甲決革二甲　三三四
除弟子律●故大夫斬首者睪●分甲以爲二甲蒐者耐●縣毋敢包卒爲弟子尉　三三五

校訂文

當除弟子籍不得、置任不審皆耐爲侯（候）〔一〕。使其弟子贏律〔二〕、及治（笞）之、貲一甲。決革〔三〕、二甲。除弟子律〔四〕

注釈

〔一〕當除～爲侯　**〔線装本〕**弟子は、庶子に当たる。『商君書』境内に「其有爵者乞無爵者以爲庶子、級乞一人。其無役事也、其庶子役其大夫、月六日。其役事也、隨而養之」とある。**〔整理小組〕**当は、倘に通じ、仮定の意。除籍は、帳簿上から除名すること。『史記』蒙恬列伝に「除其宦籍」とある。古は弟子に名籍があった。『淮

南子』道応に「公孫龍曰、與之弟子之籍」とある。不得は、不適切なこと。『礼記』大学の注に「得、謂得事之宜也」とある。〔案〕弟子について、古賀登・フルスウェは線装本に従い「庶子」のこととする（古賀一九八〇、四〇〇頁、フルスウェ一九八五、一〇五頁）。庶子は線装本が引く『商君書』境内篇によれば、平時には有爵者のもとで月に六日間使役され、戦時には従卒となった者のこと。

本条では、誰が耐候に処されるのかが明記されていないが、『史記』巻七九范雎列伝に「秦之法、任人而所任不善者、各以其罪罪之」とあるのによれば、推薦によって官吏を任用する場合に何らかの問題があった場合、推薦者・被推薦者ともに処罰される。ここでも耐候に処されるのは、弟子本人とその弟子を「除」・「置任」した者双方であろう。

〔二〕羸律　〔整理小組〕羸律は、律を過ぎることで、法律の規定を超過すること。『史記』傅靳蒯成列伝に「坐事國人過律」とある。

〔三〕決革　〔整理小組〕決革は、皮膚を損傷すること。〔案〕整理小組の釈文は「决」に作るが、図版を見ると明らかに「決」である（魏二〇〇三、二四一頁）。

〔四〕除弟子律　〔整理小組〕除弟子律は、弟子を任用することに関する法律。案ずるに、秦では吏を以て師としたので、本条は吏の弟子に関する規定であろう。〔案〕注〔一〕によれば、本条は庶子を官吏として任用する際の規定と解すべきである。

書き下し文

當《も》し弟子籍を除するも得ず、任に置くこと不審なれば皆な耐して候と爲す。其の弟子を使うるに律を羸ゆる、及び

之を笞するは、貲一甲とす。決革せば、二甲とす。　除弟子律

通釈

弟子籍にあるものを除任することが適当でなく、また官吏に推薦することが不審である場合はいずれも（弟子・任用者ともに）耐候に処す。その弟子を律の規定以上に役使する、及び弟子を鞭打った場合、貲一甲。皮膚を損傷した場合、貲二甲。　除弟子律

○［五］第三三五～三三七簡（第七～九簡）

原文

除弟子律●故夫=斬首者䙴●分甲以爲二甲蒐者耐●縣毋敢包卒爲弟子尉 三三五
貲二甲免令二甲●輕車赿張引強中卒所載傅到軍縣勿奪=中卒傳令尉 三三六
貲各二甲●驀=五尺八寸以上不勝任奔摯不如令縣司馬貲二甲令丞各一甲先 三三七

校訂文

●故大夫斬首者〔一〕、䙴（遷）〔二〕。●分甲以爲二甲蒐者〔三〕、耐。●縣毋敢包卒爲弟子〔四〕。尉貲二甲、免、令二甲〔五〕。●輕車〔六〕・赿張〔七〕・引強〔八〕・中卒所載傅〈傳〉到軍〔九〕、縣勿奪。奪中卒傳、令・尉貲各二甲〔一〇〕。

注釈

〔一〕故　〔整理小組〕故大夫とは、もとの爵位が大夫であること。『漢書』高帝紀に「故大夫以上賜爵各一級」とある。〔案〕「故」は律の適用対象者の身分が変更される際、その変更以前の身分を表示するときに用いられる（「秦律十八種」軍爵律第二二一・二二三簡注〔三〕）。本条の「故」も同様に解すると、戦場で自ら敵の首を獲った「故大夫」は遷刑に処されるとともに奪爵され、爵称が変更されたのかもしれない。

〔二〕故大～者遷　〔整理小組〕斬首については、『商君書』境内篇に「其戰、百將・屯長不得斬首」とあり、朱師轍『商君書解詁定本』に「百将・屯長責在指揮、故不得斬首」とある。簡文と相互に参照すべきである。〔案〕整理小組の引用する『商君書』境内篇および朱師轍氏の注釈によると（朱一九五六、七二頁）、「屯長」以上の指揮官たる大夫以上の有爵者は自身の率いる兵卒が獲った首級の数によって昇進するため（守屋一九六八、四〇～四一頁）、本条では本来の職務を放棄して自ら首を斬った「大夫」以上の有爵者が遷刑に処されていることになる（工藤二〇〇五）。

〔三〕分甲～蒐者　〔整理小組〕甲は、『戦国策』秦策に「秦下甲而攻趙」、注に「兵也」とある。蒐は、軍隊の戦力を調べることを目的とする一種の狩猟活動。〔案〕整理小組は「分甲以爲二甲」を「軍隊を二手に分けること」と訳出するが、睡虎地秦簡中の「甲」はいずれも「よろい」を意味する。それゆえ、本条の「分甲以爲二甲」も「一着の甲《よろい》を二着に分けること」と解するべきであろう。

「蒐」は春に行われる兵の調練を兼ねた狩猟の意味もあるが（『左伝』隠公五年・伝）、ここでは兵器の質を検査して兵士を調練する、いわゆる閲兵のことであろう（『公羊伝』昭公八年・伝、同桓公六年・伝・何休解詁）。漢代では毎年八月に都試が開かれ、そこでは地方官吏の考課と各種兵士の調練が行われていたが（『続漢書』百官志五・劉昭注引『漢官儀』）、本条の「蒐」はこの都試と同様のものであろう。

〔四〕縣毋～弟子　〔整理小組〕包は、『漢書』外戚伝の注に引く晉灼の言に「藏也」とある。卒は、二級から四級までの爵位を有する兵士。『商君書』境内に「軍爵自一級已下至小夫、命曰校・徒・操・公士。爵自二級已上至不更、命曰卒」とある。卒を隠して弟子にするとは、軍役から逃れる行為である。〔案〕「卒」について、整理小組は二級～四級までの爵位を有する兵士のこととするが、それでは一級の爵位を有する兵士（＝校・徒・操士・公士）には本条が適用されなかったことになってしまう。睡虎地秦簡では「徒」・「卒」が区別されている例もあるが（「秦律雑抄」〔二一〕第三六二簡など）、広く兵卒一般を指す語として「卒」が用いられている例もある（「秦律雑抄」〔八〕第三三九～三四三簡など）。本条の「卒」は後者の意味で用いられているのであろう。

〔五〕縣毋～二甲　〔案〕本句では、兵卒を自身の「弟子」として軍の徴発から逃れさせた県令・県尉にそれぞれ貲二甲が科されているが、漢代では兵士の挑発に問題があった場合、徴発を行った地方長官は「乏軍興」の罪を犯したとして処罰された（沈家本『漢律遮遺』巻一七）。兵卒を軍の徴発から逃れさせることで軍の兵士数を不足させる行為はこの「乏軍興」に相当しよう。

〔六〕輕車　〔整理小組〕軽車は、敵陣に突撃するのに用いる戦車。『周礼』車僕の注に「所用馳敵致師之車也」とある。〔案〕整理小組は本条の「輕車」を戦車のこととするが、例えば張次公の父・張隆が「輕車武射」であったとあるように（『史記』巻一一一衛将軍驃騎列伝附張次公列伝）、「輕車」を操作する兵士を意味するのであろう。「二年律令」秩律には、「(中) 輕車」・「郡輕車」（第四四五簡）・「中輕車司馬」（第四六八簡）が見え、これらは「輕車」の操作・管理などを管掌する武官名と解される。

〔七〕赿張　〔整理小組〕赿張は、脚で硬い弩を踏み張ること。『説文』に「漢令曰、赿張百人」とある。古書では蹶張にも作る。『漢書』申屠嘉伝の注に「弩、以手張者曰擘張、以足蹋者曰蹶張」とある。

〔八〕引強　〔整理小組〕引強は、強い弓を引くこと。『史記』絳侯周勃世家に「常爲人吹簫給喪事、材官引彊」とある。

〔九〕中卒　〔整理小組〕中卒は『商君書』境内に「國尉分地、以中卒隨之」、朱師轍『商君書解詁定本』に「中卒、中軍之卒、『左傳』所謂「中權後勁」、此謂中軍勁卒」とある。四者はいずれも兵種の名称である。〔案〕整理小組の引く境内篇中の国尉は攻撃する城の面積などを測定する職務を担っているが、これに従う「中卒」とはそのような指揮官クラスの軍官の護衛兵を意味するのかもしれない。

〔一〇〕輕車〜勿奪　〔案〕漢代の兵制に関する先行研究では、①軍事に専従する兵士（「士」）と一般庶民から徴発された兵卒（「卒」）に明確な区別があるのかどうか、②「士」を官吏と同等の存在とみなせるか否かが特に問題視され、本条に見える「輕車」・「赿張」・「引強」は材官・騎士などとともに軍事に専従する兵士（「士」）と見なされている（高村二〇〇八、五八〜六〇頁）。本条では「輕車」・「赿張」・「引強」の輸送する伝車を県が奪ってはならないと規定されているが、県が自身の統括する兵士の伝車を奪うという事態は起こり得ないはずであるので、「輕車」などの兵士は県ではなく郡あるいは中央によって統括されていたと解さなくてはならない。一般民衆の徴発は原則として県が請け負っていたと考えられるが、このことと本条の内容を合わせると、少なくとも「輕車」・「赿張」・「引強」は一般民衆から徴発された兵卒とは別の兵士であったと理解できるのではなかろうか。

書き下し文

●故大夫の斬首する者は、遷とせよ。●甲を分かちて以て二甲と爲して蒐する者は、耐とせよ。●縣、敢えて卒を包して弟子と爲すこと毋かれ。尉は貲二甲とし、免じ、令は二甲とせよ。●輕車・赾張・引強・中卒の載する所の傳、軍に到らば、縣、奪う勿れ。中卒の傳を奪わば、令・尉は貲各〃二甲とせよ。

通釈

●大夫の爵位を有する者が戦場で敵の首を獲ったら、遷に処せ。●一着の甲《よろい》を二着に分けて蒐に臨んだ者は、耐に処せ。●県は妄りに卒を弟子として（軍の徴発から）隠してはならない。（隠した場合）県尉は貲二甲に処した上で免官とし、県令は貲二甲に処せ。●軽車・赾張・引強・中卒によって（軍需物資が）積載されている伝車が軍に到着した場合、県はそれを奪ってはならない。中卒の伝車を奪った場合、県令・県尉はともに貲二甲に処せ。

○［六］第三三七・三三八簡（第九・一〇簡）

原文

貲各二甲●驀〓五尺八寸以上不勝任奔摯不如令縣司馬貲二甲令丞各一甲先　三三七
賦驀〓馬備乃粼從軍者到軍課之馬殿令丞二甲司馬貲二甲灋吏自佐史　三三八

校訂文

●驀馬五尺八寸以上〔一〕。不勝任、奔摯不如令〔二〕、縣司馬貲二甲〔三〕、令・丞各一甲。先賦驀馬、馬備、乃粼從軍者〔四〕。到軍課之、馬殿、令・丞二甲、司馬貲二甲、灋（廢）。

注釈

〔一〕驀　**〔整理小組〕**「驀馬」は合文。以下同じ。驀馬は、騎乗に用いる軍馬。『説文』に「驀、上馬也」とあり、馬に乗ることを意味する。『広韻』に「驀、騎驀」とある。『文選』「呉都賦」に「驀六駮」とあり、斑模様のある六頭の馬に乗ることを意味する。

〔二〕摯　**〔整理小組〕**縶は、手綱を握って止めること。**〔案〕**整理小組は「摯」を「縶」と読み替えるが、于豪亮・李均明はこれを「鷙」と読み替えている（于・李一九八一）。フルスウェは本条の主語が「驀馬」であるので、「摯」は馬の動作を示す語と解さなくてはならないとした上、于・李の説を支持して「鷙」と読み替え、「馬が遅く鈍いさま」（『説文』馬部）と解している（フルスウェ一九八五、一〇七頁）。ただし、「摯」には「輖」という意味があり（『周礼』冬官考工記・鄭玄注）、「輖」は重いことを意味するので（『説文』車部）、「鷙」に読み替えずともフルスウェのように解釈することは可能である。

〔三〕縣司～二甲　**〔整理小組〕**県司馬については、「效律」「司馬令史掾苑計」条（訳者注：〔一八〕第三二三簡）注〔二〕参照。**〔案〕**本条では「驀馬」に問題があった場合、県司馬が責任を負うとされているが、「秦律雑抄」〔一八〕第三五七・三五八簡では「吏乘馬」に問題があった場合、厩嗇夫や皂嗇夫が責任を負うとされている。

〔四〕乃粼従軍者　**〔整理小組〕**粼は、遴と読むのであろう。選ぶこと。この句の意味は従軍している者の中から騎士を選び出すことである。**〔案〕**整理小組は本句を騎士を選び出すことと解しているが、本句の主体は徴発された「驀馬」であろう。つまり、民間から徴発した馬の中から軍馬として用いる馬を選び出すことを意味するのであろう（戴二〇〇八c）。

書き下し文

●驀馬は五尺八寸以上とせよ。任に勝えず、奔りて摯たること令の如くせずんば、縣司馬は貲二甲、令・丞は各〃一甲とせよ。先ず驀馬を賦し、馬備えば、乃ち軍に従う者を粼せよ。軍に到りて之を課し、馬殿ならば、令・丞は二甲とし、司馬は貲二甲とし、廢とせよ。

通　釈

●驀馬（の馬高）は五尺八寸（約一メートル三三センチ）以上とせよ。驀馬が使用に堪えなかったり、走るのが令より遅かった場合、県司馬は貲二甲、県令・県丞はそれぞれ貲一甲に処せ。まず驀馬を徴発し、その数が揃ったならば、そこから軍に派遣する驀馬を選び出せ。軍に到着した驀馬を考課し、それらが殿と評価された場合、県令・県丞は貲二甲に処し、県司馬は貲二甲に処した上で廃とせよ。

○［七］第三三八・三三九簡（第一〇・一一簡）

原　文

三三八　賦驀〓馬備乃粼從軍者到軍課之馬殿令丞二甲司馬貲二甲灋吏自佐史
三三九　以上負從馬守書私卒令市取錢焉皆䙴不當稟軍中而稟者皆貲二甲灋

校訂文

吏自佐・史以上負従馬〔一〕・守書私卒〔二〕、令市取銭焉〔三〕、皆䙴（遷）。

注釈

〔一〕負従馬　〔整理小組〕負従馬は、荷物を背負って運ぶ馬。『史記』匈奴列伝に「私負従馬凡十四萬匹」、王念孫『読書雑誌』三之六に「負従馬者、負衣装以従之馬也」とある。〔案〕整理小組は「負従馬」を荷物を背負う馬のことと解するが、『漢書』巻九四匈奴伝上「私負従馬」に対する顔師古注によれば、自弁で馬などを供出して従軍した者、もしくはそのような行為を意味すると解される。

〔二〕吏自～私卒　〔整理小組〕守書私卒は、文書を管理して付き従う士卒。〔案〕「私卒」は上孫家寨漢簡第二三九簡において「僕」・「養」・「従馬」とともに並列されているので、官吏や軍吏などに付き従う私的な兵士のことと解される（簡牘集成二〇〇五、一三七一頁）。ただし、「守書」の意味については不詳。また、整理小組は本句を「佐・史以上の官吏の負従馬と守書私卒」と訳出するが、上孫家寨漢簡で「従馬」・「私卒」が並列され、かつそれらがいずれも官吏が個人的に所有する馬・兵士を意味することからすれば、本句は「従馬」・「守書私卒」両者を「負」の目的語として「佐・史以上の官吏が（自弁で）従馬や守書私卒を供出し…」と訳出すべきであろう。

〔三〕市　〔整理小組〕市は、『史記』項羽本紀の『索隠』に引く張晏の言に「貿易也」とある。

書き下し文

吏の佐・史自り以上、従馬・守書私卒を負うに、市《あきな》せしめて銭を取らば、皆な遷とせよ。

通釈

佐・史以上の官吏が（自弁で）従馬や守書私卒を供出し、（彼らに）商売をさせて利益を挙げた場合、（佐・史以上の官吏、私卒は）すべて遷刑に処せ。

原文

○〔八〕第三三九～三四三簡（第一一～一五簡）

以上負從馬守書私卒令市取錢焉皆罨不當稟軍中而稟者皆貲二甲灋　三三九
非吏毆戍二歲徒食敦長僕射弗告貲戍一歲令尉士吏弗得貲一甲●軍人買稟=　三四〇
所及過縣貲戍二歲同車食敦長僕射弗告戍一歲縣司=空=佐史士吏將者弗得　三四一
貲一甲邦司空一盾●軍人稟所=過縣百姓買其稟貲二甲入粟公吏部弗得及　三四二
令丞貲各一甲●稟卒兵不完善丞庫嗇夫吏貲二甲灋●敢深益其勞歲數　三四三

校訂文

不當稟軍中而稟者、皆貲二甲、灋（廢）。非吏毆（也）、戍二歲。徒食・敦（屯）長・僕射弗告〔一〕、貲戍一歲〔二〕。令・尉・士吏弗得、貲一甲。●軍人買（賣）稟稟所及過縣〔三〕、貲戍二歲。同車食〔四〕・敦（屯）長・僕射弗告、戍一歳。縣司空、司空佐・史、士吏將者弗得〔五〕、貲一甲。邦司空一盾〔六〕。●軍人稟所・所過縣百姓買其稟、貲二甲、入粟公。吏部弗得〔七〕、及令・丞貲各一甲〔八〕。●稟卒兵〔九〕、不完善（繕）、丞・庫嗇夫・吏貲二甲〔一〇〕、灋（廢）。

注釈

〔一〕徒食～弗告　〔整理小組〕徒は、衆の意で、徒食は一緒に軍糧を受領して食べる軍人を指す。屯長は、隊長。『史記』陳渉世家に「發閭左適戍漁陽、九百人屯大澤郷、陳勝・呉廣皆次當行、爲屯長」とあり、『漢書』陳勝伝の注に「人所聚曰屯、爲其長帥也」とある。僕射は、一種の軍官。簡文の順序によれば、その地位は屯長の下にある。『孫子』作戦篇の曹操注に「陳軍之法、五車爲隊、僕射一人。十車爲官、卒長一人」とあり、参考になる。〔案〕周群・陳長琦は、本条の「徒食・敦長・僕射」、「同車食・敦長・僕射」は官位の低い者から高い者の順に並べられているとする（周・陳二〇〇七）。

〔二〕貲戍一歳　〔案〕本条では「戍～歳」、「貲戍～歳」という二種の表現が用いられているが、整理小組はいずれも「罰戍～歳」と訳している。按ずるに、「貲戍辺～歳」は貲刑の一種で、服役すべき日数に相当する金銭を支払うという刑罰であろう。これと類似する表現に「貲日四月居邊」（「秦律雑抄」〔一二〕第三六三簡）、「貲徭三旬」（「法律答問」第三七七簡）がある。これらは労役を罰金で代替する刑であり、罰金を労役で代替する「居貲」と代替の方向が正反対であると言える。

〔三〕軍人～過縣　〔整理小組〕過県は、行軍が通過する県を指す。〔案〕「軍人」という語は、例えば『漢書』巻五四李広伝に「（李陵）遂降。軍人分散、脱至塞者四百餘人」などとある。伝世文献中に見える用例からすると、「軍人」とは軍中で服役している者全般を指す語のようである。

〔四〕同車食　**〔整理小組〕**同車食は、同じく一車に属して一緒に軍糧を受領して食べる軍人を指す。いにしえ、戦車各輛には、車上の戦士のほか、付属の歩兵もいた。**〔案〕**「二年律令」金布律に「流者可拯、同食・將吏及津嗇夫・吏弗拯、罰金一兩」（第四三一簡）と見え、「同車食」に類似する「同食」が見える。本条前段に見える「徒食」とともに、軍の同僚のことと解される（柿沼二〇〇七）。

〔五〕縣司～弗得　**〔案〕**県司空は「二年律令」秩律（第四五〇簡、第四六四簡）に秩二百石、百六十石の官として見える。司空佐史について、整理小組は一つの官職であるかのように断句するが、県司空の属吏である佐と史のことであろう。

〔六〕邦司空　**〔整理小組〕**邦司空は、朝廷の司空。「秦律十八種」徭律注〔七〕（訳者注：第一八二～一九一簡注〔八〕）参照。本条で軍人が軍糧を売って司空を懲罰するのは、おそらく軍人を派遣して築城といったたぐいの工事に従事させるときの情況を指しているのだろう。**〔案〕**『商君書』境内篇に「其攻城圍邑也、國司空訾其城之廣厚之數。國尉分地以徒校分積尺而攻之」とあり、于豪亮はこの「國司空」を本条の「邦司空」のこととする（于一九八五、九六頁）。宮宅潔は、『商君書』に国司空とともに見える国尉に白起や尉繚が任じられていることから、邦司空もより王権に密接した官であったと推測する（宮宅二〇一一、二三四頁）。按ずるに、渡邉英幸は里耶秦簡に「郡邦尉爲郡尉」（8-461）とあることから、邦尉とは秦「邦」全体を管轄する武官であったが、郡の設置に伴ってその邦尉の職掌が各郡ごとに分掌された結果、邦尉は内史のみを管轄し、各郡には郡邦尉が設置されるようになり、統一後に両者がそれぞれ中尉・郡尉に改称されたとしている（渡邉二〇一四）。これを参考にすると、邦司空と県司空も邦尉と同様の沿革をたどり、統一後に邦司空は中司空（「二年律令」秩律第四四五簡）と改称されたのかもしれない。

〔七〕吏部　**〔整理小組〕**吏部は、部吏の誤倒ではないか。部吏とは郷部・亭部の吏のこと。例えば『漢書』王莽伝に「盜賊始發、其原甚微、非部吏伍人所能禽也」、『後漢書』王符伝に「鄕亭部吏亦有任決斷者」とある。**〔案〕**武漢本は「部」に統轄の意味があることから、「吏部」を「吏主」と同義の語と推測する。「二年律令」には「吏部主」（盜律第七四簡）、「吏部主者」（捕律第一四五簡・第一四七簡）、「部主者」（盜律第七六簡、銭律第二〇二簡）が見え、いずれも一定区域を管轄する官吏のことと解される。このうち、銭律第二〇二簡には本句とほぼ同じ「部主者弗得」という語が見える。

〔八〕及令丞　**〔案〕**文脈上、本句の「及」の上には「吏部」が省略されているのであろう。県令・県丞のみならず、犯人を捕えられなかった「吏部」も貲一甲に処されたものと解される。

〔九〕稟卒兵　**〔整理小組〕**兵は、兵器。

〔一〇〕庫嗇夫　**〔整理小組〕**庫は、兵器を収蔵する武器庫を指す。居延漢簡に「酒泉庫嗇夫」がある（訳者注：居延漢簡中に「庫嗇夫」は散見するが、「酒泉庫嗇夫」は見えない）。

書き下し文

當に軍中より稟すべからずして稟する者は、皆な貲二甲とし、廢せよ。吏に非ずんば、戍二歲。徒食・屯長・僕射、告せずんば、貲戍一歲。令・尉・士吏、得ずんば、貲一甲。●軍人、稟を稟所及び過縣に賣らば、貲戍二歲。同車食・屯長・僕射、告せずんば、戍一歲。縣司空、司空の佐・史、士吏の將者、得ずんば、貲一甲。邦司空は一盾。●軍人の稟所・過ぐる所の縣の百姓、其の稟を買わば、貲二甲とし、粟を公に入れよ。吏部、得ずんば、及び令・丞、貲するこど各〃一甲。●卒に兵を稟するに、完繕ならずんば、丞・庫嗇夫・吏は貲二甲とし、廢せよ。

通釈

軍中で（食糧を）受給してはいけないのに受給した場合には、みな貲二甲とし、免職にして二度と官吏に任用してはならない。（もしその者が）官吏でない場合には、戍二歳とする。徒食・屯長・僕射がこの者を告発しなければ、貲戍一歳とする。令・尉・士吏がこの者を捕らえられなければ、貲一甲とする。●軍人が受給した食糧を受給した場所および（行軍で）立ち寄った県で売ったならば、貲戍二歳とする。同車食・屯長・僕射がこの者を告発しなければ、戍一歳とする。県司空・司空の佐と史、士吏で軍人を率いる者がこの者を捕らえられなければ、貲一甲とする。邦司空は貲一盾とする。●軍人が食糧を受給した場所や立ち寄った県の民衆が、その（軍人の）食糧を買った場合には、貲二甲とし、粟を官府に納めよ。その管轄区をつかさどる官吏がこの者を捕らえられなければ、（その官吏）と県令・県丞はいずれもそれぞれ貲一甲とする。●兵卒に兵器を支給し、その兵器が修繕できていない場合には、丞・庫嗇夫・吏を貲二甲とし、免職にして二度と官吏に任用してはならない。

○［九］第三四三・三四四簡（第一五・一六簡）

原文

令丞貲各一甲●稟卒兵不完善丞庫嗇夫吏貲二甲灋●敢深益其勞歲數　三四三
者貲一甲棄勞●中勞律●臧皮革橐突貲嗇夫一甲令丞一盾●臧律　三四四

校訂文

●敢深益其勞歲數者〔一〕、貲一甲、棄勞。●中勞律〔二〕

注 釈

〔一一〕敢深～數者 【整理小組】深は、甚と読む。「秦律十八種」田律「乘馬服牛稟」条（訳者注：第七八簡）注〔五〕参照。深益は、増加の意。労は、勤務実績。『史記』酷吏列伝に「禹以刀筆吏積勞、稍遷爲御史」とある。「秦律十八種」廏苑律「以四月・七月・十月・正月膚田牛」条注〔七〕（訳者注：第八〇・八一簡注〔六〕）参照。

〔一二〕中勞律 【整理小組】中労は、漢簡に常見する。例えば『居延漢簡甲編』一一四（訳者注：13:7）に「中勞二歳」（訳者注：正確には「中勞二歳八月十四日」）とあり、一三五九（訳者注：562:2）に「中勞三歳六月五日」とある。中労律とは、従軍の勤務実績に関する法律であろう。

書き下し文

●敢えて深く其の勞の歳數を益する者は、貲一甲とし、勞を棄てよ。●中勞律

通 釈

●勝手に（自分の）勤務日数を（規定より）多く増やした場合には、貲一甲とし、その勤務日数を取り消せ。●中労律

○［一〇］第三四四簡（第一六簡）

原 文

者貲一甲棄勞●中勞律●臧皮革橐突貲嗇夫一甲令丞一盾●臧律

校訂文

臧（藏）皮革橐（蠹）突、貲嗇夫一甲〔一〕、令・丞一盾。●臧（藏）律〔二〕

注釈

〔一〕臧皮～一甲　〔整理小組〕嗇夫は、ここでは皮革を収蔵する府庫の嗇夫で、效律「官府藏皮革」条（訳者注：〔一九〕第三二〇簡）の官嗇夫のこと。〔案〕整理小組の引用する「效律」〔一九〕（第三二〇簡）では、官府に所蔵されている皮革を野晒しにして風にあてた結果、虫食いによって破損した場合、官嗇夫を貲一甲に処するべきことが規定されている。また「為吏之道」では、官吏が注意を払うべきことの一つに「皮革橐（蠹）突」（第六九六簡）が挙げられている。

〔二〕藏律　〔整理小組〕藏律は、府庫の貯藏に関する法律。

書き下し文

皮革を藏して蠹突あらば、嗇夫に貲すること一甲とし、令・丞は一盾とせよ。●藏律

通釈

（官府で）皮革を所蔵していて虫食いによって破損させたならば、（官）嗇夫を貲一甲、令・丞をそれぞれ貲一盾に処せ。●蔵律

○〔一一〕第三四五・三四六簡（第一七・一八簡）

原文

省殿貲工師一甲丞及曹長一盾徒絡組廿給省三歳比殿貲工師二甲丞曹 三四五
長一甲徒絡組五十給非歳紅及毋命書敢爲它器工師及丞貲各二甲縣工新 三四六

校訂文

省殿〔一〕、貲工師一甲、丞及曹長一盾〔二〕、徒絡組廿給〔三〕。省三歳比殿〔四〕、貲工師二甲、丞及曹長一甲、徒絡組五十給。

注釈

〔一〕省〔整理小組〕省は、考査のこと。ここでは官営手工業の生産品の質や量に対する検査を指し、漢代の銅器や漆器の銘文に常見する。〔案〕整理小組が指摘するように、例えば武帝元朔三年（前一二六）造の竜淵宮鼎の銘文に「龍淵宮銅鼎。容一斗五升、并重十斤。元朔三年、工禹造。守嗇夫掾成・令光・尉定省」とあり（容一九三一、一八五頁）、秦・漢代の銅器銘文には、官営工房で作成された銅器の品質チェックを意味する語として「省」字が頻見する。

〔二〕丞及～一盾〔整理小組〕丞は、ここでは工官の責務を負う官員を指す。漢代の鐘官令に「火丞」・「銭丞」がいたのと同じ。陳直『漢書新証』巻一参照（訳者注：陳直は鐘官令属下に「火丞」・「銭丞」がいたことを指摘するのみ（陳二〇〇八、一一四頁））。曹長とは、簡文によれば、工匠の中の班長を指すのであろう。

〔三〕徒絡組廿給　〔整理小組〕徒は、衆のこと。ここでは一般の工人を指す。絡については、『広雅』釈器に「綆也」とある。組は、薄く長い組みひものこと。絡組とは、つまり鎧のさねを結ぶ長い組みひものこと。給はおそらく緝と読むのであろう。『釈名』釈衣服に「緝、則今人謂之綆也」とある。絡組五十給とは、五十本の組みひものこと。〔案〕「絡組」について、整理小組は鎧のさねを結ぶ組みひものこととするが、林巳奈夫は『左伝』襄公三年に見える「組甲」を小札（鎧のさね）を組みひもで綴った鎧のこととし、その形状を図示している（林一九七二、四一〇～四一一頁）。

本句および後段「徒絡組五十給」について、整理小組は罰として徒に絡組を供出させることと訳出するが、高敏は徒の絡組作成のノルマを増やすことと解する（高一九九八、八七頁）。本条が工官における器物作成上の不備について規定したものであること、また徒に「絡組〇〇給」なる措置を科す規定が本条と次々条（〔一三〕第三四八・三四九簡）にしか見えないことなどを勘案すれば、高敏の解釈の方が妥当であろう。

〔四〕比殿　〔整理小組〕比殿とは、連続して下等と評価されること。

書き下し文

省して殿ならば、工師に貲すること一甲とし、丞及び曹長は一盾、徒は絡組廿給とせよ。省すること三歳にして殿を比せば、工師に貲すること二甲とし、丞及び曹長は一甲、徒は絡組五十給とせよ。

通釈

（ある年の生産物の）考査を行って最下等と評価されたならば、工師を貲一甲、丞・曹長を貲一盾に処し、徒には絡組二十給（のノルマ）を科せ。三年連続で最下等と評価されたならば、工師を貲二甲、丞・曹長を貲一甲に処し、徒には絡組五十給（のノルマ）を科せ。

○［一二］第三四六～三四八簡（第一八～二〇簡）

原文

長一甲徒絡組五十給非歳紅及毋命書敢爲它器工師及丞貲各二甲縣工新 三四六
獻殿貲嗇夫一甲縣嗇夫丞吏曹長各一盾城旦爲工殿者治人百大車殿 三四七
貲司空嗇夫一盾徒治五十●髼園殿貲嗇夫一甲令丞及佐各一盾徒絡組各 三四八

校訂文

非歳紅（功）及毋（無）命書、敢爲它器、工師及丞貲各二甲。縣工新獻〔一〕、殿、貲嗇夫一甲、縣嗇夫・丞・吏・曹長各一盾。城旦爲工殿者〔二〕、治（笞）人百。大車殿〔三〕、貲司空嗇夫一盾〔四〕、徒治（笞）五十。

注釈

〔一〕縣工 **〔整理小組〕** 県工とは、郡県の工官を指すのであろう。『漢書』地理志によると漢代の懐・河南・陽翟などの地にそれぞれ工官が設置されていたことが記され、それらは官営手工業機構である。**〔案〕**『漢書』巻二八地理志によれば、漢代では整理小組が挙げた郡県の他に、南陽郡宛県・済南郡東平陵県・泰山郡奉高県・広漢郡雒県・蜀郡成都県にも工官が置かれていた。

〔二〕城旦爲工　〔案〕「城旦爲工」とは工城旦のことであろう。工城旦については「秦律十八種」軍爵律（第二二二・二二三簡）注〔四〕参照。

〔三〕司空～大車　〔整理小組〕司空が大車を製造することについては、「秦律十八種」司空律「城旦舂衣赤衣」条（訳者注：第二一四～二一六簡）参照。

〔四〕司空嗇夫　〔整理小組〕司空嗇夫とは、司空の主管官員。邦司空や県司空のことであろう。〔案〕整理小組は司空嗇夫と邦司空・県司空を同一視するが、厳密には中央の邦司空と地方の県司空の長が司空嗇夫と呼ばれていたということであろう（宮宅二〇一一、二三三頁）。懸泉置漢簡には敦煌郡広至県の司空嗇夫が見える（Ⅱ0315②：36A）。ただし、邦司空の長までもが司空嗇夫と呼ばれていたのか否かについては明証がなく、断言できない。

書き下し文

歳功に非ず及び命書無く、敢えて它器を爲らば、工師及び丞には各〃二甲を貲せよ。縣工新たに獻じ、殿ならば、嗇夫に貲すること一甲とし、縣嗇夫・丞・吏・曹長は各〃一盾とせよ。城旦の工爲るもの殿ならば、笞すること人ごとに百とせよ。大車殿ならば、司空嗇夫に貲すること一盾とし、徒は笞五十とせよ。

通　釈

その年度の生産ノルマではなく、また朝廷からの命令書もないにもかかわらず、勝手に他の器物を製作したならば、工師・丞をそれぞれ貲二甲に処せ。県の工官が新たに（生産物を）献上し、（それが）最下等と評価されたならば、（工官の）嗇夫を貲一甲、県嗇夫・丞・吏・曹長をそれぞれ貲一盾に処せ。城旦が工となって（生産物を製作してそれが）最下等と評価されたならば、一人につき笞百とせよ。（工城旦が）大車を製造して最下等と評価されたならば、司空嗇夫を貲一盾に処し、城旦たちはそれぞれ笞五十とせよ。

○［一三］第三四八・三四九簡（第二〇・二一簡）

原文

貲司空嗇夫一盾徒治五十●髤園殿貲嗇夫一甲令丞及佐各一盾徒絡組各　三四八
廿給髤園三歳比殿貲嗇夫二甲而灋令丞各一甲采山重殿貲嗇夫一甲　三四九

校訂文

●髤園殿、貲嗇夫一甲、令・丞及佐各一盾［一］、徒絡組各廿給。

注釈

［一］漆園～一盾　〔整理小組〕漆園は県に属す。よってここでの令・丞は県令・県丞のことであろう。「效律」「工稟館它縣」条（訳者注：［一二］第三一四～三一六簡）参照。〔案〕漆園について、飯尾秀幸は漆の産出や漆器生産、漆の品質管理などを行う官営工房とし（飯尾一九八五）、高敏は漆樹を栽培する漆畑のこととする（高一九八九）。

書き下し文

●髹園、殿ならば、嗇夫に貲すること一甲とし、令・丞及び佐は各〃一盾、徒は絡組各〃廿給とせよ。

通釈

●（ある県の）漆園が最下等と評価されたならば、（漆園を主管する）嗇夫を貲一甲に処し、令・丞・佐はそれぞれ貲一盾、徒にはそれぞれ絡組二十給（のノルマ）を科せ。

○［一四］第三四九～三五一簡（第二一一～二一三簡）

原文

廿給髹園三歳比殿貲嗇夫二甲而灋令丞各一甲采山重殿貲嗇夫一甲　三四九
佐一盾三歳比殿貲嗇夫二甲而灋殿而不負費勿貲賦歳紅未取省而亡　三五〇
之及弗備貲其曹長一盾大官右府左府右采鐵左采鐵課殿貲嗇夫一盾　三五一

校訂文

采山重殿貲嗇夫一甲〔一〕、佐一盾。三歳比殿貲嗇夫二甲而灋（廢）〔二〕。殿而不負費勿貲〔三〕。賦歳紅（功）、未取省而亡之、及弗備貲其曹長一盾〔四〕。大官・右府・左府・右采鐵・左采鐵課殿、貲嗇夫一盾〔五〕。

注 釈

〔一〕采山～一甲 **〔整理小組〕**采山は採鉱の意。『文選』呉都賦に「采山鑄銭」とある。重殿は、下等の評価を二回受けること。**〔案〕**以下は鉄官の規定か（柿沼二〇一一a、三二三～三二四頁）。

〔二〕三歳～而灋 **〔案〕**本句は、三年間連続で最下等の評価を受けた「采山」の嗇夫に貲二甲を科し、「灋（解雇）」することを意味するが、そこに「佐」の刑はみえない。

〔三〕殿而～勿貲 **〔案〕**本句は、「殿」時に赤字のある場合とない場合があったことをしめす。これが、一年ごとの「殿」に適用されたのか、「重殿」・「三歳比殿」の場合にも適用されたのかは不明。整理小組は「負」を「欠けること」とするが、フルスウェは、通常その意味の法制用語は「負」でなく「不備」だとする（フルスウェ一九八五、一一二頁）。

〔四〕賦歳～一盾 **〔案〕**本句は、嗇夫・佐に関する前句と異なり、曹長に関する規定。よって「歳紅（功）」以下は鉄官全体の年間ノルマでなく、曹長以下の工の年間ノルマに関する規定であろう。すると曹長は、工の「省（年間ノルマ分の生産物）」を管理せねばならず、それを納付前に亡失したり、納付日までに準備しておかなかった場合、貲一盾を科されたことになる。

〔五〕大官～一盾 **〔整理小組〕**太官は、『漢書』百官表所見。少府の属官で、注に「太官主膳食」とある。漢印と封泥はみな「大官」に作り、簡文と符合。陳直『漢書新証』巻一参照。右府・左府も少府の属官かもしれない。右采鉄・左采鉄はまさに『史記』太史公自序のいう「秦主鐵官」である。丁冕圃『璽印集英』に「右冶鐵官」

の秦印がある。前漢封泥「臨淄采鐵」は郡国の鉄官。『漢書新証』巻一参照。〔案〕「大官」は、『封泥攷略』に「大官長丞」・「大官丞印」、羅振玉『斉魯封泥集存』に「齊太官丞」、相家巷出土秦封泥に「大官丞印」（傅二〇〇七、二六〇頁）・「泰官」（同上、七二頁）・「泰官丞印」（同上、七二～七三頁）・「泰官庫印」（同上、七三～七四頁）、南越王墓出土封泥に「泰官」、南越王木簡（第九九簡）に「泰官」とあり（黄二〇〇八B、四三四～四三五頁、四四八頁）、①「泰官」にも作ること、②戦国秦以降漢代にも置かれていたこと、③中央政府だけでなく諸侯王国にも置かれていたこと、④その元に長・丞・幹丞・庫等がいたことがわかる。整理小組の指摘通り、大官は少府の属官で膳食を司ったようだが、「大官」銘の鼎も出土しており（黄二〇〇八B、四三四～四三五頁）、実際には器物製造にも関わっていた可能性がある。采山に関する本句に「大官」とあるのはその故か。右府・左府は職掌不明。『封泥攷略』に「左府」の封泥所収。財庫の一種か。采鉄は、太官とともに都官の一種とされる（裘一九九二、四四八頁）。秦漢封泥には「采＋鉱物名」の官名が散見し、県名を冠するものが多い（柿沼二〇一一、三一四～三一五頁）。本条のごとく「左」・「右」を冠する例は他にない。戦国秦には鉄官もあったが、本条の「大官」以下の規定と鉄官との関係は不明。

書き下し文

采山重殿ならば嗇夫に貲すること一甲、佐は一盾とせよ。三歳比殿ならば嗇夫に貲すること二甲にして廢せよ。殿なるも費を負わずんば貲する勿かれ。歳功を賦し、未だ省を取らざるも之を亡《うしな》い、及び備えずんば其の曹長に貲すること一盾とせよ。大官・右府・左府・右采鐵・左采鐵、課殿ならば、嗇夫に貲すること一盾とせよ。

通　釈

採鉱して二年にわたり最下等の評価を受けた場合、嗇夫は貲一甲、佐は貲一盾とせよ。三年にわたり最下等の評価を受けた場合、嗇夫は貲二甲とし、廃官とせよ。最下等であっても赤字でない場合、（嗇夫や佐に）貲刑を科してはならない。年間ノルマを課す際に、まだ納付分を取る前に紛失した場合、および納付分を準備しておかなかった場合、その曹長は貲一盾とせよ。大官・右府・左府・右采鉄・左采鉄が最下等の評価を受けた場合、嗇夫は貲一盾とせよ。

○［一五］第三五二・三五三簡（第二四・二五簡）

原　文

工擇榦〓可用而久以爲不可用貲二甲●工久榦曰不可用負久〓者〓謁用之而　三五二
貲工曰不可者二甲●射虎車二乘爲曹虎未越泛蘚從之虎環貲一甲　三五三

校訂文

工擇榦〔一〕、榦可用而久以爲不可用、貲二甲。●工久榦曰不可、用負久者〔二〕、久者謁用之而貲工曰不可者二甲。

注釈

〔一〕榦〔整理小組〕榦は、『説文』に「築墻耑木也」とあり、版築用の木材のこと。

〔二〕負久者〔整理小組〕負は欠けること。久は、版築用の板をさす。前文二箇所の「久」字を「記」と読むのとは異なる。『考工記』盧人に「灸諸墻以眡其橈之均也」とあり、『説文』引の当該文は「久」に作り、『考工記』注に「猶柱也」とあり、支柱を意味する。それゆえ版築用の木製支柱も「久」という。〔案〕整理小組は「負＝欠けること」とするが、その意味の「負」は秦簡にみえない。他例と同様、何かを負う意であろう。ここでは「不可（用）」の刻字を「負う（つけられた）」意に解しておく。

書き下し文

工、榦を擇ぶや、榦、用うべきも、久して以て「不可用」と爲さば、貲二甲とせよ。●工の榦に久して「不可」と曰い、久を負う者を用い、久者あるも之を用うるを謁《こ》わば、工の「不可」と曰う者に二甲を貲せよ。

通釈

工が版築用の木材を選ぶ際に、木材が使用可能であるにもかかわらず、そこに「不可用」と刻字した場合、工を貲二甲とせよ。●工が木材に「不可（用）」と記したにもかかわらず、刻字がつけられた木材を用いた場合、（もしくは）刻字があるにもかかわらず、その木材を用いることを請願した場合、（その木材が使用可能であれば）その木材に「不可（用）」と刻字した工を貲二甲とせよ。

○〔一六〕第三五三～三五五簡（第二五～二七簡）

原文

貲工曰不可者二甲●射虎車二乘爲曹虎未越泛蘚從之虎環貲一甲　三五三
虎失不得車貲一甲虎欲犯徒出射之弗得貲一甲●豹旞不得貲一盾●公車司馬　三五四
獵律●傷乘輿馬夬革一寸貲一盾二寸貲二盾過二寸貲一甲●課駃騠卒歲　三五五

校訂文

●射虎車二乘爲曹〔一〕。虎未越泛蘚從之〔二〕、虎環、貲一甲。虎失（佚）〔三〕、不得、車貲一甲。虎欲犯、徒出射之〔四〕、弗得、貲一甲。●豹旞（遂）〔五〕、不得、貲一盾。●公車司馬獵律〔六〕。

注釈

〔一〕射虎～爲曹　〔整理小組〕射虎車は、防御設備の備わった狩猟専用の猛獣の車。『三国志』張昭伝に「乃作射虎車、爲方目、間不置蓋、一人爲御、自於中射之」とある。曹は『小爾雅』広言に「偶也」とある。

〔二〕虎未～泛蘚　〔整理小組〕越は、駆け出すこと。『小爾雅』広言に「越、遠也」とある。泛は、「覂」と読むのではないか。「覂」は、『広雅』釈詁一に「棄也」とある。蘚は、鮮と読むのではないか。『淮南子』泰族の注に「生肉」とある。この句は、エサの生肉を放り出す前に虎が駆け出してしまう意であろう。一説に、泛蘚は連綿詞で、踊躚（訳者注：めぐりゆくこと）・盤姍（訳者注：よろよろすること）・跰躃（訳者注：行き悩むさま）などと同じ。従は、逐うこと。〔案〕裘錫圭は「泛蘚」を音と義の通ずる一双音詞とし、「虎未越泛蘚」を「虎が遠くに行かずにウロウロしている」意と推測する（裘一九八二）。陳偉武は「越泛」を「翻越」・「跨越」の意とし、「蘚」を「柵」（苑囿の柵）とし、虎がまだ柵を越えていない意とする（陳一九九八a）。陳治国・于孟洲は「泛蘚」を「汎鮮」とし、「山体盤曲・山脈較短的小山」とし、狩猟場の地形・地勢をさすとする（陳・于二〇〇六）。洪燕梅は「越」を動詞、「泛蘚」を名詞とし、「泛」を「覆」、「蘚」を植物の一種とし、「泛蘚」を苑囿を覆う植物の一種とする（洪二〇〇六、一四〇頁）。按ずるに、本条は「射虎車」が虎を上手に操れなかった場合に「貲一甲」とされ、「虎未越泛蘚從之虎環」はその内容をさす。主語は「虎」ゆえ、「虎未越泛蘚從之」と「虎環」は二文をなす。「從之」の「之」は射虎車であろう。そこでとりあえず文脈上、洪燕梅説を援用しつつ、「虎が草むらから出てきて射虎車を追わず、虎が引き返したならば」の意に解しておく。

〔三〕虎環～虎失　〔整理小組〕佚は逸に通じ、逃走すること。

〔四〕不得～射之　〔整理小組〕徒は『説文』に「歩行也」とある。〔案〕「徒出」について整理小組は、車上の徒が下車することとする。一方フルスウェは、通常車から下車する場合、「下」字が用いられるとし、虎圏の側にいる徒が進み出てくる意とする（フルスウェ一九八五、一一三頁）。ここではフルスウェに従う。

〔五〕豹旞　〔整理小組〕遂は、『説文』に「亡也」、つまり逃げ去ること。

〔六〕公車司馬獵律　〔整理小組〕公車司馬は、朝廷の親衛隊。『漢書』百官表によると衛尉の属官で、注に「『漢

官儀』云、公車司馬掌殿司馬門、夜徼宮中、天下上事及闕下、凡所徴召皆總領之、令秩六百石」とある。

書き下し文

●射虎車は二乘ごとに曹と爲せ。虎未だ越えて泛蘚し之を從わず、虎、環らば、貲一甲とせよ。虎、佚し、得えずんば、車は貲一甲とせよ。虎、犯さんと欲せば、徒は出でて之を射ち、得えずんば、貲一甲とせよ。●豹、遂げ、得えずんば、貲一盾とせよ。●公車司馬獵律

通釈

●射虎車は二乘ごとに曹とせよ。虎が草むらから出てきて射虎車を追わず、虎が引き返したならば、射虎車は貲一甲とせよ。虎が逃亡し、捕獲できなかったならば、射虎車は貲一甲とせよ。虎が人を襲撃しようとしたら、徒は進み出てこれを射殺し、捕獲できなければ、（徒は）貲一甲とせよ。●豹が逃亡し、捕獲できなければ、（その管理者は）貲一盾とせよ。●公車司馬獵律

○［一七］第三五五～三五七簡（第二七～二九簡）

原文

獵律●傷乘輿馬夬革一寸貲一盾二寸貲二盾過二寸貲一甲●課駃騠卒歲　三五五
六匹以下到一匹貲一盾●志馬舍乘車馬後毋敢炊飭犯令貲一盾已馳馬不去車　三五六

貲一盾●膚吏乘馬篤𦓤及不會膚期貲各一盾馬勞課殿貲廄嗇夫一甲

校訂文

●傷乘輿馬〔一〕、夬（決）革一寸、貲一盾。二寸、貲二盾〔二〕。過二寸、貲一甲。●課駃騠、卒歳六匹以下到一匹、貲一盾〔三〕。●志馬舍乘車馬後〔四〕、毋（勿）敢炊飭〔五〕。犯令、貲一盾。已馳馬不去車、貲一盾。

注釈

〔一〕乘輿馬　【整理小組】乘輿馬は、帝王の駕車の馬である。『漢書』昭帝紀の注に、「乘輿馬、謂天子所自乘以駕車輿者」とある。【案】里耶秦簡に「王馬曰乘輿馬」(8-461) とあり、「乘輿馬」は秦の中国統一以降に用いられるようになったごとくであるが、本条によれば、すでに統一以前から用いられていたことが知られる。もっとも、統一以前においては「乘輿馬」という語が「王馬」とは別の意味で用いられていた可能性もある。

〔二〕貲二盾　【案】「貲二盾」という刑罰は、現時点で知られる秦律に関する史料のうち、本条にしか見えない。水間大輔は、秦律中において貲一盾より一等重い刑罰を貲一甲としていることから、この「貲二盾」を極めて特殊な場合にのみ科される刑罰とする（水間二〇〇七、九四〜九五頁）。陶安あんども貲刑の刑罰体系に「貲二盾」の入る余地が認められないことから、これを転写の誤りか特殊な用例とする（陶安二〇〇九、一八八〜二〇二頁）。

〔三〕課駃〜一盾　【線装本】駃騠は、馬の父と驢馬の母の間に産まれた騾馬の子である。この条は、年ごとの駃騠の繁殖数が定数に足りないことを指す。〔整理小組〕駃騠は、『淮南子』斉俗の注に、「北翟之良馬也」とある。『史記』李斯列伝に、「而駿良駃騠不實外廄」とあり、秦の朝廷にて当時この種の好馬が使用されていたことを証明している。ここでの課駃騠とは、駃騠を訓練することに対する考課であろう。〔案〕「課駃騠」の具体的な考課対象について、線装本は繁殖数、整理小組は訓練した頭数とする。他方、フルスウェは考課対象が省略されているか、第三五五簡と第三五六簡の間に欠簡が存在する可能性を指摘する（フルスウェ一九八五、一一四頁）。なお、里耶秦簡には馬の繁殖数に対する考課記録と目される「馬産子課」（8-490）が見える。

〔四〕志馬 〔整理小組〕志は、おそらく特と読むのであろう。『周礼』校人に、「頒馬攻特」とあり、注に、「夏通淫之後、攻其特、爲其蹄齧不可乘用。鄭司農云、攻特、謂騬之」とある。これによると、特馬とは去勢を施しておらず駕車に適していない雄馬を指す。

〔五〕炊飭 〔整理小組〕炊は、おそらく箠と読むのであろう。箠飭は、馬を鞭打つこと。特馬を鞭打ってはならないとするのは、特馬が他の馬を傷つけるのを恐れるためである。

書き下し文

●乘輿馬を傷つけ、革を決すること一寸ならば、貲一盾。二寸ならば、貲二盾。二寸を過ぎば、貲一甲。●駃騠を課し、卒歳にして六匹以下より一匹に到るまでならば、貲一盾。●志馬の乘車馬の後に舍《やど》るものは、敢えて炊飭すること勿れ。令を犯さば、貲一盾。已に馳する馬、車を去らずんば、貲一盾。

通　釈

●乗輿馬を傷つけ、その皮を一寸（約二・三センチ）傷つけた場合、貲一盾に処する。二寸（約四・六センチ）であれば、貲二盾に処する。二寸以上であれば、貲一甲に処する。●駃騠を考課し、満一年で一頭以上六頭以下であれば、貲一盾に処する。●馬車用の馬の後方で飼われている雄馬については、これを鞭打ってはならない。この法令に背いた場合、貲一盾に処する。（馬車を繫いで）走った馬から車を取り去らないままにした場合、貲一盾に処する。

○［一八］第三五七・三五八簡（第二九・三〇簡）

原　文

貲一盾●膚吏乘馬篤辈及不會膚期貲各一盾馬勞課殿貲廄嗇夫一甲　三五七
令丞佐史各一盾馬勞課殿貲皂嗇夫一盾　三五八

校訂文

●膚吏乘馬篤・辈（胔）〔一〕、及不會膚期、貲各一盾〔二〕。馬勞課殿〔三〕、貲廄嗇夫一甲〔四〕、令・丞・佐・史各一盾。馬勞課殿、貲皂嗇夫一盾〔五〕。

注　釈

〔一〕膚吏～篤辈　**【整理小組】**膚は、つまりは臚字。品評すること。「秦律十八種」廄苑律「以四月・七月・十月

・正月膚田牛」条（訳者注：第八〇・八一簡）注〔一〕参照。篤は、『説文』に、「馬行頓遅」とある。

〔二〕膚吏～一盾　〔整理小組〕ここで品評されているのは吏の乗馬であり、律文の懲罰対象はこの馬を使用した吏であろう。〔案〕「二年律令」置吏律（第二一三～二一五簡）に「吏遷徙・新爲官・屬尉・佐以上毋乗馬者」が「傳」を利用することを許可する規定が見え、同伝食律（第二三二～二三七簡）や秩律（第四六九・四七〇簡、第四七一・四七二簡）にも「乗車」の有無によって待遇を変える規定が見える。整理小組が指摘する通り、本条も官吏が個人的に所有する馬に関する規定であろうが、その馬が国家による考課の対象になっている点に注目される。

〔三〕馬労　〔整理小組〕馬労とは、馬が役に服した労績を指す。一説に、労は疲労すること。「秦律十八種」倉律「駕傳馬」条注〔四〕（訳者注：第一一四簡。ただし注〔四〕整理小組注に「勞」字に関する言及はない）参照。

〔四〕廏嗇夫　〔整理小組〕廏嗇夫は馬を飼育する機構の全責任者。下文の皂嗇夫は廏中で飼育を担当する人員の責任者。〔案〕廏嗇夫は県吏で、本条より窺える県廏の管理の他、公用旅行者への車馬提供も担当していた（大庭一九八二、五〇一～五〇二頁）。

〔五〕皂嗇夫　〔案〕「秦律十八種」廏苑律（第八〇・八一簡）によると、皂嗇夫は馬のみならず、牛の管理も担当していたと目される（第八〇・八一簡注〔五〕参照）。

書き下し文

●吏の乗馬を膚して篤・齣あり、及び膚の期に會せずんば、貲すること各〃一盾。馬勞の課殿ならば、廐嗇夫に貲すること一甲、令・丞・佐・史は各〃一盾。馬勞の課殿ならば、皂嗇夫に貲すること一盾。

通　釈

●官吏の乗馬を品評して遅かったり痩せていたりした場合、あるいは品評の日に（官吏が）出席しなかった場合、それぞれ貲一盾に処せ。馬労の考課で最下位になった場合、廐嗇夫を貲一甲、令・丞・佐・史をそれぞれ貲一盾に処せ。馬労の考課で最下位になった場合、皂嗇夫を貲一盾に処せ。

○［一九］第三五九簡（第三一簡）

原　文

牛大牝十其六毋子貲嗇夫佐各一盾●羊牝十其四毋子貲嗇夫佐各一盾●牛羊課　三五九

校訂文

牛大牝十、其六毋（無）子、貲嗇夫・佐各一盾〔一〕。●羊牝十、其四毋（無）子、貲嗇夫・佐各一盾。●牛羊課〔二〕

注釈

〔一〕嗇夫 【整理小組】嗇夫は、牛羊を飼育する機構の責任者である。下も同じ。【案】栗勁は「秦律十八種」厩苑律（第八〇・八一簡）を参考に、本条の「嗇夫」を田嗇夫のことと推測する（栗一九八五、四一一頁）。

〔二〕牛大〜羊課 【整理小組】牛羊課とは、牛羊の飼育への考課に関する法律。【案】「秦律十八種」厩苑律に「今課縣・都官公服牛各一課。卒歳十牛以上而三分一死、不盈十牛以下及受服牛者、卒歳死牛三以上、吏主者・徒食牛者及令・丞皆有辠」（第八三〜八七簡）とあり、「公服牛」の「課」に関する規定である点、牛の死亡数を十分率で示している点において、本条とよく似ている。また里耶秦簡には「畜牛死亡課」・「畜牛産子課」・「畜羊死亡課」を列記する木牘が見え（8-490+8-501）、本条前半部はこのうちの「畜牛産子課」と深く関係するものと思われる。

書き下し文

牛の大牝十あり、其の六に子無くんば、嗇夫・佐に貲すること各〃一盾。●羊に牝十あり、其の四に子無くんば、嗇夫・佐に貲すること各〃一盾。●牛羊課

通釈

成熟した牝牛十頭のうち、六頭に子が産まれなければ、嗇夫・佐をそれぞれ貲一盾に処せ。●（成熟した）牝羊十頭のうち、四頭に子が産まれなければ、嗇夫・佐をそれぞれ貲一盾に処せ。●牛羊課

○［二〇］第三六〇・三六一簡（第三二・三三簡）

原文

匿敖童及占痒不審典老贖耐●百姓不當老至老時不用請敢爲酢僞者貲　三六〇
二甲典老弗告貲各一甲伍人戸一盾皆䙴之●傅律　三六一

校訂文

匿敖童〔一〕、及占痒（癃）不審〔二〕、典・老贖耐〔三〕。●百姓不當老〔四〕、至老時不用請（情）〔五〕、敢爲酢（詐）僞者、貲二甲。典・老弗告、貲各一甲。伍人〔六〕、戸一盾。皆䙴（遷）之〔七〕。●傅律〔八〕

注釈

〔一〕敖童　**〔線装本〕**敖は、つまりは勢で、健壮の意。勢童とは、おそらく傅籍される前の男子のことであろう。唐戸令の中男子にあたり、丁男がいなければ選ばれて軍役に充てられる。一説に敖は遨遊の意。敖童とは漢武帝が常に徴発して従軍させていた「惡少年」のこと。**〔整理小組〕**敖童は、『新書』春秋に、「敖童不謳歌」と見える。古《いにしえ》では男子の十五歳以上で未冠の者は、成童と呼ばれた。「編年記」（訳者注：第八簡）によると、秦の当時は十七歳で傅籍につけられるが、年齢はまだ成童の範囲に属する。「法律答問」「何謂匿戸」条（訳者注：第五三五簡）参照。**〔案〕**「敖童」は、身長が服役の基準に達しているものの、傅されていない未成年のこと（線装本、古賀一九八〇、四〇頁、蔡一九八八、山田一九九三、二八九頁、魏一九九七、高二〇〇八、一二三頁)。

〔二〕占痒 【整理小組】占は、申告すること。癃は、つまりは罷癃のことで、身体障がいの意。『説文』「癃」字段注参照。【案】「二年律令」傅律(第三六三簡)によると、傅の年齢に達していながら身長が六尺二寸未満の者は「罷癃」とされた。『周礼』地官大司徒・鄭玄注や「二年律令」徭律(第四〇八・四〇九簡)によると、「罷癃」の中にも「可事」・「不可事」の区別があり、「可事」とされた者は通常の半分の徭役に従事した(武漢本)。

〔三〕典老 【整理小組】典・老は、すなわち里典(正)・伍老のこと。後世の保甲長に当たる。【案】里耶秦簡には里典の欠員補充に関する文書が見え(8-157)、里典が県令・県尉の承認を経て任命されたことが窺える。また整理小組は里典と里正を同一視するが、「二年律令」からは両者が別箇に設置されていたことが窺える(銭律第二〇一・二〇二簡、置後律第三九〇簡)。ただし、両者の職掌などの違いについては不詳。

〔四〕老 【整理小組】老は、つまりは免老のこと。秦制では無爵の男子は六十歳で免老となり、再び封建政府の規定する兵役や徭役に服することはなかった。「秦律十八種」倉律「免隷臣妾」条(訳者注:第一二六簡)注〔二〕参照。

〔五〕至老~用請 【整理小組】用は、ここでの用法は「以」字と同じ。【案】戴世君はここでの「請」を「情」(実情)に読み替える(戴二〇一二)。「請」を「情」に読み替える事例は「法律答問」(第五三七簡)に「甲弗告請(情)」、「封診式」治獄(第五八一簡)に「毋治(笞)諒(掠)而得人請(情)爲上」と見え、本条でも「情」に読み替えた方が意味は通じる。ここでは戴世君説に従う。

〔六〕伍人　〔整理小組〕伍人は、『漢書』尹賞伝の注に、「五家爲伍、伍人者、各其同伍之人也」とあり、『史記』商君列伝に、「令民爲什伍、而相收司連坐」とある。伍人は四隣ともいう。「法律答問」「何謂四鄰」条（訳者注：第四六九簡）参照。〔案〕「伍人」は、五家ごとに編成された隣保組織のうちの一家のことで、犯人と同じ伍に所属する「伍人」は犯人に連坐して処罰されたが、犯罪を告発した場合には罪を逃れることもできた（水間二〇〇七、三三三頁）。

〔七〕百姓～遷之　〔整理小組〕本条で規定されている流罪の対象は、上下の文義より考察するに、おそらく罪を犯した民とその同伍であろう。〔案〕整理小組は遷刑の対象を不正に免老申請した犯人とその伍人と推測するが、「典・老」もその対象とされた可能性がある。

〔八〕傅律　〔整理小組〕傅律は傅籍に関する法律。「編年記」注〔四五〕参照。〔案〕傅律は「二年律令」にも見える。

書き下し文

敖童を匿し、及び癃を占するに不審あらば、典・老は贖耐。●百姓の老に當たらず、老時に至るも情を用てせず、敢えて詐僞を爲す者は、貲二甲。典・老、告げずんば、貲すること各〃一甲。伍人は、戸ごとに一盾。皆な之を遷せよ。●傅律

通釈

敖童を隠匿したり、「罷癃」の申告が不正確であったならば、里典・老を贖耐に処せ。●民衆が免老の年齢に相当しなかったり、免老の年齢に達していても申請に虚偽があったり、（申請に際して）詐欺を働いた者は、貲二甲に処せ。里典・老が告発しなかったならば、それぞれ貲一甲に処せ。伍人が告発しなかったならば、戸ごとに貲一盾に処せ。以上の者をすべて遷刑に処せ。●傅律

○［二一］第三六二簡（第三四簡）

原文

徒卒不上宿署君子敦長僕射不告貲各一盾宿者已上守除擅下人貲二甲　三六二

校訂文

徒卒不上宿〔一〕、署君子・敦（屯）長・僕射不告〔二〕、貲各一盾〔三〕。宿者已上守除〔四〕、擅下、人貲二甲〔五〕。

注釈

〔一〕徒卒不上宿　**〔線装本〕**徒卒とは歩兵のこと。**〔整理小組〕**徒卒は『商君書』境内に「爵自二級以上至不更、命曰卒」とある。宿は『周礼』脩閭氏の注に「謂宿衞也」とある。『唐律疏議』巻七に『宿衞上番不到』条があり、参考になる。**〔案〕**線装本は「徒卒」を歩兵の意と解している。確かに、『左伝』哀公十一年に「冉有以

武城人三百爲己徒卒」とあり、杜預集解に「徒卒」について「歩卒」とあるように、徒卒には歩兵の意もある。しかし、例えば『列子』湯問篇に「隰朋諫曰、君舍齊國之廣、人民之衆、山川之觀、殖物之阜、禮義之盛、章服之美。妖靡盈庭、忠良滿朝。肆咤則徒卒百萬、視撝則諸侯從命」とあるように、兵卒一般を指す場合もある。

〔二〕署君子　〔整理小組〕署君子とは持ち場を守る責任者。下の「戍者城及補城」条（訳者注：〔二七〕第三六八～三七〇簡）、及び「秦律十八種」傜律（訳者注：第一八二～一九一簡）注〔八〕参照。ただし、本条で述べられているのは宿衛の持ち場であって、これら両条でいう守城とは異なる。

〔三〕徒卒～一盾　〔案〕劉俊文は「徒卒不上宿、署君子・敦（屯）長・僕射不告、貲各一盾」について、「徒卒不上宿」に対する処罰が記されていないと述べている（劉一九九六、六一五頁）。おそらく、「貲各一盾」が上文全体を受けるのではなく、「署君子・敦（屯）長・僕射不告」の部分のみを受けると解したものと思われるが、その理由については言及されていない。思うに、もし「貲各一盾」が上文全体を受けるとすれば、宿衛に就かなかった徒卒と、それを告発しなかった署君子・屯長・僕射がそれぞれ貲一盾に処されることになる。しかし、下文には「宿者已上守除、擅下、人貲二甲」とあり、宿衛に就いた徒卒が勝手に持ち場を離れれば、貲二甲に処すると定められている。もし宿衛に就かなかった徒卒も貲一盾に処されるとすると、途中で勝手に持ち場を離れたものの、一応は宿衛に就いた徒卒の方がかえって重く処罰されることになるが、それはありえないであろう。したがって、「貲各一盾」は「署君子・敦（屯）長・僕射不告」のみを受けると解される（水間二〇〇七、四〇三頁）。

〔四〕宿者～守除　〔線装本〕除とは階のことで、宿衛して歩哨に立つところである。一説に「守除擅下人」の五字は連読し、守除とは署君子を指す。〔整理小組〕除は『説文』に「殿陛也」、『独断』に「陛、階也、所由升堂也。天子必有近臣執兵、陳於陛側、以戒不虞」とある。〔案〕古賀登は「除」を「除せらる」と読み、「ポジイションをきめられる」の意と解し、「宿者已上守除」を「宿衛者が既に守に上り、ポジィションをきめられたあと」と訳している（古賀一九八〇、四〇六頁）。

〔五〕人貲二甲 〔整理小組〕本条は宮殿の宿衛に関する規定である。律名は記されていない。〔案〕整理小組が本条を宮殿の宿衛に関する規定と解したのは、注〔四〕で指摘されている通り、「除」を「殿陛」の意とする史料や、「陛」が天子の玉座へと通じる階段を指すとする史料があることによるものであろうか。しかし、『独断』などで「朕」や「璽」など、皇帝専用用語とされているものは、秦による六国統一後に皇帝専用用語とされたのであって、統一前では皇帝以外についても一般に用いられていた。それゆえ、「除」が宮殿の階段を指すとは限らない。むしろ、本条は次条とつなげて読み、「屯表律」（次条参照）の一部と解するべきではないか。整理小組は屯表律を辺境防衛に関する法律と解しているが、本条でいう「宿」も宮殿ではなく辺境の防衛施設などでなされることが想定されていると解すれば、本条の内容も屯表律に含まれるであろう。もっとも、「秦律雑抄」では条文の律名を表示する場合、簡を改めずに複数の条文をつなげて列挙し、最後に律名を表示するという形式が一般にとられている。本条と次条はこれと異なり、次条は簡を改めて記されている。しかし、図版を見ると、本条の末尾には一字分の空白しかないので、次条は簡を改めて記されたのではないか。

書き下し文

徒卒、宿に上らず、署君子・屯長・僕射、告せずんば、貲各〃一盾。宿する者、已に上りて除を守るも、擅に下らば、人ごとに貲二甲。

通釈

徒卒が宿衛に就かなかった場合、署君子・屯長・僕射はそれを告発しなければ、それぞれ貲一盾に処する。宿衛に就くべき者が既に配置につき、階段を守ったものの、勝手に階段を下ったならば、人ごとに貲二甲に処する。

原文

○［二二］第三六三・三六四簡（第三五・三六簡）

冗募歸辭曰日已備致未來不如辭貲日四月居邊●軍新論攻城＝陷尚有棲　三六三

未到戰所告曰戰圍以折亡叚者耐敦長什伍智弗告貲一甲伍二甲●敦表律〼　三六四

校訂文

冗募歸〔一〕、辭曰日已備〔二〕、致未來〔三〕、不如辭、貲日四月居邊〔四〕。●軍新論攻城〔五〕、城陷尚有棲未到戰所〔六〕、告曰戰圍以折亡〔七〕、叚（假）者、耐。敦（屯）長・什伍智（知）弗告〔八〕、貲一甲。伍二甲〔九〕。●敦（屯）表律〔一〇〕

注釈

〔一〕冗募歸　**〔整理小組〕**冗募とは招募の意で、募集された軍士を指す。『漢書』趙充国伝では「應募」と呼ばれている。**〔案〕**「冗募」は里耶秦簡にも「〼冗募羣戍卒百卌三人」（8-132）と見える。整理小組は「歸」を「郷里へ帰る」と訳している。

〔二〕日已備　〔案〕整理小組は「日已備」を「服役の期限が既に満了した」と訳している。

〔三〕致未來　〔整理小組〕致とは証文のこと。「秦律十八種」田律「乘馬服牛稟」条（訳者注：第七八簡）注〔四〕参照。簡文によると、募兵に応じて辺境へ赴き、服役した軍士が期間満了によって郷里へ帰る際、慣例により辺境の関係箇所から送られる証文。〔案〕フルスウェは「日已備」のみを「辭曰」の内容とする（フルスウェ一九八五、一一六頁）。ここではとりあえずこの解釈に従うが、「致未來」までが「辭曰」の内容である可能性も否定できない。もしその通りとすれば、本条は期間が満了しているにもかかわらず、故郷へ帰るための文書がまだ発給されていないと偽って、現地に留まっていることを罪に問う規定とも解しうる。

〔四〕貲日~居邊　〔線装本〕この句は一日欠けるごとに、罰として辺境に四か月間居住させるという意味である。

〔五〕軍新論攻城　〔線装本〕論とは論功行賞のこと。〔案〕古賀登は、『商君書』境内篇では城を攻めるに先立ち、国尉が部下の将兵に対して「自分より先になった者は、論功行賞最高とし、自分より後になった者は最低とする。二度罰則にふれた者は、廃とする」という約を発すべきとされていることから、ここでいう「軍新論攻城」も攻城の前に軍功基準を明らかにすることを指すとする（古賀一九八〇、三六三頁）。

〔六〕有棲~戰所　〔整理小組〕棲は遅と読む。〔案〕「棲」が「遲」の通仮字として用いられている例は他の史料に見えないが、フルスウェは音韻学上「遲」と通仮しうると述べている（フルスウェ一九八五、一一六頁）。一方、古賀登は「棲」を「ねぐらに止息する」こと、つまり「しけこむ」ことと解している（古賀一九八〇、三六三頁）。陳偉武は停留・逗留の意とする（陳一九八八b）。

「戰所」について整理小組は、これを「戦場」と訳している。しかし古賀登は、戦場に来ない者は斬に処されるはずであるから、「未到戰所」の「戰所」は戦場の意ではなく、戦場における各自の持ち場を指すとする。

そして、「未到戰所」とは城を攻め落した後、自己の持ち場に帰ってこなかった者を指すと解している（古賀一九八〇、三六三頁）。

〔七〕戰圍以折亡　〔案〕「戰圍以折亡」について整理小組は「城を包囲して戦った最中に死亡した」と訳している。しかし、これでは「未到戰所、告曰戰圍以折亡、叚（假）者」が「「戦所」へ行かなかった者が、城を包囲して戦った最中に死亡したと偽って報告した」という意味になってしまう。みずからが死亡したことを偽って報告することは物理的に不可能であろう。一方、古賀登は「折」を「窒」すなわち「ふさぐ」の意と解したうえで、「戰圍以折亡」を「仲間と一緒に、残敵と戦い、包囲し、その逃亡を防いでいました」と訳している（古賀一九八〇、三六三・三六四頁）。また、フルスウェは「折」ではなく「析」と釈し、「道を切り開く」意と解したうえで、「私は戦いの最中に包囲されたが、突破して逃げた」と訳している（フルスウェ一九八五、一一六・一一七頁）。

〔八〕什伍　〔整理小組〕秦の軍中には什伍の編制があり、五人を伍、十人を什としていた。『商君書』境内篇に「其戰也、五人束簿爲伍。……五人一屯長、百人一將」とある。『尉繚子』束伍令には什伍の制度について詳述されており、参考になる。ここでいう「什伍」は下文に他にも「伍」があることからすると、什を同じくする人を指すのであろう。

〔九〕伍二甲　〔案〕精装本の釈文では「伍」の上に「稟」があるが、図版によるとそのような字は見えない。

〔一〇〕敦表律　〔整理小組〕屯とは屯防のこと。表とはおそらく烽表（訳者注：烽燧で信号伝達として用いる旗）のことであろう。屯表律とは辺境防衛に関する法律である。

書き下し文

冗募歸るに、辭に日已に備うと曰うも、致未だ來ず、辭の如くならずんば、日ごとに四月の居邊を貲せよ。●軍新たに攻城を論じ、城陷ちて尚お棲有りて未だ戰所に到らず、告げて戰圍して以て亡を折すと曰いて、假る者は、耐。屯長・什伍知りて告せずんば、貲一甲。伍は二甲。●屯表律

通　釈

募集された軍士が故郷へ帰る際、服役の期限が満了したと口頭で言ったものの、致がまだ届いておらず、口頭で言った通りでなければ、一日あたり四か月間辺境に居住させる。●軍が新たに城攻めについての軍功基準を明らかにしたうえで、城が陥落したが、遅滞により持ち場へ到着せず、包囲して敵軍の逃亡を防いでいたと偽って報告した者は、耐に処する。屯長・同什の者がこのことを知っていながら告発しなければ、貲一甲に処する。同伍の者は貲二甲に処する。●屯表律

○〔二三〕第三六五簡（第三七簡）

原　文

戰死事不出論其後有後察不死奪後爵除伍人不死者歸以爲隸臣

校訂文

戰死事・不出〔一〕、論其後〔二〕。有（又）後察不死、奪後爵、除伍人〔三〕。不死者歸、以爲隸臣。

注釈

〔一〕戰死事不出　〔線装本〕不出とは出現しないこと。〔整理小組〕死事とは戦事で死ぬこと。『呉子』勵士に「有死事之家、歳使使者勞賜其父母、著不忘於心」とある。出は屈と読むべきである。〔案〕フルスウェは『礼記』月令篇の鄭玄注に「死事謂以國事死者」、『管子』問篇の尹知章注に「死事孤、謂死王事之子孫」とあることから、「死事」とは君主あるいは国家の事業で死ぬことを指すとする（フルスウェ一九八五、一一七頁）。一方、古賀登は「戰死事」を「死事に戦う」と読み、『商君書』境内篇では決死隊に加わった者が戦死した場合、その後嗣一人に爵一級を与えるとされており、かつ本簡でも「戰死事不出」の場合、その後嗣に爵を与えるとされていることから、「戰死事」とは決死隊に加わって戦うことを指すとする（古賀一九八〇、三五九・三六〇頁）。しかし、死事がそのような意味で用いられている例は見えない。「二年律令」捕律では、群盗や殺人犯・傷害犯・強盗犯を追捕中に死亡することが「死事」と呼ばれている（第一四〇簡～一四二簡）。それゆえ、「死事」とは戦争も含め、公務遂行中に戦闘・事故などによって死亡することを指すのであろう。

「不出」の「出」について整理小組は、「屈」の通仮字と解している。于豪亮も『左伝』襄公三十年、『経典釈文』巻一八春秋左氏音義之四、『文選』楊子雲長楊賦の李善注より、屈の通仮字とする（于一九八五、一四四頁）。一方、線装本は「不出」を出現しない意と解し、古賀登もこれを「姿をみせなくなった」と訳している（古賀一九八〇、二九九頁）。また、陶安あんども「不出」とそのまま読み、「死体が発見されなかった」の意と解している（陶安二〇〇九、四六六頁）。「不屈」という語は抽象的であり、律の用語としては不適切であろう。「不出」であれば、いずれの解釈を採るにせよ、実は死亡しておらず、後に姿を現した場合について下文で定められていることと対応する。それゆえ、「不出」のままでよいと解される。「出」は、秦律・漢律では

「自出」などのごとく、出頭するという意味で用いられることもあるので、「不出」とは姿を見せなくなったこと、つまり戦闘中に行方不明になったことを指すのであろう。

「戰死事不出」について、整理小組は「戦争中に戦死して屈しなかった」と訳し、「戰死事」と「不出」の間で句切っていない。しかし、「不出」が行方不明になったことを指すとすると、両者を続けて読むことはできなくなる。もし続けて読むとすると、「戦死して行方不明になった」という意味になってしまう。行方不明であるならば、戦死したかどうかわからないことはいうまでもない。それゆえ、「戰死事」と「不出」の間で句切り、戦死した場合と、戦闘中に行方不明となり、生死が明らかでないことの両者を指すと解するべきであろう。

『尉繚子』兵令下篇には「戰亡伍人、及伍人戰死不得其死、同伍盡奪其功。得其屍、罪皆赦」とあり、戦死した者と同じ「伍」に所属する者は、その遺体を持ち帰らなければならないという軍令らしきものが見える。本簡の内容からすると、それは本当に戦死したか否かを確かめるためでもあったのであろう。

〔二〕論其後　〔整理小組〕論其後とは、軍功によって得るはずであった爵をその子に授けること。「秦律十八種」軍爵律「從軍當以勞論及賜」条（訳者注：第二二〇・二二一簡）参照。〔案〕「二年律令」置後律には「死事」した者の爵位の継承に関する規定がいくつか見える。

〔三〕除伍人　〔線装本〕除伍人とは、その同伍は無罪ということ。〔整理小組〕除は考工記玉人に「以除慝」、注に「除慝、誅惡逆也」とある。これによると、除には懲罰の意がある。〔案〕フルスウェは整理小組の解釈について、「除」の基本的な意味は「とり除く」ことであり、整理小組が挙げている『周礼』考工記玉人の「除慝」も「悪をとり除く」という意味であるとし、「除伍人」を「伍人は処罰を免れる」と訳している（フルスウェ一九八五、一一七頁）。また、劉欣寧は、秦律・漢律では「除」が刑罰を免除する意として用いられている例が多いこと、及び「二年律令」捕律では盗賊追捕の際に「死事」が発生した場合、その伍人が盗賊を捕えなければ處罰すると定められていることから、「除」とはこのような伍人の罪を免除することと解している（劉二〇一一）。一方、陶安あんどは、「除」は「除吏」などのごとく、一定の地位を授けることであり、「後（あとつぎ）」は、爵を剥奪した上、偽造戦死者に代わって兵卒として「什伍」の組織に編入され「伍人」とされる」の意と解している（陶安二〇〇九、四六六頁）。ここではとりあえず「除」を、罪をとり除く、つまり処罰を免除する意と解しておく。

書き下し文

戰いて事に死し、出でずんば、其の後を論ぜよ。又た後に死せざるを察せば、後の爵を奪い、伍人を除け。死せざる者歸らば、以て隷臣と爲せ。

通　釈

戦闘中に死亡したか、あるいは姿を現さなくなった場合、その後嗣に対して爵を与えよ。また、後に死亡していなかったことが明らかになった場合、後嗣に与えた爵を没収し、伍人に対する処罰を免除せよ。死亡していなかった者が帰ってきた場合、隷臣とせよ。

○［二四］第三六六簡（第三八簡）

原　文

寇降以爲隷臣●捕盜律曰捕人相移以受爵者耐●求盜勿令＝送＝逆＝爲＝它＝

校訂文

寇降〔一〕、以爲隷臣。

注　釈

〔一〕寇　【整理小組】寇とは敵兵のこと。『史記』汲黯列伝には漢の武帝のとき、匈奴の渾邪王が衆を率いて投降したことについて、汲黯が「臣愚以爲陛下得胡人、皆以爲奴婢、以賜從軍死事者家。所鹵獲、因予之、以謝天下之苦、塞百姓之心」と提議したと記されており、参考となる。

書き下し文

寇降らば、以て隷臣と爲せ。

通　釈

敵兵が投降した場合、これを隷臣とせよ。

○〔二五〕第三六六・三六七簡（第三八・三九簡）

原文

寇降以爲隷臣●捕盜律曰捕人相移以受爵者耐●求盜勿令＝送＝逆＝爲＝它＝　三六六
事者貲二甲●戍律曰同居毋竝行縣嗇夫尉及士吏行戍不以律貲二甲　三六七

校訂文

●捕盜律曰〔一〕、「捕人相移、以受爵者、耐」〔二〕。●求盜勿令送逆爲它〔三〕。令送逆爲它事者、貲二甲。

注釈

〔一〕捕盜律曰　【整理小組】『晉書』刑法志および『唐六典』の注によると、李悝・商鞅の制定した法律中にいずれも「捕法」があり、ここでの『捕盜律』はそれらと関係があるかもしれない。【案】「二年律令」には秦律中に見えない捕律・盜律が含まれており、これらの律と「捕盜律」の関連に注目される。

「秦律雜抄」において、律名は各条文の末尾に「●游士律」（〔三〕第三二三簡）のように記されているが、本条と次条（〔二六〕第三六七簡）のみ、それぞれの条文の冒頭に律名が記されている。

〔二〕捕人～者耐　【整理小組】「法律答問」「有秩吏捕闌亡者」条（訳者注：第五〇九簡）参照。【案】整理小組の言う「法律答問」（第五〇九簡）は、「有秩吏」が罪人を捕縛した後、その罪人を他者に引き渡して褒賞を受け取らせ、後でその褒賞を二人で山分けしようとする行為について述べたものである。これによれば、「相移」

とは捕縛した罪人を他者に引き渡すことで、本来褒賞を受け取れない者（官吏など）が褒賞を受け取ろうとする行為のことを指すと解される。なお、「二年律令」捕律（第一五〇～一五一簡）によると、複数人が協力して罪人を捕縛し、それで得た褒賞を山分けすることじたいは認められていた。

〔三〕求盜～爲它　〔整理小組〕求盜とは、亭の構成員のうち「盜」の捕縛を専らつかさどった者。『漢書』高帝紀の注引応劭の言に「求盜者、亭卒。舊時亭有兩卒。一爲亭父、掌開閉埽除。一爲求盜、掌逐捕盜賊」とある。送逆とは、送迎すること。この当時、往来する官吏の接待は亭長の職責であった。〔案〕求盜は亭卒の一種で、遅くとも戦国秦から置かれ、盜賊の追捕を主な職務とし、徭役に徴発された者が務めていた（水間二〇〇九ｂ）。「送逆」については、『周礼』秋官司寇・訝士「邦有賓客、則與行人送逆之」の鄭玄注に「送逆、謂始來及去也」、賈公彦疏に「「送逆謂始來及去也」者、以其訝士主以迎送諸侯。故從來至去、皆送迎之、禮也」とあるように、送迎の意。本条によれば、秦律では求盜に旅客を送迎させることが禁じられており、そこで堀敏一は、通常その役目は亭父が担っていたのであろうと推測する（堀一九九六、二七五～二七六頁）。水間大輔は、求盜は戦国秦から漢初にかけて捕盜とも呼ばれていたとし、その論拠の一つとして本条において求盜に関する規定が「捕盜律」と呼ばれていることを挙げている（水間二〇〇九ｂ）。

書き下し文

●捕盜律に曰く、「人を捕えて、相移《ゆず》り、以て爵を受くる者は、耐とせよ」と。●求盜もて送逆して它を爲さしむること勿かれ。送逆して它事を爲さしむる者は、貲二甲。

通　釈

●捕盜律に、「罪人を捕らえた者が（その罪人を）譲り合い、（それによって不正に）爵を拝受した者は、耐刑に処せ」とある。●求盜には（旅客を）送迎させて職掌外のことを行わせることのないようにせよ。（求盜に旅客を）送迎させて職掌外のことを行わせる者は、貲二甲とせよ。

○［二六］第三六七簡（第三九簡）

原　文

事者貲二甲●戍律曰同居毋竝行縣嗇夫尉及士吏行戍不以律貲二甲

校訂文

●戍律曰〔一〕、「同居毋竝行〔二〕。縣嗇夫・尉及士吏行戍不以律、貲二甲」〔三〕。

注　釈

〔一〕戍律　【整理小組】戍律は、戍の運用に関する法律。【案】「戍律」という律名は、秦律・漢律中において本条以外には見えない。

〔一二〕同居毋竝行　【整理小組】同居は、「秦律十八種」金布律「官嗇夫免」条（訳者注：第一四九～一五二簡）注〔一〇〕参照。【案】フルスウェは「行」字を徴発の意に解する（フルスウェ一九八五、一一八頁）。

〔一三〕戍律～二甲　【案】本条について宮宅潔は、県嗇夫・県尉・士吏などが戍卒を徴発して集合場所や戍辺の場まで引率する際に、二人以上の同居を同時に戍卒とすることを禁じる規定で、一つの戸から一名を戍卒として徴発していたことを示すものとする（宮宅二〇一一、五五～五八頁）。これに基づいて鈴木直美は、同居とは一つの戸に成人男性が複数人いる場合を指すとしている（鈴木二〇一二、五三～五九頁）。

書き下し文

●戍律に曰く、「同居は竝びに行する毋かれ。縣嗇夫・尉及び士吏、戍を行するに律を以てせずんば、貲二甲」と。

通　釈

●戍律に「同居は（戍役に）同時に徴発しないようにせよ。県嗇夫・尉および士吏が戍役を徴発するにあたって律に従わなかった場合には、貲二甲とせよ」とある。

○［二七］第三六八～三七〇簡（第四〇～四二簡）

原　文

戍者城及補城令姑堵一歳所城有壞者縣司空署君子將者貲各一甲縣司空

佐主將者貲一盾令戍者勉補繕城署勿令爲它事已補乃令增塞埤塞縣　三六九
尉時循視其攻及所爲敢令爲它事使者貲二甲　三七〇

校訂文

戍者城及補城〔一〕、令姑（嫴）堵一歲。所城有壞者、縣司空署君子將者、貲各一甲。縣司空佐主將者、貲一盾〔二〕。令戍者勉補繕城、署勿令爲它事〔三〕。已補、乃令增塞埤塞〔四〕。縣尉時循視其攻（功）及所爲〔五〕、敢令爲它事使者、貲二甲〔六〕。

注釈

〔一〕戍者～補城　【整理小組】本条については「秦律十八種」中の徭律（訳者注：第一八二～一九一簡）を参照。

〔二〕所城～一盾　【案】「秦律十八種」徭律（第一八三～一八四簡）によれば、徒を徭役に徴発して県内の土木工事に従事させる際には墻垣を一年間保障させ、一年未満に墻垣が壊れた場合には、司空のうち土木工事の責任者および君子のうち墻垣を管理する現場責任者が処罰された。本条は、こうした場合に土木工事の責任者たる司空佐と現場責任者たる「縣司空署君子將者」に科された刑罰の内容を具体的に規定したものであろう。ここで司空佐に科された貲一盾は「縣司空署君子將者」に科された貲一甲よりも軽い刑罰であるが（水間二〇〇七、七七～七八頁）、このことは秦律において、土木工事の責任者よりも現場責任者の方が管理責任を重くみなされていたことを示しているといえる。

「將者」は、「秦律雑抄」（〔八〕第三四一簡）に吏・卒・徒などを率いて犯罪者の逮捕にあたる者として見えるが、本条では墻垣が壊れた際に「將者」が罰せられているので、戍卒を統率して土木工事を指揮する者と考えられる。本条の「縣司空署君子將者」について、整理小組は「戍者を統率する県司空署君子」と訳し、宮宅潔は県司空に所属する部署の「君子」と解する（宮宅二〇一一、一三五～一三八頁）。これに対して、石岡浩は「縣司空、署君子の將者」と訓読して、県司空および軍隊の管轄区域である「署」の管轄責任者と解している（石岡二〇一二）。しかし、「署」には持ち場の意があり（「秦律十八種」倉律第一二二簡注〔三〕）、また司空佐が土木工事の責任者を務める一方で、その上官たる司空が現場責任者を務めたとは考え難いので、ここではひとまず宮宅説に従っておく。

〔三〕令戍～它事　〔案〕「秦律十八種」徭律（第一八三～一八四簡）によると、壊れた墻垣を徭役に徴発した徒に補修させた場合、その労働日数を徭役日数に算入することは禁じられていた。本条には壊れた墻垣を戍卒に補修させる規定が見えるが、あるいはこの場合の労働日数も徭役日数に算入されなかったのかもしれない。

〔四〕乃令～埤塞　〔整理小組〕埤は、『爾雅』釈詁に「厚也」とある。塞は、『礼記』月令に「完要塞」とあり、注に「邊城要害處也」とある。〔案〕「塞」は「徼」とも称されて、伝世文献中の非漢人に関する記事や居延漢簡などに散見し、①漢人居住区と非漢人居住区を木製の柵や川などによって区切った境界線、②その境界線上に築かれた城塞や長城、を意味する（早大二〇〇六）。本条では戍卒に「塞」の高さと厚さを加えさせることが規定されているので、ここでの「塞」は②であろう。このことから、本条の規定が辺境の県における土木工事を想定したものであることが分かる。

〔五〕縣尉~所爲　〔案〕「循視」は、『後漢書』巻四二光武十王列伝・東平憲王蒼条の劉蒼の上書中に「惟陛下因行田野、循視稼穡、消搖仿佯、弭節而旋」と見える。石岡浩は、本条において県司空と署君子が施工責任を負う土木工事を県尉が巡視していることから、県の土木工事は「県尉—県司空—署君子」という指揮系統からなる軍のもとで行われていたとする（石岡二〇〇四）。

〔六〕敢令~二甲　〔案〕整理小組は、簡文の「敢令爲它事使者貲二甲」を「敢令爲它事、使者貲二甲」と断句し、県尉の巡視中に「（戍卒に）あえてその他の事務を行わせる者がいれば、（戍卒を）使役する者を貲二甲とせよ」と訳している。しかし、これでは「敢令爲它事」と「使者」という同じ者を指す語が重複してしまうことになる。そこで、本訳注では「敢令爲它事使者、貲二甲」と釈読して「（戍卒に）その他の任務を行わせて使役する者は、貲二甲とせよ」と解しておく。

書き下し文

戍者、城《きず》き及び補い城けば、堵を㛰せしむること一歳。城く所、壞るる者有らば、縣司空の署君子の將者は、貲各〃一甲。縣司空佐の主將者は、貲一盾。戍者をして勉めて城くところを補繕せしめ、署して它事を爲さしむる勿かれ。已に補えば、乃ち塞を增して塞を埤せしめよ。縣尉、時に其の功及び爲す所を循視し、敢て它事を爲さしめて使う者は、貲二甲。

通釈

戍卒が城を築いたり補修したならば、（その戍卒に）墻垣を一年間保障させせよ。（戍卒が）築いた墻垣のなかに（一年未満で）壊れたものがあれば、県司空に所属する部署の「君子」のうち（戍卒を）統率する者は、それぞれ貲一甲とせよ。県司空佐のうち（戍卒の）統率を主管する者は、貲一盾とせよ。（その上で）戍卒を墻垣の補修に専念させ、その他の任務を割り当てることのないようにせよ。（墻垣を）補修し終わったならば、塞（の高さ）を増してそれを厚くさせせよ。県尉は時々、土木工事および（戍卒が従事する）職務の内容を巡視し、（戍卒に）その他の任務を行わせて使役する者は、貲二甲とせよ。

引用文献

一、略称は編著者名＋出版年で構成される。同姓かつ同年のものについては、小文字ないし大文字のアルファベットを付して区別した。
一、日文は編著者名五十音順、中文は編著者名ピンイン順、英文は編著者名アルファベット順でそれぞれ並べた。
一、凡例でも述べたように、一部の例外を除き、個人の著書などに再録された論文については著書のみを挙げた。

日文

あ

相川一九七四　相川佳予子「漢代衣服小考」（『東方学報』第四七冊、一九七四年）
青木二〇〇五　青木俊介「里耶秦簡に見える県の部局組織について」（『中国出土資料研究』第九号、二〇〇五年）
青木二〇一一　青木俊介「秦から漢初における都官と県官――睡虎地秦簡「法律答問」九五簡の解釈を通じて――」（『中国出土資料研究』第一五号、二〇一一年）
天野一九八九　天野元之助『中国農業史研究』（御茶の水書房、一九八九年）

い

飯尾一九八五　飯尾秀幸「古代における国家と共同体」（『歴史学研究』五四七号、一九八五年）

飯島一九七九　飯島和俊「「文無害」考――「睡虎地秦墓竹簡」を手がかりとして見た秦・漢期の官吏登用法」(『中央大学アジア史研究』第三号、一九七九年)
池田二〇〇八　池田雄一『中国古代の律令と社会』(汲古書院、二〇〇八年)
石岡二〇〇四　石岡浩「戦国秦の「徭」と軍政――睡虎地秦簡秦律一八種「徭律」訳注」(『法史学研究会会報』九、二〇〇四年)
石岡二〇〇五　石岡浩「収制度の廃止にみる前漢文帝刑法改革の発端――爵制の混乱から刑罰の破綻へ――」(『歴史学研究』第八〇五号、二〇〇五年)
石岡二〇〇六　石岡浩「秦の城旦舂の特殊性――前漢文帝刑法改革のもう一つの発端」(『東洋学報』第八八巻第二号、二〇〇六年)
石岡二〇〇七　石岡浩「戦国秦の良民の「大」「小」区分と身長六尺――未成年に科す実刑と未発達な贖制度の関係――」(『法史学研究会会報』一一号、二〇〇七年)
石岡二〇一二　石岡浩「秦の冗隷妾と更隷妾――生活形態からみた労役刑徒――」(『法史学研究会会報』一六、二〇一二年)
井上二〇〇五　井上亘「漢代の書府――中国古代における情報管理技術――」(『東洋学報』第八七巻第一号、二〇〇五年)

う

内田一九六四　内田智雄編『訳注中国歴代刑法志』(創文社、一九六四年)

え

江村二〇〇〇　江村治樹『春秋戦国秦漢時代出土文字資料の研究』(汲古書院、二〇〇〇年)

お

大川二〇〇六　張家山漢簡『算数書』研究会(代表　大川俊隆)『漢簡『算数書』――中国最古の数学書――』(同朋舎、二〇〇六大川・田村二〇〇七　大川俊隆・田村誠「張家山漢簡『算数書』「飲漆」解」（大阪産業大学産業研究所編『張家山漢簡『算数書』の総合的研究――プロジェクト共同研究――』、大阪産業大学産業研究所、二〇〇七年所収年）
大櫛一九八八　大櫛敦弘「秦漢国家の陸運組織に関する一考察――居延漢簡の事例の検討から――」（『東洋文化』第六八号、一九八八年）
大櫛一九九〇　大櫛敦弘「秦代国家の穀倉制度」（『海南史学』二八号、一九九〇年）
大櫛一九九二　大櫛敦弘「雲夢秦簡倉律より見た戦国秦の穀倉制度――「秦代国家の穀倉制度」補論――」（『海南史学』三〇号、一九九二年）
太田二〇〇七　太田幸男『中国古代国家形成史論』（汲古書院、二〇〇七年）
大西二〇〇三　大西克也「古代漢語における地域的差異と相互交流――秦楚の出土資料を中心に――」（『早稲田大学長江流域文化研究所年報』第二号、二〇〇三年）
大庭一九七九　大庭脩『木簡』（学生社、一九七九年）
大庭一九八二　大庭脩『秦漢法制史の研究』（創文社、一九八二年）
大庭一九八四　大庭脩『木簡学入門』（講談社、一九八四年）
大庭一九九二　大庭脩『漢簡研究』（同朋舎、一九九二年）
岡田一九九〇　岡田功「春秋戦国秦漢時代の貸借関係をめぐる一考察」（『駿台史学』第七八号、一九九〇年）
越智一九八八　越智重明『戦国秦漢史研究１』（中国書店、一九八八年）

か

柿沼二〇〇四　柿沼陽平「漢初における黄金と銭の関係について――「黄金一斤＝一万銭」説をめぐって――」（平成一六年度早稲田大学史学会大会報告一〇月一六日、於早稲田大学）

柿沼二〇〇六　柿沼陽平「中国古代における物の交換――互酬的交換社会から商品交換社会へ――」（早稲田大学東洋史懇話会二〇〇六年度報告三月一八日、於早稲田大学）

柿沼二〇〇七　柿沼陽平「張家山第二四七号漢墓竹簡訳注（五）――二年律令訳注（五）金布律訳注――」（『早稲田大学長江流域文化研究所年報』第五号、二〇〇七年）

柿沼二〇一〇　柿沼陽平「戦国及秦漢時代官方〝受銭〟制度和券書制度」（『簡帛』第五輯、二〇一〇年）

柿沼二〇一一a　柿沼陽平『中国古代貨幣経済史研究』（汲古書院、二〇一一年）

柿沼二〇一一b　柿沼陽平「戦国秦漢時期的物価和貨幣経済的基本構造」（『古代文明』第五巻第二期、二〇一一年）

柿沼二〇一五a　柿沼陽平「岳麓書院蔵秦簡訳注――「為獄等状四種」案例七識劫娺案」（『帝京史学』第三〇号、二〇一五年）

柿沼二〇一五b　柿沼陽平「中国古代郷里社会の「きずな」と「しがらみ」――戦国時代末期の財産相続に関する裁判を例に」（『つながりの歴史学』北樹出版、二〇一五年）

影山一九六七　影山剛「中国古代帝国における手工業・商業と身分および階級関係（『歴史学研究』三二八号、青木書店、一九六七年）

影山二〇〇二　影山輝國「秦代避諱初探」（郭店楚簡研究会編『楚地出土資料と中国古代文化』汲古書院、二〇〇二年）

鎌田一九六二　鎌田重雄『秦漢政治制度の研究』（日本学術振興会、一九六二年）

き
ギーレ二〇〇四　エノ・ギーレ「「郵」制攷――秦漢時代を中心に――」(『東洋史研究』第六三巻第二号、二〇〇四年)
く
工藤一九九八　工藤元男『睡虎地秦簡よりみた秦代の国家と社会』(創文社、一九九八年)
工藤二〇〇五　工藤元男「秦の遷刑覚書」(『日本秦漢史学会会報』第六号、二〇〇五年)
熊代・西山一九五九　熊代幸雄・西山武一訳『校訂訳注　斉民要術』(農林省農業総合研究所、一九五九年)
こ
高一九八九　高敏「秦漢時代の官営手工業」(『中国――社会と文化』第四号、一九八九年)
古賀一九八〇　古賀登『漢長安城と阡陌・県郷亭里制度』(雄山閣、一九八〇年)
小寺・武田二〇一二　小寺裕・武田時昌「『九章算術』訳注稿(13)」(『大阪産業大学論集　人文・社会科学編』一四、二〇一二年)
さ
佐々木二〇〇二　佐々木研太「出土秦律の書写形態の異同をめぐって」(『中国出土資料研究』第五号、二〇〇二年)
桜井一九三六　桜井芳朗「御史制度の形成」(『東洋学報』第二三巻第二号・第三号、一九三六年)
佐藤一九六二　佐藤武敏『中国古代工業史の研究』(吉川弘文館、一九六二年)
佐藤一九七七　佐藤武敏『中国古代絹織物史研究』上(風間書房、一九七七年)
佐藤一九八三　佐藤佑治「雲夢秦簡よりみた秦代の地方行政」(増淵龍夫先生退官記念論集刊行会編『中国史における社会と民衆　増淵龍夫先生退官記念論集』汲古書院、一九八三年)

し

椎名二〇〇六　椎名一雄「張家山漢簡二年律令にみえる爵制――「庶人」への理解を中心として――」(『鴨台史学』第六号、二〇〇六年)
重近一九九九　重近啓樹『秦漢税役体系の研究』(汲古書院、一九九九年)
篠田一九七八　篠田統『中国食物史の研究』(八坂書房、一九七八年)
秦簡一九七九　秦簡講読会「『湖北睡虎地秦墓竹簡』訳注初稿」(『論究』第一〇巻第一号、一九七九年)

す

陶安二〇〇九　陶安あんど『秦漢刑罰体系の研究』(創文社、二〇〇九年)
陶安二〇一六　陶安あんど「卒人に関する覚書」(「中国古代簡牘の横断領域的研究」ホームページ、二〇一六年一〇月一二日)
鈴木二〇一二　鈴木直美『中国古代家族史研究――秦律・漢律にみる家族形態と家族観――』(刀水書房、二〇一二年)
角谷一九八二　角谷定俊「秦における青銅工業の一考察――工官を中心に――」(『駿台史学』第五五号、一九八二年)
角谷一九八四　角谷定俊「秦における製鉄業の一考察」(『駿台史学』第六二号、一九八四年)
角谷一九九六　角谷常子「秦漢時代の贖刑」(梅原郁編『前近代中国の刑罰』京都大学出版会、一九九六年)

た

鷹取二〇一五　鷹取祐司『秦漢官文書の基礎的研究』(汲古書院、二〇一五年)
高村二〇〇八　高村武幸『漢代の地方官吏と地域社会』(汲古書院、二〇〇八年)

ち

中国一九八五　中国国家計量総局主編(山田慶児・浅原達郎共訳)『中国古代度量衡図集』(みすず書房、一九八五年)

つ

土口二〇一二　土口史記「戦国・秦代の県――県廷と「官」の関係をめぐる一考察――」（『史林』第九五巻第一号、二〇一二年）
土口二〇一五　土口史記「里耶秦漢にみる秦代県下の官制構造」（『東洋史研究』第七三巻第四号、二〇一五年）

と

礪波一九八〇　礪波護「隋唐時代の太倉と含嘉倉」（『東方学報（京都）』第五二冊、一九八〇年）
冨谷一九九八　冨谷至『秦漢刑罰制度の研究』（同朋舎、一九九八年）
冨谷二〇〇一ａ　冨谷至「漢代穀倉制度」（『国際簡牘学会会刊』第三号、二〇〇一年）
冨谷二〇〇一ｂ　冨谷至編著『流沙出土の文字資料　楼蘭・尼雅文書を中心に』（京都大学学術出版会、二〇〇一年）
冨谷二〇〇五　冨谷至「漢代の「伝」について――古シルクロードの軍事・行政システム、河西回廊を中心にして――」（『シルクロード学研究』二二、二〇〇五年）
冨谷二〇〇六　冨谷至編『江陵張家山二四七号墓出土漢律令の研究　訳注篇』（朋友書店、二〇〇六年）
豊島一九八一　豊島静英「中国古代専制主義における階級と階級闘争」（『歴史学研究』第四八九号、一九八一年）

な

永田一九八九　永田英正『居延漢簡の研究』（同朋社、一九八九年）
永田一九九四　永田英正編『漢代石刻集成』（同朋舎、一九九四年）
仲山二〇〇一　仲山茂「秦漢時代の「官」と「曹」――県の部局組織」（『東洋学報』第八二巻第四号、二〇〇一年）

に

日本一九九九 日本学術振興会・高分子機能加工第一二〇委員会編『染色加工の事典』(朝倉書店、一九九九年)

は

濱口一九六六 濱口重國『秦漢隋唐史の研究』(東京大学出版会、一九六六年)

林一九七二 林巳奈夫『中国殷周時代の武器』(京都大学人文科学研究所、一九七二年)

林一九七五 林巳奈夫「漢代の飲食」(『東方学報』京都、第四八冊、一九七五年)

林一九七六 林巳奈夫『漢代の文物』(京都大学人文科学研究所、一九七六年)

ひ

廣瀬二〇一〇 廣瀬薫雄『秦漢律令研究』(汲古書院、二〇一〇年)

ふ

藤田二〇〇五 藤田勝久『中国古代国家と郡県社会』(汲古書院、二〇〇五年)

藤田一九九四 藤田高夫「漢代の軍功と爵制」(『東洋史研究』第五三巻第二号、一九九四年)

藤田一九九六 藤田高夫「秦漢罰金考」(梅原郁編『前近代中国の刑罰』京都大学人文科学研究所、一九九六年)

ほ

堀一九九六 堀敏一『中国古代の家と集落』(汲古書院、一九九六年)

堀一九九七 堀敏一『中国古代の身分制――良と賤――』(汲古書院、一九九七年)

ま

増淵一九九六 増淵龍夫『新版 中国古代の社会と国家』(岩波書店、一九九六年)

松崎一九九八　松崎つね子「隠官と文帝の肉刑廃止」（『明大アジア史論集』第三号、一九九八年）

み

水間二〇〇三　水間大輔「張家山漢簡「二年律令」刑法雑考――睡虎地秦簡出土以降の秦漢刑法研究の再検討――」（『中国出土資料研究』第六号、二〇〇三年）

水間二〇〇七　水間大輔『秦漢刑法研究』（知泉書館、二〇〇七年）

水間二〇〇九ａ　水間大輔「秦・漢の亭吏及び他官との関係」（『中国出土資料研究』第一三号、二〇〇九年）

水間二〇〇九ｂ　水間大輔「秦・漢の亭卒について」（工藤元男・李成市編『東アジア古代出土文字資料の研究』、雄山閣、二〇〇九年所収）

宮宅一九九六　宮宅潔「漢代請讞考――理念・制度・現実――」（『東洋史研究』第五五巻第一号、一九九六年）

宮宅一九九八　宮宅潔「秦漢時代の裁判制度――張家山漢簡《奏讞書》より見た――」（『史林』第八一巻第二号、一九九八年）

宮宅二〇一一　宮宅潔『中国古代刑制史の研究』（京都大学学術出版会、二〇一一年）

宮宅二〇一二　宮宅潔「漢代官僚組織の最下層――「官」と「民」のはざま」（『東方学報』京都第八七冊、二〇一二年）

も

籾山一九八二　籾山明「秦の隷属身分とその起源――隷臣妾問題に寄せて――」（『史林』第六五巻第六号、一九八二年）

籾山一九九三　籾山明「雲夢睡虎秦簡」（滋賀秀三編『中国法制史――基本資料の研究』東京大学出版会、一九九三年）

籾山二〇〇六　籾山明『中国古代訴訟制度の研究』（京都大学学術出版会、二〇〇六年）

森一九七五　森鹿三『東洋学研究　居延漢簡編』（同朋舎、一九七五年）

守屋一九六八　守屋美都雄『中国古代の家族と国家』（東洋史研究会、一九六八年）

森谷二〇〇六　森谷一樹「二年律令」にみえる内史について」（冨谷至編『江陵張家山二四七號墓出土漢律令の研究　論考篇』朋友書店、二〇〇六年）

や

山田一九八一　山田勝芳「均輸平準と桑弘羊——中国古代における財政と商業——」（『東洋史研究』第四〇巻第三号、一九八一年）
山田一九八七　山田勝芳「秦漢時代の大内と少内」（『集刊東洋学』第五七号、一九八七年）
山田一九八八　山田勝芳「中国古代の商と賈——その意味と思想史的背景——」（『東洋史研究』第四七巻第一号、一九八八年）
山田一九九一　山田勝芳「中国古代の士人・庶人関係」（寺田隆信（研究代表者）『中国社会における士人庶人関係総合的研究』平成元・二年度科学研究費補助金総合研究（A）研究成果報告書、一九九一年）
山田一九九三　山田勝芳『秦漢財政収入の研究』（汲古書院、一九九三年）

よ

吉田一九四二　吉田虎雄『両漢租税の研究』（大阪屋号書店、一九四二年）
好並二〇〇三　好並隆司「張家山漢簡の律文における「宦皇帝」について」（『別府大学大学院紀要』第五号、二〇〇三年。後に『前漢政治史研究』研文出版、二〇〇四年に再録）
吉村二〇〇七　吉村昌之『算数書』に見える「程」について」（『張家山漢簡『算数書』の総合的研究——プロジェクト共同研究——』大阪産業大学産業研究所、二〇〇七年）
吉本二〇〇三　吉本道雅「墨子兵技巧諸篇小考」（『東洋史研究』第六二巻第二号、二〇〇三年）

り

劉二〇一一　劉欣寧「秦漢律における同居の連坐」（『東洋史研究』第七〇巻第一号、二〇一一年）

わ

早大二〇〇六　早稲田大学長江流域文化研究所「『後漢書』西羌伝訳注（一）」（『早稲田大学長江流域文化研究所年報』四、二〇〇六年）

渡辺一九八六　渡辺信一郎『中国古代社会論』（青木書店、一九八六年）

渡辺一九九四　渡辺信一郎『中国古代国家の思想構造――専制国家とイデオロギー』（校倉書房、一九九四年）

渡辺二〇一〇　渡辺信一郎『中国古代の財政と国家』（汲古書院、二〇一〇年）

渡邉二〇一四　渡邉英幸「里耶秦簡〝更名扁書〟試釈」（『古代文化』第六六巻第四号、二〇一四年）

中文

A

安一九八五　安作璋・熊鉄基『秦漢官制史稿』（斉魯書社、二〇〇七年。一九八五年初版）

C

蔡一九八八　蔡鏡浩「〈睡虎地秦墓竹簡〉注釈補正（一）」（『文史』第二九輯、一九八八年）

蔡一九九三　蔡万進「秦国廥籍制度探略」（『中州学刊』一九九三年第四期）

蔡一九九六　蔡万進『秦国糧食経済研究』（内蒙古人民出版社、一九九六年）

曹二〇〇二　曹旅寧『秦律新探』（中国社会科学出版社、二〇〇二年）

曹二〇〇五　曹旅寧『張家山漢律研究』（中華書局、二〇〇五年）
曹二〇〇八　曹旅寧「秦漢法律監督中的〃庶人〃身份及刑期問題」（『上海師範大学学報』哲学社会科学版、二〇〇八年第五期）
陳二〇一一　陳剣「讀秦漢簡札記三篇」（『出土文献与古文字研究』第四輯、上海古籍出版社、二〇一一年）
陳一九九〇　陳抗生「〃睡簡〃雑弁」（『中国歴史文献研究集刊』第一集、湖南人民出版社、一九九〇年）
陳一九八〇　陳夢家『漢簡綴述』（中華書局、一九八〇年）
陳一九八七　陳明光「秦朝傳籍標準蠡測」（『中国社会経済史研究』一九八七年第一期）
陳二〇〇三　陳偉「秦蒼悟・洞庭二郡芻論」（『歴史研究』二〇〇三年第五期）
陳二〇〇九Ａ　陳偉「秦与漢初的文書伝逓系統」（中国社会科学院考古研究所・中国社会科学院歴史研究所・湖南省文物考古研究所編『里耶古城・秦簡与秦文化研究　中国里耶古城・秦簡与秦文化国際学術研討会論文集』科学出版社、二〇〇九年所収。日本語翻訳版：「秦と漢初の文書伝達システム」、藤田勝久・松原弘宣編『古代東アジアの情報伝達』汲古書院、二〇〇八年所収）
陳二〇一三ａ　陳偉「雲夢睡虎地秦簡《秦律十八種》校読（五則）」（武漢大学簡帛研究中心編『簡帛』第八輯、上海古籍出版社、二〇一三年）
陳二〇一三ｂ　陳偉「〃柀事〃与〃彼治〃」（簡帛網、二〇一三年一〇月一四日）
陳一九九八ａ　陳偉武「睡虎地秦簡覈詁」（『中国語文』一九九八年第二期）
陳一九九八ｂ　陳偉武「睡虎地秦簡核詁」（張永山編『胡厚宣先生紀念文集』科学出版社、一九九八年）
陳二〇〇四　陳松長「湘西里耶秦代簡牘選釈（八則）」（『簡牘学研究』第四輯、甘粛人民出版社、二〇〇四年）
陳二〇〇九Ｂ　陳松長「岳麓書院所蔵秦簡綜述」（『文物』二〇〇九年第三期）

陳一九八五　陳玉璟「秦簡詞語札記」（『安徽師範大学学報（哲学社会科学版）』一九八五年第一期）

陳一九五七　陳直「考古論叢　秦陶券与秦陵文物」（『西北大学学報』一九五七年第一期）

陳二〇〇八　陳直『漢書新証』（中華書局、二〇〇八年）

陳二〇〇九C　陳直『居延漢簡研究』（中華書局、二〇〇九年）

陳二〇〇七　陳治国「従里耶秦簡看秦的公文制度」（『中国歴史文物』二〇〇七年第一期）

陳・于二〇〇六　陳治国・于孟洲「睡虎地秦簡中〝泛蘚〟及公車司馬獵律新解」（『中国歴史文物』二〇〇六年第五期）

陳・路一九八七　陳尊祥・路遠「首帕張堡窖藏秦銭清理報告」（『中国銭幣』一九八七年第三期）

D

単二〇〇六　単育辰「秦簡〝柀〟字釋義」（簡帛網、二〇〇六年六月七日）

戴二〇〇八a　戴世君「雲夢秦律注釈商兌（続）」（簡帛網、二〇〇八年四月二二日）

戴二〇〇八b　戴世君「雲夢秦律注釈商兌（続三）」（簡帛網、二〇〇八年七月一九日）

戴二〇〇八c　戴世君「雲夢秦律新解（六則）」（『江漢考古』二〇〇八年第四期）

戴二〇一二　戴世君「〈睡虎地秦墓竹簡〉注釈商榷」（『江漢考古』二〇一二年第四期）

党二〇〇四　党順民「西安発現唐代陶撲満及銅銭」（『中国銭幣』第八七号、二〇〇四年）

董二〇〇四　董珊「二年主父戈與王何立事戈考」（『文物』二〇〇四年第八期）

董一九四四　董同龢『上古音韻表稿』（中央研究院歴史語言研究所、一九四四年）

F

方二〇〇九　方勇「読秦簡札記三則」（復旦大学出土文献与古文字研究中心網站、二〇〇九年八月二五日）

鳳凰山一九七六　鳳凰山一六七号漢墓発掘整理小組「江陵鳳凰山一六七号漢墓発掘簡報」（『文物』一九七六年第一〇期）
阜陽一九八三　阜陽漢簡整理組（文物局古文献研究室・安徽省阜陽地区博物館）「阜陽漢簡簡介」（『文物』一九八三年第二期）
傅二〇〇二　傅嘉儀『新出土秦代封泥印集』（西冷印社出版、二〇〇二年）
傅二〇〇七　傅嘉儀『秦封泥匯考』（上海書店、二〇〇七年）

G

甘肅一九九一　甘肅省文物考古研究所編『敦煌漢簡』上・下（中華書局、一九九一年）
高一九八九　高亨『古字通仮会典』（斉魯書社、一九八九年）
高二〇〇八　高恒『秦漢簡牘中法制文書輯考』（社会科学文献出版社、二〇〇八年）
高一九九八　高敏『秦漢史探討』（中州古籍出版社、一九九八年）
高二〇〇〇　高敏『睡虎地秦簡初探』（万巻楼図書、二〇〇〇年）
高二〇〇四　高敏「論西漢前期芻、稾税制度的変化発展――読《張家山漢墓竹簡》札記之二」（『秦漢魏晋南北朝史論考』中国社会科学出版社、二〇〇四年）
工藤二〇一一　工藤元男編「日本秦簡研究現状」（『簡帛』第六輯、二〇一一年）
郭一九八六　郭子直「戦国秦封宗邑瓦書銘文新釈」（陝西省考古研究所・中国古文字研究会・中華書局編輯部合編『古文字研究』第一四輯、中華書局、一九八六年）

H

何二〇〇四　何双全『簡牘――遥望星宿――』（敦煌文芸出版社、二〇〇四年）
洪二〇〇六　洪燕梅『説文未収録之秦文字研究：以睡虎地秦簡為例』（文津出版社、二〇〇六年）

胡一九九一　胡大貴「関於秦代謫成制的幾個問題」(『西南師範大学学報(哲学社会科学版)』一九九一年第一期)
湖北一九七六　湖北江漢地区第二期亦農文物考古訓練班「湖北雲夢睡虎地十一座秦墓発掘簡報」(『文物』一九七六年第九期)
湖南一九六三　湖南省博物館「湖南常徳徳山楚墓発掘報告」(『考古』一九六三年第九期、一九六三年)
湖南二〇〇三　湖南省文物考古研究所・湖西土家族苗族自治州文物処・竜山県文物管理所「湖南竜山里耶戦国――秦代古城一号井発掘簡報」(『文物』二〇〇三年第一期)
黄一九八二　黄盛璋『歴史地理与考古論叢』(斉魯書社、一九八二年)
黄二〇〇二　黄留珠『秦漢歴史文化論稿』(三秦出版社、二〇〇二年)
黄一九九六　黄文傑「秦系簡牘文字訳釈商榷三則」(『中山大学学報』社会科学版、一九九六年第三期)
黄二〇〇八A　黄文傑『秦至漢初簡帛文字研究』(商務印書館、二〇〇八年)
黄二〇〇八B　黄展岳『先秦両漢考古論叢』(科学出版社、二〇〇八年)
黄二〇〇九　黄展岳「里耶秦簡〝傳送委輸〟者的身份」(中国社会科学院考古研究所・中国社会科学院歴史研究所・湖南省文物考古研究所編『里耶古城・秦簡与秦文化研究　中国里耶古城・秦簡与秦文化国際学術研討会論文集』科学出版社、二〇〇九年所収)

J

簡牘集成二〇〇五　中国簡牘集成編輯委員会編『中国簡牘集成〔標注本〕第十七冊　湖南省〔散簡〕広西壮族自治区・江西省・青海省・陝西省巻』(敦煌文芸出版社、二〇〇五年)
簡牘学会一九八一　簡牘学会編輯部『簡牘学報第十期　秦簡研究専号』(簡牘学会、一九八一年)
荊州一九九五　荊州地区博物館「江陵王家台一五号秦墓」(『文物』一九九五年第一期)

L
郎一九九八　郎保利「長平古戦場出土三十八年上郡戈及相関問題」（『文物』一九九八年第一〇期）
労一九八四　労榦「従漢簡中的嗇夫令史候史和士吏論漢代郡県吏的職務和地位」（『中央研究院歴史語言研究所集刊』第五五巻、一九八四年）
李一九九〇　李根蟠「簡論青川秦牘《為田律》」（華南農業大学農業歴史遺産研究室編『農史研究』第一〇輯、一九九〇年）
李一九九七　李均明「漢簡所見車」（『簡牘学研究』第一輯、一九九七年）
李・劉一九九九　李均明・劉軍『簡牘文書学』（広西教育出版社、一九九九年）
李二〇〇七　李力『「隷臣妾」身份再研究』（中国法制出版社、二〇〇七年）
李一九八一　李学勤「秦簡的古文字学考察」（中華書局編輯部編『雲夢秦簡研究』中華書局、一九八一年）
李二〇〇一　李学勤『簡帛佚籍与学術史』（江西教育出版社、二〇〇一年）
李二〇〇三　李学勤「初読里耶秦簡」（『文物』二〇〇三年第一期）
李二〇〇四　李昭君「両漢県令・県長制度探微」（『中国史研究』二〇〇四年第一期）
栗一九八四　栗勁「〈睡虎地秦墓竹簡〉訳注斠補」（『吉林大学社会科学学報』一九八四年第五期）
栗一九八五　栗勁『秦律通論』（山東人民出版社、一九八五年）
林一九八〇　林剣鳴「〝隷臣妾〟弁」（『中国史研究』一九八〇年第二期）
林一九八二　林剣鳴「青川秦墓木牘内容探討」（『考古与文物』一九八二年第六期）
林二〇〇二　林清源「睡虎地秦簡標題格式析論」（『中央研究院歴史語言研究所集刊』第七三本第四分、二〇〇二年。後に同氏『簡牘帛書標題格式研究』芸文印書館、二〇〇四年に再録）

劉一九八三　劉海年「秦律刑罰的適用原則（上）（下）」（『法学研究』一九八三年第一期・第二期）

劉一九八六　劉海年「秦的訴訟制度」（連載）（『中国法学』一九八六年第六期）

劉二〇一四　劉敏『秦漢編戸民問題研究――以与吏民・爵制・皇権関係為重点――』（中華書局、二〇一四年）

劉一九九〇　劉信芳・梁柱「雲夢竜崗秦簡綜述」（『江漢考古』一九九〇年第三期）

劉一九七三　劉志遠「漢代市井考――説東漢市井画像磚――」（『文物』一九七三年第三期）

竜二〇〇一　中国文物研究所・湖北省文物考古研究所『竜崗秦簡』（中華書局、二〇〇一年）

羅一九八七　羅福頤主編『秦漢南北朝官印徴存』（文物出版社、一九八七年）

羅一九八二　羅開玉「秦国郷、里、亭新考」（『考古与文物』一九八二年第五期）

羅一九八三　羅開玉「秦国傅籍制考弁――読雲夢秦簡札記――」（『中国歴史文献研究集刊』第三集、一九八三年）

雒一九八九　雒雷「秦代貨幣考」（『中国銭幣』一九八九年第一期）

M

馬一九九五　馬怡「秦人傅籍標準試探」（『中国史研究』一九九五年第四期）

N

南京一九五六　南京博物院・山東省文物管理処編『沂南古画像石墓発掘報告』（文化部文物管理局、一九五六年）

P

彭一九八七　彭邦炯「従出土秦簡再探秦内史与大内、少内和少府的関係与職掌」（『考古与文物』一九八七年第五期）

彭二〇〇二　彭浩「読張家山漢簡《行書律》」（『文物』二〇〇二年第九期）

彭二〇〇六a　彭浩「睡虎地秦簡〝王室祠〟与〈齎律〉考弁」（『簡帛』第一輯、二〇〇六年）

彭二〇〇六b　彭浩「睡虎地秦簡〈倉律〉校読（一則）」（『考古学研究（六）』科学出版社、二〇〇六年）
彭二〇一〇　彭浩「睡虎地秦墓竹簡『徭律』補説」（『簡帛』第五輯、二〇一〇年）
彭二〇一二　彭浩「秦和西漢早期簡牘中的糧食計量」（『出土文献研究』第一一輯、中西書局、二〇一二年）

Q

秋一九八九　秋非「簡詁拾零」（『渭南師専学報（総合版）』一九八九年第二期）
丘一九九二　丘光明編著『中国歴代度量衡考』（科学出版社、一九九二年）
丘二〇〇一　丘光明・邱隆・楊平『中国科学技術史・度量衡巻』（科学出版社、二〇〇一年）
裘一九八二　裘錫圭「睡虎地秦墓竹簡注釈商榷（一）」（『文史』第十三輯、一九八二年）
裘一九九二　裘錫圭『古代文史研究新探』（江蘇古籍出版社、一九九二年）
裘一九九三　裘錫圭「読簡帛文字資料札記」（『簡帛研究』第一輯、一九九三年）
裘二〇一二　裘錫圭『裘錫圭学術文集』簡牘帛書巻（復旦大学出版社、二〇一二年）

R

容一九三一　容庚『秦漢金文録』（中央研究院歴史語言研究所、一九三一年）

S

山西・陶一九八七　山西省考古研究所・陶正剛「山西屯留出土一件〝平周〟戈」（『文物』一九八七年第八期）
陝西一九六四　陝西省博物館「西安市西郊高窰村出土秦高奴銅石権」（『文物』一九六四年第九期）
陝西一九八八　陝西省考古研究所・始皇陵秦俑坑考古発掘隊編『秦始皇陵兵馬俑坑一号坑発掘報告一九七四―一九八四』（文物出版社、一九八八年）

社科院一九九二　中国社会科学院考古研究所編『殷周金文集成』(中華書局、一九九二年)
社科院一九九六　中国社会科学院考古研究所編著『漢長安城未央宮』(中国大百科全書出版社、一九九六年)
社科院二〇〇一　中国社会科学院考古研究所編『殷周金文集成釈文』(香港中文大学中国文化研究所、二〇〇一年)
四川一九八二　四川省博物館・青川県文化館「青川県出土秦更修田律木牘――四川青川県戦国墓発掘簡報」(『文物』一九八二年第一期)

W

王一九九三　王輝『古文字通仮釈例』(芸文印書館、一九九三年)
王二〇〇八　王輝『古文字通仮字典』(中華書局、二〇〇八年)
王二〇〇三　王偉「張家山漢簡《二年律令》雑考」(簡帛研究網、二〇〇三年)
王二〇〇七　王偉「〈秦律十八種・徭律〉応析出一条〈興律〉説」(『文物』二〇〇七年第一〇期)
王・劉二〇〇五　王雪農・劉建民『半両銭研究与発現』(中華書局、二〇〇五年)
魏一九九七　魏徳勝「〈睡虎地秦墓竹簡〉雑考」(『中国文化研究』一九九七年冬之巻)
魏二〇〇〇　魏徳勝『〈睡虎地秦墓竹簡〉語法研究』(首都師範大学出版社、二〇〇〇年)
魏二〇〇三　魏徳勝『〈睡虎地秦墓竹簡〉詞彙研究』(華夏出版社、二〇〇三年)
武威一九八四　武威県博物館「武威新出王杖詔書冊」(甘粛省文物工作隊・甘粛省博物館編『漢簡研究文集』甘粛人民出版社、一九八四年)

X

咸陽一九七五　咸陽市博物館「陝西咸陽塔児坡出土的銅器」(『考古』一九七五年第六期)

徐一九九六　徐世虹「漢劾制管窺」（中国社会科学院簡帛研究中心編『簡帛研究』第二輯、法律出版社、一九九六年）

Y

閻二〇〇九　閻歩克『従爵本位到官本位――秦漢官僚品位結構研究――』（生活・読書・新知三連書店、二〇〇九年）
楊一九八五　楊鴻年『漢魏制度叢考』（武漢大学出版社、一九八五年）
楊二〇〇三　楊寛『戦国史』（上海人民出版社、二〇〇三年）
楊・呉二〇〇五　楊寛・呉浩坤主編『戦国会要』（上海古籍出版社、二〇〇五年）
楊二〇〇四　楊宗兵「里耶秦簡県〝守〟・〝丞〟・〝守丞〟同義説」（『北方論叢』二〇〇四年第六期）
于一九八五　『于豪亮学術文存』（中華書局、一九八五年）
于・李一九八一　于豪亮・李均明「秦簡所反映的軍事制度」（中華書局編輯部編『雲夢秦簡研究』中華書局、一九八一年）
于二〇〇四　于振波「張家山漢簡中的名田制及其在漢代的実施情況」（『中国史研究』二〇〇四年第一期）
于二〇〇五　于振波「漢代的都官与離官」（李学勤・謝桂華主編『簡帛研究二〇〇二・二〇〇三』広西師範大学出版社、二〇〇五年）
于二〇〇七　于振波「〝参食〟考弁」（『出土文献研究』第八輯、二〇〇七年）
袁・程一九八〇　袁仲一・程学華「秦代中央官署製陶業的陶文」（『考古与文物』一九八〇年第三期）

Z

張一九八三　張金光「秦自商鞅変法後的租賦徭役制度」（『文史哲』一九八三年第一期）
張一九九二　張金光「秦簡牘所見内史非郡弁」（『史学集刊』一九九二年第二期）
張一九九七　張金光「秦郷官制度及郷・亭・里関係」（『歴史研究』一九九七年第六期）

張二〇〇四　張金光『秦制研究』（上海古籍出版社、二〇〇四年）
張一九九八　張全民「秦律的責任年齢弁析」（『吉林大学社会科学学報』一九九八年第一期）
張二〇〇一　張世超「容量〝石〟的産生及相関問題」（『古文字研究』第二一輯、二〇〇一年）
張・張一九八五　張世超・張玉春「〈睡虎地秦墓竹簡〉校注簡記」（『古籍整理研究学刊』一九八五年第四期）
張一九九四　張守中編『睡虎地秦簡文字編』（文物出版社、一九九四年）
鄭一九七八　鄭実「嗇夫考――読雲夢秦簡札記――」（『文物』一九七八年第二期）
植物一九一八　『植物学大辞典』（商務印書館、一九一八年）
中華一九八六　呉哲夫総編集・呉昌廉主編『中華五千年文物集刊　簡牘篇二』（中華五千年文物集刊編輯委員会、一九八六年）
周二〇一五A　周海鋒「《岳麓書院藏秦簡〔肆〕》的内容与価値」（『文物』二〇一五年第九期）
周二〇一五B　周海鋒「岳麓秦簡《尉卒律》研究」（『出土文献研究』第一四輯、二〇一五年）
周二〇〇八　周群「「尉計」、「苑計」非官名弁――読《戦国会要》札記」（『史学集刊』二〇〇八年第三期）
周・陳二〇〇七　周群・陳長琦「秦簡《秦律雑抄》訳文商権」（『史学月刊』二〇〇七年第一期）
朱一九八三　朱大昀「有関「嗇夫」的一些問題」（中国秦漢史研究会編『秦漢史論叢』第二輯、陝西人民出版社、一九八三年）
朱一九五六　朱師轍『商君書解詁定本』（古籍出版社、一九五六年）
朱二〇〇四　朱湘蓉「従《敦煌懸泉漢簡》看『睡虎地秦墓竹簡』「茘」字的通假問題」（『敦煌学輯刊』二〇〇四年第二期）
鄒二〇〇三　鄒大海「従〈算数書〉和秦簡看上古糧米的比率」（『自然科学史研究』二〇〇三年第四期）
鄒二〇〇九　鄒大海「関於〈算数書〉・秦律和上古糧米計量単位的幾個問題」（『内蒙古師範大学学報』（自然科学漢文版）二〇〇九年第五期）

鄒二〇〇六　鄒水傑「秦代県行政主官称謂考」（『湖南師範大学社会科学報』二〇〇六年第二期）

英文

フルスウェ一九七八　A.F.P.Hulsewé, "The Ch'in documents discovered in Hupei in 1975", T'oung Pao, vol.LXIV, livr.4-5, 1978.

フルスウェ一九八五　A.F.P.Hulsewé,"Remnants of Ch'in law, an annotated translation of the Ch'in legal and administrative rules of the 3rd century B.C. discovered in Yün-meng prefecture, Hu-pei province, in 1975", Sinica Leidensia 17, Leiden, E.J.Brill, 1985.

あとがき

これまで行われてきた睡虎地秦簡の訳注、張家山漢簡のテクスト作成、および日本における秦簡研究の紹介などは、すべて研究室の大学院生、もと大学院生、他大学の若手研究者などで構成する早稲田大学「簡帛研究会」の共同作業によるものである。まずはその作業に協力してくれた諸氏に御礼を申し上げなければならない。なかでも、このたびの睡虎地秦簡の訳注をまとめるにあたっては、早稲田大学長江流域文化研究所招聘研究員の楯身智志氏に多大なご尽力をいただいた。末尾ながら、その労に篤く感謝申し上げたい。また、本書は中国教育部哲学社会科学研究重大課題攻関項目「秦簡綜合整理與研究（08JZD0036）（研究代表、武漢大学陳偉教授）の研究成果の一部である。左に執筆分担一覧を挙げたが、内容に関する責任はすべて監訳注者が負う。

執筆分担者の一人の石岡浩氏は、二〇一四年に亡くなられた。心からご冥福をお祈り致します。

執筆分担一覧

○「秦律十八種」

田律（第六八～七九簡／第一～一二簡）　水間大輔

厩苑律（第八〇～八七簡／第一三～二〇簡）　水間大輔

倉律（第八八～一三〇簡／第二一～六三簡）　谷口建速

金布律（第一三一～一六三簡／第六四～九六簡）　柿沼陽平
関市律（第一六四簡／第九七簡）　柿沼陽平
工律（第一六五～一七四簡／第九八～一〇七簡）　石岡浩・楯身智志
工人程（第一七五～一七七簡／第一〇八～一一〇簡）　池田敦志
均工律（第一七八～一八一簡／第一一一～一一四簡）　池田敦志
徭律（第一八二～一九一簡／第一一五～一二四簡）　小林文治
司空律（第一九二～二一九簡／第一二五～一五二簡）　石岡浩・楯身智志
軍爵律（第二二〇～二二三簡／第一五三～一五六簡）　楯身智志
置吏律（第二二四～二二八簡／第一五七～一六一簡）　楯身智志
效律（第二二九～二四五簡／第一六二～一七八簡）　楯身智志
伝食律（第二四六～二四九簡／第一七九～一八二簡）　楯身智志
行書律（第二五〇～二五二簡／第一八三～一八五簡）　渡邉将智
内史雑（第二五三～二六五簡／第一八六～一九八簡）　廣瀬薫雄
尉雑（第二六六～二六七簡／第一九九～二〇〇簡）　廣瀬薫雄
属邦律（第二六八簡／第二〇一簡）　廣瀬薫雄

○「效律」

［一背］［一正］［二］（第二六九簡背・正～第二七〇簡／第一簡背・正～第二簡）　石岡浩・楯身智志

［三］［四］（第二七一～二七五簡／第三～七簡）　谷口建速
［五］［六］［七］［八］（第二七六～二八六簡／第八～一八簡）　柿沼陽平
［九］［一〇］［一一］［一二］［一三］［一四］［一五］［一六］［一七］
（第二八七～三〇八簡／第一九～四〇簡）　楯身智志
［一八］［一九］［二〇］［二一］（第三〇九～三一二簡／第四一～四四簡）　池田敦志
［二二］［二三］［二四］（第三一三～三一七簡／第四五～四九簡）　渡邉将智
［二五］［二六］［二七］（第三一八～三二二簡／第五〇～五四簡）　水間大輔
［二八］［二九］［三〇］（第三二三～三二八簡／第五五～六〇簡）　廣瀬薫雄

○「秦律雑抄」
［一］［二］［三］［四］（第三二九～三三五簡／第一～七簡）　小林文治
［五］［六］［七］（第三三五～三三九簡／第七～一一簡）　楯身智志
［八］［九］（第三三九～三四四簡／第一一～一六簡）　廣瀬薫雄
［一〇］［一一］［一二］［一三］（第三四四～三四九簡／第一六～二一簡）　池田敦志
［一四］［一五］［一六］（第三四九～三五五簡／第二一～二七簡）　柿沼陽平
［一七］［一八］［一九］［二〇］（第三五五～三六一簡／第二七～三三簡）　谷口建速
［二一］［二二］［二三］［二四］（第三六二～三六六簡／第三四～三八簡）　水間大輔
［二五］［二六］［二七］（第三六六～三七〇簡／第三八～四二簡）　渡邉将智

執筆者紹介

工藤元男（くどう・もとお）

一九五〇年生

早稲田大学文学学術院・教授

『睡虎地秦簡よりみた秦代の国家と社会』（創文社、一九九八年）

『二年律令與奏讞書』（共編、上海古籍出版社、二〇〇七年）

『占いと中国古代の社会――発掘された古文献が語る――』（東方書店、二〇一一年）

池田敦志（いけだ・あつし）

一九八一年生

増田塾・非常勤講師

「賈誼の対諸侯王政策と呉楚七国の乱――前漢代地方支配体制の変遷よりみた」（『早稲田大学大学院文学研究科紀要』第五三輯第四分冊、二〇〇八年）

「賈誼の対匈奴政策――前漢代匈奴戦争におけるその実効性について」（『早稲田大学大学院文学研究科紀要』第五五輯第四分冊、二〇一〇年）

「前漢文帝期における顧租公鋳法に関する一考察」（早稲田大学長江流域文化研究所編『中国古代史論集――政治・民族・術数』雄山閣、二〇一六年）

石岡浩（いしおか・ひろし）
一九六三年～二〇一四年
元東洋大学文学部・講師、元東海大学文学部・講師
「秦漢代の徒隷と司空――官署に隷属する有職刑徒」（『史学雑誌』一二一編第一号、二〇一二年）
『史料からみる中国法史』（共著、法律文化社、二〇一二年）
「公卒・士伍・庶人――秦代軍功爵制度下の差別標識（上）」（『アジア文化研究所研究年報』第四八号、二〇一四年）

柿沼陽平（かきぬま・ようへい）
一九八〇年生
帝京大学文学部・准教授
『中国古代貨幣経済史研究』（汲古書院、二〇一一年）
『中国古代の貨幣：お金をめぐる人びとと暮らし』（吉川弘文館、二〇一五年）
『中国古代貨幣経済の持続と転換』（汲古書院、二〇一八年）

小林文治（こばやし・ぶんじ）
一九八二年生
早稲田大学長江流域文化研究所・招聘研究員
「里耶秦簡よりみた秦の辺境経営」（『史観』第一七〇冊、二〇一四年）
「秦・洞庭郡遷陵県の郷里と人口構成――傜役体系との関係を中心に――」（『早稲田大学大学院文学研究科紀要』第六〇輯第四分冊、二〇一五年）
「里耶秦簡よりみた秦辺境における軍事組織の構造と運用」（早稲田大学長江流域文化研究所編『中国古代史論集――政

治・民族・術数』雄山閣、二〇一六年）

楯身智志（たてみ・さとし）
一九八〇年生
早稲田大学文学学術院・非常勤講師、中央大学文学部・兼任講師
『前漢国家構造の研究』（早稲田大学出版部、二〇一六年）
「前漢における「諸侯」の復活——復封・紹封の政治的背景——」（『中央大学アジア史研究』第四〇号、二〇一六年）
「前漢諸侯王墓よりみた王国支配の実態——満城漢墓と中山靖王劉勝——」（『東洋史研究』第七六巻第三号、二〇一七年）

谷口建速（たにぐち・たけはや）
一九八一年生
早稲田大学本庄高等学院・非常勤講師、中央大学文学部・兼任講師
『曹操墓の真相』（翻訳、国書刊行会、二〇一一年）
「長沙呉簡に見える佃客と限米」（伊藤敏雄・窪添慶文・關尾史郎編『湖南出土簡牘とその社会』汲古書院、二〇一五年）
『長沙走馬楼呉簡の研究——倉庫関連簿よりみる孫呉政権の地方財政——』（早稲田大学出版部、二〇一六年）

廣瀬薫雄（ひろせ・くにお）
一九七五年生
復旦大学出土文献与古文字研究中心・副研究員
『秦漢律令研究』（汲古書院、二〇一〇年）

「《五十二病方》的重新整理与研究」（『文史』二〇一二年第二輯）
「釈清華大学蔵楚簡（参）《良臣》的〝大同〟——兼論姑馮句鑃所見的〝昏同〟」（『古文字研究』第三〇輯、二〇一四年）

水間大輔（みずま・だいすけ）
一九七三年生
中央学院大学法学部・准教授
『秦漢刑法研究』（知泉書院、二〇〇七年）
『国家形態・思想・制度——先秦秦漢法律史的若干問題研究』（共著、厦門大学出版社、二〇一四年）
「張家山漢簡「奏讞書」と岳麓書院蔵秦簡「為獄等状四種」の形成過程」（『東洋史研究』第七五巻第四号、二〇一七年）

渡邉将智（わたなべ・まさとも）
一九七八年生
就実大学人文科学部総合歴史学科・講師
『後漢政治制度の研究』（早稲田大学出版部、二〇一四年）
「後漢における側近官の再編」（『東方学』第一三〇輯、二〇一五年）
「范曄『後漢書』の人物評価と後漢中後期の政治過程」（『古代文化』第六九巻第一号、二〇一七年）

睡虎地秦簡訳注

——秦律十八種・效律・秦律雑抄——

二〇一八年五月一六日　発行

編　者　工　藤　元　男

発行者　三　井　久　人

整版印刷　富　士　リ　プ　ロ　㈱

発行所　汲　古　書　院

〒102-0072東京都千代田区飯田橋二-五-四
電　話　〇三（三二六五）九七六四
FAX　〇三（三二二二）一八四五

ISBN978 - 4 - 7629 - 6612 - 5　C3022

KYUKO-SHOIN, CO., LTD. TOKYO.